静水河深

JINGSHUI HESHEN

季水河先生治学育才之道

刘中望 ◇ 主编

湖南人民出版社·长沙

本作品中文简体版权由湖南人民出版社所有。
未经许可，不得翻印。

图书在版编目（CIP）数据

静水河深：季水河先生治学育才之道 / 刘中望主编．—长沙：湖南人民出版社，2023.5
ISBN 978-7-5561-3246-1

Ⅰ．①静… Ⅱ．①刘… Ⅲ．①季水河—教育思想—研究 Ⅳ．①C40-092.76

中国国家版本馆CIP数据核字（2023）第072396号

JING SHUI HE SHEN——JI SHUIHE XIANSHENG ZHIXUE YUCAI ZHI DAO

静水河深——季水河先生治学育才之道

主　　编	刘中望
责任编辑	曹伟明　谭　乐　彭天思
装帧设计	许婷怡
责任校对	丁　雯　陈卫平
责任印制	肖　晖

出版发行	湖南人民出版社有限责任公司　[http://www.hnppp.com]
地　　址	长沙市营盘东路3号
邮　　编	410005
经　　销	湖南省新华书店
印　　刷	长沙市井岗印刷厂
版　　次	2023年5月第1版
印　　次	2023年5月第1次印刷
开　　本	787 mm × 1092 mm　1/16
印　　张	23
插　　页	12页
字　　数	346千字
书　　号	ISBN 978-7-5561-3246-1
定　　价	128.00元

营销电话：0731-82221529　　（如发现印装质量问题请与出版社调换）

简介

季老师画像

作者：黎青，湘潭大学艺术学院院长、艺术教育中心主任，教授，2002级比较文学与世界文学专业硕士

  季水河（1954—　），四川省邻水县人，中共党员，湘潭大学二级教授、博士生导师、汉语言文学国家一流专业负责人；曾任湘潭大学中文系主任，文学与新闻学院院长、学术委员会主席，比较文学与世界文学博士学位点负责人，湘潭大学学术评价与发展委员会副主任、主任，湖南省重点学科建设委员会专家，湖南省学位委员会学科评议组专家。在《文学评论》《文艺研究》《中国人民大学学报》《学术月刊》等全国数十家刊物发表论文100多篇，出版学术著作12部，主编、合著著作与教材20多部，共有著述300多万字。获省部级科研、教学成果奖12项（其中，一等奖5项、二等奖6项、三等奖1项）。主持国家社会科学基金项目4项（其中，重点项目2项）、省部级项目10多项。先后担任的主要学术兼职有：湖南省比较文学与世界文学学会会长、湖南省社科联副主席、全国马列文艺论著研究会副会长、全国毛泽东文艺思想研究会副会长、中国中外文艺理论学会常务理事、教育部中国语言文学学科教学指导委员会委员、国家社科基金学科评审组专家等。获得的主要荣誉与奖励有：全国优秀教师、国家级教学名师奖、享受国务院政府特殊津贴专家、湖南省优秀社会科学专家等。

季水河与妻子杨力教授合影（右为李恒白博士）

季水河与前辈学者、吉林大学刘中树教授合影

季水河与前辈学者、山东大学曾繁仁教授合影（左为刘中望教授）

季水河的主要著作之一（马克思主义文学理论）（左）
季水河的主要著作之二（比较文学与美学）（右）

季水河部分获奖证书、荣誉证书、聘书

著作、证书等摄影：王苑丞，湘潭大学文学与新闻学院副教授，2003级比较文学与世界文学专业硕士

2004年湘潭大学举办巴赫金学术思想国际研讨会合影

2006年湘潭大学举办"马克思主义与文化研究"国际学术研讨会合影

湘潭大学纪念毛泽东《在延安文艺座谈会上的讲话》发表七十周年暨全国毛泽东文艺思想研究会2012年学术年会参与人员合影

2013年季水河从教四十年暨来湘大工作二十年师生聚会合影

季水河在书房

季水河在授课

2018年12月8日，季水河点评曹辉《与名流面对面》

2022年3月15日，季水河、曹辉、雷磊、资义平等在湖南日报社长沙分社

季水河与湘大九三新闻班师生合影

2001年季水河与湘大97广告班毕业合影

2012年季老师与湘大文学与新闻学院部分校友合影

1999年季水河与周小红、宋蒙等同学合影

1999年季水河与张铁夫、易健、傅其三等老师及张文涛、周小红等同学合影

2015 年季水河与周小红、唐朝晖、胡军利等同学合影

2010 年季水河在嘉兴学院

2009年季水河、张铁夫、吴岳添、赵树勤等老师与比较文学研究生毕业合影

2009年季水河与杨潇同学合影

2019年季水河与汤友云、肖小亮、汪旭、李琳等同学合影

2019年季水河与汪旭同学合影

2020年季水河与江源、董琳钰、雷云茜、任晨等同学合影

2006年季水河与蒋卓伦等同学讨论学术问题

2021年季水河与何云波、罗如春、宋德发、刘中望教授合影

目 录

序曲

静水河深
——恩师季水河教授从教 50 年、到湘大工作 30 年纪念　　李恒白 / 002

第一编
水河自述

人生有此足矣　　季水河 / 006

教学、科研、育人互动，脚踏实地仰望星空
——在湘潭大学 2019 年新入职教师培训班上的报告　　季水河 / 014

如何履行导师在研究生培养中第一责任人的职责
——在湘潭大学 2021 年新任研究生导师培训班上的报告　　季水河 / 022

追求卓越，成功就会不请自来
——谈研究生的科学研究与就业质量　　季水河 / 030

第二编
著述评论

万紫千红才是春
　　——季水河《美学理论纲要》序　　　　　　　　　　蒋孔阳 / 038

宝剑锋从磨砺出
　　——季水河《美学理论纲要》（修订版）序　　　　　张铁夫 / 041

人类审美实践的科学理论
　　——评季水河《美学理论纲要》　　　　　　　　　　昌　切 / 044

追踪美学历史发展的轨迹
　　——评季水河《美学理论纲要》　　　　　　　　　　柳和勇 / 048

实践美学理论发展的新成果
　　——评季水河《美学理论纲要》（修订版）　　　　　佘　晔 / 053

坚持与发展结合理论与实践统一
　　——季水河《回顾与前瞻——论新中国马克思主义文艺理论
　　研究及其未来走向》序　　　　　　　　　　　　　　曾繁仁 / 058

评季水河《回顾与前瞻
　　——论新中国马克思主义
　　文艺理论研究及其未来走向》　　　　　　　　　　罗如春 / 063

经典诗学的恢弘书写
　　——读季水河新著《回顾与前瞻——论新中国马克思主义文艺理论研究及其

未来走向》的理论体验   李胜清 / 067

马克思主义文论研究的创新工程
——评季水河《回顾与前瞻——论新中国马克思主义文艺理论研究及其
未来走向》   杨向荣 / 072

返本开新与融通比较
——论季水河的马克思主义文学理论研究   刘中望 / 077

历史深度与现实广度统一
——季水河等著《马克思主义文学理论与
20世纪中国文学理论的变迁》序   党圣元 / 086

一部显示才和力，充溢胆和识的力作
——季水河等著《马克思主义文学批评的中国形态研究》序   谭好哲 / 091

百年文学理论话语建构与思想传播
——评季水河等著《马克思主义文学理论与
20世纪中国文学理论的变迁》   沈丽琴 / 098

做马克思主义文论研究的拓荒者
——写在《马克思主义文论与中西文论的互释》付梓之时   马 驰 / 101

既是文学的，也是美学的
——评季水河《多维视野中的文学与美学》   黄一斓 / 109

坚守与超越
——读季水河教授的《多维视野中的文学与美学》   胡志明 吴广平 / 113

论新闻活动中人文精神的回归
——兼评季水河先生的《新闻美学》　　　　　　　　　　　　周　毅 / 117

美学研究领域中的新开拓
——读季水河先生的《新闻美学》　　　　　　　　　　　　叶仁雄 / 125

新闻有学贵开拓，美学本质在实践
——评《新闻美学》　　　　　　　　　　　　　　　　　　何国平 / 132

用文化意识和美学观念引导生活实践
——季水河《现代装饰装潢美学》序　　　　　　　　　　　徐恒醇 / 136

装饰装潢审美实践的理性透视
——浅评《现代装饰装潢美学》　　　　　　　　　　　　　陈德智 / 139

第三编

学术访谈

继往开来　辩证创新
——访著名马克思主义文艺理论家季水河教授　　　　　　　罗如春 / 144

经典与当代　回顾与前瞻
——湘潭大学教授季水河访谈录
　　　　　　　　　　　提问：万　娜　余聪聪　文字整理：季水河 / 159

以马克思主义文论教学为中心　整体推进马克思主义文论建设
——湘潭大学季水河教授访谈　　　　　　　　　　采访人：刘中望 / 167

优秀传统文化入心出彩问答

——湘潭大学季水河教授访谈

新华社《瞭望》新闻周刊记者　徐欧露　张昕怡　张玉洁 / 177

"史诗"意蕴的现代阐释与历史流变

——湘潭大学文学与新闻学院季水河教授访谈　　　　汤林峰 / 185

红色经典不仅仅属于历史

——与季水河教授谈红色经典　　　喻　乐　尹东洋　郑松松 / 190

书香满屋　河水潺潺

——纪录片《老师的书房》第一季访谈　　　　刘雨薇　整理 / 195

第四编

交往忆叙

我们眼中的"水河先生"　　　文卫平　陈　琳　胡　强　熊　毅 / 200

道德文章在　乾坤日月长

——畅聊湘潭大学季水河教授实录　　　　　　　　曹　辉　杜　立 / 205

最好的指导老师　　　　　　　　　　　　　　　　　　　程志宏 / 214

学术无止境，探索无尽期

——记湘潭大学文学与新闻学院季水河教授　　　　　杨向荣 / 217

善谋勇行树榜样　呵护信任带新人

——与季水河教授共事的三点体会　　　　　　　　　雷　磊 / 223

季老师给我们当班主任的那些事　　　　　　　　　　蔡雄文 / 227

师恩难忘，唯有愧存

——记季水河先生　　　　　　　　　　　　吴天宇 / 232

我的季老师　　　　　　　　　　　　　　　孙丰国 / 236

季老师二三事　　　　　　　　　　　　　　易建国 / 240

一棵大树　　　　　　　　　　　　　　　　龙艺鑫 / 243

拳拳深情忆恩师，最是润物细无声　　　　　周小红 / 246

潇湘夜读

——季门二三事　　　　　　　　　　　　　宋　蒙 / 252

学高为师，身正为范

——我心目中的季老师　　　　　　　　　　蔡朝辉 / 255

学时有限，师恩永恒　　　　　　　　　　　丁　亮 / 258

似水年华，最念师恩　　　　　　　　　　　杨　潇 / 263

季老师的人生"三课"　　　　　　　　　　高　蒙 / 268

我敬爱的老师　　　　　　　　　　　　　　刘孟秋 / 271

与季老师相处的日子

——纪念尊师季水河先生从教五十周年　　　奚沛翀 / 274

良师如春雨，启智润泽生　　　　　　　　　汪　旭 / 278

做老师的学生，是一件幸福的事情　　　　　陈　娜 / 283

博学严谨的良师益友　　　　　　　　　　　覃　岚 / 287

学问之师，人生之师

——记恩师季水河先生　　　　　　　　　　谷立平 / 295

师从季水河老师：重启人生起跑线　　　　　　　　　　曹　丰 / 299

我们身边的"大先生"——季水河教授　　　　　　　　汤友云 / 302

身教言传，行知合一

　　——季水河先生的马克思主义育人实践　　　　　　江　源 / 305

最资深的在读季门弟子与季老师的"封面照"　　　　　蒋卓伦 / 310

永远年轻，永远热泪盈眶　　　　　　　　　　　　　　唐　璟 / 313

第五编
报道精选

河水潺潺自有声，水河悠悠总关情

　　——访我院院长季水河教授　　　　　　　　　　　彭晓秀 / 318

书生意气

　　——记全国优秀教师、文学与新闻学院院长季水河教授　龙　源　董萍萍 / 324

居高声自远

　　——记国家级教学名师季水河教授　　　　　　　　高伟栋　吴　金 / 328

季水河教授的励志人生　　　　　　　　"大学教学名师研究"课题组 / 334

用马克思主义文艺理论书写美学人生

　　——季水河治学印象　　　　　　　　　　　　　　胡琼华 / 338

新闻之美的建构者与体现者

　　——记新闻美学的开拓者季水河先生　　　　　　　何　纯 / 341

季水河教授在马克思主义文学理论研究领域取得新进展
                潘　蓉　陈　颖 / 345

季水河马克思主义文艺理论研究成果产生重大反响
                曹　辉　蒋海文 / 347

季水河教授马克思主义文学理论研究成果产生重要反响　蒋海文 / 349

湘潭大学季水河教授团队获湖南省第二届"优秀研究生导师团队"
荣誉称号　　　　　　　　　　　　　　　　　　　　　潘　蓉 / 351

多声部人生的精彩乐章（编后记）　　　　　　　　　　刘中望 / 353

序　曲

静水河深
——恩师季水河教授从教50年、到湘大工作30年纪念

李恒白

故乡早已成为思念的地方，
恩师从四川邻水来到湖南湘潭，
三十载——
似水流年，春秋变幻，
恩师用从容、凭坚忍，
书写人生最美的诗篇。

遥望生命的起点，
那些——
儿时的笑声，
年少的梦想，
青春的激情，
还荡漾在山野之间。

撑一支长篙，
满载学子的宿愿，
无论岁月更迭，
无论顺流逆流；
恩师以讲台为本，
授业在湘大校园。

三十载，孜孜以求，
三十载，诲人不倦，

弟子们言及恩师——
那就是爱生如子，
恩重如山！

教授的慧眼，
让他在研究领域，
总有独到的判断；
丰厚的学术专著，
让他尽显真知灼见，
尽领大家风范。

笔耕岁月，
粉墨春秋，
光阴似箭；
恩师执鞭任教已整整五十年，
放眼桃李遍野，
极目星光满天。

多少朝，
月落日升，
多少季，
花开春暖；
放歌在星辉斑斓里，
爱已无言。

恩师：
您关注的目光，
总在我们的身后，
看我们渐行渐远，
可我们对您却更加想念。

校园的林荫道上，
您的背影总在牵动我们的视线；
您那些刻骨铭心的教诲，
已成为我们的智慧之帆，
我们会因为您挥力摇橹直抵梦想的彼岸！

所以，我们一起陪您吃顿饭，
所以，我们一起祝您幸福平安，
您爱学生天地无私，
学生爱您永远，
永远……

（李恒白，男，湖南省株洲县人，湘潭大学文学与新闻学院2007级比较文学与世界文学专业博士研究生，文学博士，高级政工师。现任数字广东网络建设有限公司党委书记兼董事长。先后获得"2014年感动中国之感动湖南人物""中华儿女年度人物""深圳市爱国拥军模范""深圳市优秀共产党员""广东省优秀企业家""广东省优秀管理人才"等荣誉称号）

第一编 水河自述

人生有此足矣

季水河

我对"时代"一词抱有深深的敬意。

1977年,我迈入大学,进入了一个尊重知识、重视文化的时代。

2014年,我在大学讲台上站了35年,进入了一个以人为本、共筑梦想的开放时代。

我常怀一颗感恩的心,感恩我所处的时代。

成为一名教师

成为一名教师,是我小时候的梦想。在未满18岁时,我就当上了一名小学教师。直到今天,我依然站在讲台上给学生授课。回顾自己的教学生涯,我惊奇地发现,除了幼儿园外,小学、中学、大学,硕士研究生和博士研究生我都教过。这的确有点传奇色彩,尤其对现在年轻一代而言更是如此。

1961年,我开始读小学,1966年参加了小学毕业升初中考试。当时我所在的小学有近百名毕业生,只有七八人考取了县中学,我是其中幸运的一个。1969年,我初中毕业,恰逢"文化大革命"如火如荼,高中和大学都已经停止招生,我只好回到农村。1972年,公社招一批民办教师,我读小学时的教导主任认为我读书时成绩很好,又读了中学,可以成为一名教师。

就这样，1972年1月1日，在未满18岁时，我成为一名小学教师。

走上小学讲坛，可以说既有时代的原因，也有个人主动选择的因素。我的启蒙老师叫刘举，五十岁左右，人很瘦，背有点驼，生活清贫，常常自带一点粮食，然后捡一点儿柴做饭。冬天的时候还给我们烧洗脚水。这位老师对我们既充满爱心，又特别严格，还注重培养学生的能力，有一点素质教育的味道。初小毕业进高小，五年级的老师叫李运坤，六年级的老师叫李太坤，他们的课上得极好，对学生也很慈爱。他们很重视学生的品德教育，他们自己的品德也极为端正，给我们补课也完全是义务的。我今天拿笔的姿势和坐立的姿势，都受到他们的影响。过去的小学老师都是全面发展的，他们一个人教几乎所有的课程——语文、算术、音乐、绘画等。我从小觉得教师是光荣和崇高的职业，就是因为我的小学老师给我树立了榜样。我很希望像他们一样，做一名小学老师。

1975年，我被调到公社中学担任教师。在这几年的教书期间，我利用闲暇时间，经常给公社和区里的相关领导写讲话稿，后来又开始写新闻稿，甚至写短篇小说、相声和独幕话剧。1973年7月，我在《通川报》上发表了第一篇作品；到1977年的三年半时间，我发表了三四十篇新闻稿，其中最长的一篇有四千字。可以说，在我们县里面，我已经算是"笔杆子"了。县里曾经想调我去搞报道，但是我没读大学，没有办法解决户口问题，这就让我有了到大学深造的想法。

萌生当一名大学老师的想法，缘于一部电影。这部电影的名字叫《决裂》。电影中有一个"反面人物"形象：一个专门研究马的大学老师。这位老师戴着一副眼镜，在课堂上讲马尾巴的功能。有一个学生站起来批评老师说，我们养的是猪和牛，你怎么来讲马尾巴的功能！虽然这位大学老师在电影中是作为被批判对象出现的，但给我留下了美好的印象，那时我就认为大学老师都应该像他一样风度翩翩。1977年，我进入大学，终于见到了现实中的大学老师，发现老师们真如我想象中那样有学问、有风度，羡慕极了。当时就暗自下决心，要成为一名大学教师。

因为有比较丰富的新闻实践，所以读大学时我就想去读新闻专业，但在1977年，新闻是稀缺专业，极少有高校招生，于是我报考了中文系。在当时，大学非常缺教师，学习成绩好的大学生如果愿意，毕业后就可以做大学教师。在大学里，我一直坚持写作，担任校学生会的宣传部长，经常主编墙报和简报，还被评为省级优秀大学生，算是"学习好"的那部分学生。同时因为受电影《决裂》的影响，对大学老师早有好感，所以毕业后我就选择了到大学任教。

从成为一名教师到现在，我已经在教师岗位上坚守了40余年，大学讲台上有了30多个春秋。现在回想起来，真是感叹万千。如果当时去搞新闻报道，可能我的人生轨迹也会完全不同。人生就是如此奇妙，可能一件很小的事情，或者一个不经意的选择，就会完全改变人的一生。因此，在我的人生路上，我能做到得意时淡然面对，失意时泰然处之。

蒋孔阳先生的帮助

在我的一生中，有许多帮助过我、值得我感激的人。我的小学老师，他们的言传身教给我树立了榜样。在我进入高校尤其是进入湘潭大学后，领导的培养和同事的支持也让我一直感激于心。但如果仅从学术上的帮助和影响来说，最重要的是蒋孔阳先生，我出版的第一本书《美学理论纲要》的序就是他作的。

蒋孔阳先生是复旦大学教授、中华美学学会的副会长。我钻研美学的时候在专科学校教书，也没有什么名师指导。刚踏进美学领域时，在我读的美学书中，蒋先生的书最多。我买了他出版的每一本书，他的《形象与典型》《美和美的创造》《德国古典美学》等，尤其是20世纪80年代末出版的《美学新论》，我反复读了多次，对他甚是佩服。蒋先生是学经济的，后来转而研究美学，成为我国比较早的文学理论家和美学家，成就非常高。他不仅研究德国古典美学，也研究中国古典美学，主要是美学原理和文学理论。他的美学立足点是"实践"，认为美是人类在自己的物质与精神的劳动过程中，逐渐客观地形成和发展起来的，人类客观的生活实践是一切美与美感的根源。对于这点，我非常认同。

蒋先生的书有一个特点——善于将深奥的理论深入浅出地表述出来。20世纪80年代，西方文论大行其道，各种深奥的新名词、新概念层出不穷。但蒋先生做得很好，他用中国人的思维方式和语言来"化"西方的东西，最后用自己的语言表述出来，我很欣赏这种做法。读我的《美学理论纲要》就会发现，书中引用蒋先生的话相对多一些。后来，我还写了一篇研究他美学思想的论文，叫《亦中亦西，恒新恒异——论蒋孔阳先生美学思想的超越性及未来意义》，发表在影响较大的期刊——《学术月刊》2004年第2期。

蒋先生既是我学术的导师，又是我学术上的一个标杆。我年轻时在研究美学的路上，常常给蒋先生写信求教，我的每一封信他都及时地回复了。我们先后通了二十多封信，从他的指教中，我受益良多。当时他已是中华美学学会的副会长、中国著名的美学家，对像我这样的青年教师，却做到了有求必应。我将自己的第一篇论文寄给他看，他给我提了指导性的意见。应该说，他当年对我的耐心和细心，对我现在指导学生产生了深远而积极的影响。我现在无论多忙，只要学生找我，比如在考硕、考博、出国等方面，如果能做到，我都会去帮助。在我以前当班主任期间，还曾邀请全班40多名同学分批到我家中做客，给他们做我的拿手菜"美学肉丝"。我认为培养学生，不仅仅是教授他们知识，更是要对他们进行思想品德和情操的教育，让他们学会做人，这样才能帮助他们在社会上立足。

我希望将当年蒋先生对我的那份关怀继承下来，带给我的学生。

读书做学问是一种乐趣

有很多人问我：有时候为做一篇论文，需要读大量的书，花费大量的时间，难道就不会觉得枯燥吗？你这么几十年来反反复复，又是如何坚持下来的呢？在我看来，人不管做什么事，如果对它充满兴趣，有严谨的态度，有献身的精神,那么,便没有什么做不成。学术研究是我的兴趣所在,这些年来我一直乐在其中。

我爱读书,我认为这个世界上没有无用的知识。20世纪八九十年代,我每次出差都会前往当地书店买些好书。在我去过的城市里,最熟悉的是当地的书店。1982年到1993年这段时间,我一边教书,一边在人大、武大学习文艺学研究生课程。学习期间,我基本上是在图书馆和资料室度过的,回到寝室也是看书。那时去王府井书店,从人大坐332路公交车到动物园一毛钱,再坐103路公交车到王府井一毛钱,来回四毛钱的交通费。在人大的一年时间中,我买了四大箱子书。读书的习惯我一直保持到了现在,每天无论多忙,都会坚持看书。多读书、读好书,不仅能增广见闻,还能令人思维活跃、触类旁通。我对自己的学生也是这样要求的,鼓励他们多读书,而且不仅仅读自己专业的书,还力争博广、多方涉足。比如,我要求比较文学和新闻学的研究生第一学期要读冯友兰的《中国哲学简史》、罗素的《西方哲学史》,读完以后要聚在一起分享读书心得。另外,我有藏书爱好。我家藏书数以万计,古今中外、自科社科,都有涉及。

与读书相辅相成的,是将自己学到的知识转化成学问。做研究对于一名大学教师来说,是至关重要的。我认为,要成为一名优秀的大学老师应该需要一定的天赋,但后天的努力更重要。自己虽然做得不是最好,但也取得了较好的成果。我到湘大后,在教学方面,主持了"国家级精品课程""国家级精品视频公开课""国家级精品资源共享课",获省教学成果奖一、二等奖4项;在科研方面,主持了3项国家社科基金项目(其中重点项目1项),出版学术著作十多部,在《文学评论》等期刊发表学术论文一百多篇,并先后获省部级一、二等奖6项。取得这些成绩,可能有一些天赋因素,但主要是靠后天的努力。

我的性格是做人做事要力争杰出。在大学教书,我的目标定得很高——当个好教授。要想当个好教授,除讲课要好以外,在科研上也要做得好。一旦确定了目标,我就会删除一些与目标不相符的东西。可以说,外部躁动的环境对我影响比较小。20世纪80年代初中期，国家和个人的经济条件都不是很好。80年代初刚结婚时，我每月的工资是53元，我夫人每月的工资是47元，但我一年中会买两三百元钱的书。那时我很缺钱，但我没有把钱放在第一位。很多同事去电大、成教上课，一个星期能挣不少，甚至相当于半年的工资。但我基本上不出去上教学计划之外的课，我觉得这是浪费时间。我夫人知道我热爱学术，也非常支持我。因为有这种取舍，所以1983年我就在《学术月刊》上发表了论文，1987年论文就上了《文学评论》。我在武大读一年研究生课程，七门课程考试写了七篇论文，全部发表了，而且多数发表于较高级别的期刊，可以想象我当时的努力程度。后来我之所以能来湘大，不仅因为当时湘大文学理论学科急需人才，也因为我在这方面的学术成果比较多，比如出版了专著《美学理论纲要》，在《文学评论》等高级别刊物上发表了一些论文，有好几篇论文还被人大复印资料《文艺理论》《美学》《外国文学研究》全文转载。联系我自己的经历，我想告诉现在的研究生，平时做课程论文，不要东拼西凑，更不要抄袭，这样对自己没有好处，既浪费了时间，又养成了坏习惯。

学贵有恒，业精于勤。记得有一年过年，为了抓紧做一个课题，我大年三十都是在北京中国国家图书馆度过的。这些年来，我一直很享受这样一种做学术的状态。

一生有这样的一次足矣

2013年5月26日，是我非常难忘的一天。

2013年3月，我的几位学生找到我，说今年是我从教40周年，也是来湘大工作的20年，希望搞一个师生聚会活动来祝贺。我对这一形式并不在意，但能和学生们聚一聚，聊聊天，我是非常乐意的。本以为就是二三十个在校学生一起聚聚，但没想到的是，他们自发组织，通过QQ群和打电话，联系上了我来湘大后带过的一、二届本科生代表、硕士生、博士生共两百多名学生。5月26日，这些学生从天南地北赶回湘大，欢聚一堂，为我同庆纪念。

作为一名老师，最大的成就是什么？对于我来说，就是看到我的学生有出息。我在大学的教学一线已经坚守了35周年，教过专科生、本科生、硕士研究生和博士研究生的现代汉语、古代文学、外国文学、马列文论、写作、文学概论、美学、西方文论、比较文学、中西美学比较、人文科学方法论、中外新闻传播思想比较、马克思主义文学理论专题、马克思主义文学理论与20世纪中国文学理论的变迁等十几门课程。这么多年来，我的很多学生已经成为社会各界的精英。他们有的在政界，已是厅级干部；有的在学术界，已晋升为教授、副教授；还有的在商界、新闻界，在各行各业，取得了骄人的成绩。5月26日那天，当看到学生们回到湘大欢聚一堂时，我内心是多么的激动啊。他们给我送上了诚挚的祝福，我也衷心祝愿他们能更上一层楼。我们举杯共饮，无所不谈。在聚会中，学生们还特意为我制作了感人至深的视频《静水河深》，回顾了我这几十年来的教学和科研经历。看着视频，我感到非常骄傲，但这份骄傲并不是为我自己，而是为我的这些学生。他们的一句"老师，我回来了"，足以让我感动不已。

我知道，现在"老师"这一称谓，并不像以前那么受人尊重。随着高校招生规模的不断扩大、市场经济带来的某些负面影响，以及高校评价体制的量化等原因，不可否认，有个别老师的品质出了问题——有人学术造假、抄袭和剽窃；有人在私生活方面不严肃，搞"潜规则"……这些问题披露多了，或者坊间流传多了，教师在公众心目中的形象就会受损。这就警示我们，个别人的行为影响的是一个群体的形象。所以每位老师都应洁身自好、摆正老师和学生的关系。老师应该做到"学高为师，身正为范"，严格要求自己，认真地教书，严谨地做学问，对教书和做学问都要有敬畏和忠诚之心。这样才能献身教学和科研，远离那些有损高校教师形象的事。

作为一名教师，无论是教书还是治学，都有两种境界：一种可以称之为"器"，一种可以称之为"道"。

器者，形而下，将教书、治学当作谋生的手段、赚钱的工具，一旦达到目的，便觉没啥意义。

道者，形而上，将教书、治学作为一种生活态度、理想追求，一旦达到目的，便入高峰体验。

我诚为"布道者"，在传道、授业、解惑上"衣带渐宽终不悔"！

（刘煜程整理。原载《名家故事——湖南优秀社会科学专家忆事》，湖南人民出版社2015年版）

教学、科研、育人互动，脚踏实地仰望星空

——在湘潭大学2019年新入职教师培训班上的报告

季水河

如何处理教学、科研、育人三者之间的关系，是每一个高校教师都必须面对的现实问题，也是一个难以平衡的棘手难题。说它是一个现实问题，就在于只要成为一名高校教师，就无法回避这个问题；说它是一个棘手难题，就在于很多人难以三者兼顾。在高校，不从事教学工作或搞不好教学工作，科研再好也不是一个合格的老师；只从事教学而不搞科研，教学再好也只是一个教书匠；只搞自己的教学、科研而不对学生倾注爱心，也很难成为一个优秀教师。因此，只有教学、科研、育人三者兼顾，才是一个优秀教师；也只有以教学促科研，以科研带教学，以爱心育新人三者互动，才能成为一个优秀教师。

把赤诚之情奉献教学

教师、教师，因教成师；不从事教学，不能成为师。一个大学教师，如果不站在讲台上，不从事教学工作，既对不起学生，也愧对教师这个称号。一个优秀教师应始终站在三尺讲台上为学生授课，进行传道、授业、解惑；应始终站在教学第一线，思考、探索教学改革和人才培养模式创新；应始终站在教材建

设前沿，主编或参编适应新时代、新要求的教材。将一腔赤诚之情，奉献给教学工作。

热爱三尺讲台，乐于为学生传道、授业、解惑。我在湘潭大学的近30年中，为文学与新闻学院的本科生开设过"写作""文学理论""美学""现代西方文论""比较文学"等5门专业课程；为全校学生开设过"西方艺术与文化""审美与人生"等选修课；为文学与新闻学院的研究生开设过"人文科学方法论""美学专题""中西美学比较""中外新闻传播思想比较""马克思主义文学理论""西方现代文论专题研究"等6门课程；为全校研究生（硕士、博士）开设过"中国传统文化与礼仪"公共课。在为本科生授课时，我既严格要求学生，也严格要求自己。要求学生在上课时全部关掉手机，全心全意听课；自己也关掉手机，专心致志上课。我从不因为其他工作，从不寻找任何借口耽误本科生的课程。2015年9月，有一天晚上因赶写一个材料熬夜到凌晨5点左右，人已十分疲倦，知情的人都劝我调课，我没有同意，早上8点钟，仍然准时地站在了讲台上，连续讲完四节课。我所讲授的课程，大多数都受到了学生的欢迎，学生评价在95分以上。同时也受到了同行专家的好评。我作为负责人和主讲教师之一的"比较文学"课程，被评为"国家级精品课程"和"国家级精品资源共享课"；我和王洁群老师主讲的"审美与人生"被评为"国家级精品视频公开课"；我主讲的研究生课程"西方现代文论专题研究"被列入"省级研究生精品课程"项目。

勤于思考，乐于探索教学改革与人才培养模式的创新。我始终认为，站在讲台从事教学工作，是一种态度、一种责任；而勤于思考如何搞好教学，培养优秀人才，更是一种追求、一种使命。在湘潭大学的近30年中，我不忘初心、牢记使命，一直站在教学第一线思考教学和人才培养问题，探索教学改革和人才培养模式的创新，并在这方面取得了突出成绩。2000年，我主持了国家面向新世纪教学改革项目"地方综合性大学文科应用学科人才培养中的'立体实践教学模式'研究"。

在研究过程中提出了"厚基础、宽口径、重实践、有特色"的地方综合性大学应用文科人才培养的理念，构建了"课堂实践与课余实践相统一""学校导师与业界导师相结合""校内实践与校外实践相联系""实践作品与成果应用相沟通"的立体实践教学模式。该成果于2006年获"湖南省高等教育省级教学成果一等奖"。2004年，我主持了"中国语言文学专业人才培养体系综合改革研究"，该研究针对地方高校中国语言文学专业人才培养的具体目标，打造一支多层次整体发展的高素质师资队伍，形成教学、科研、教改三维互动的专业建设模式，建构三位一体的课程体系，多层面展开教材建设，多渠道拓展双语教学，建设多重资源整合的教学环境，建构教学队伍、教学内容、教学改革、教学条件等"多维一体"的人才培养体系，全面深化了地方高校中国语言文学专业的综合改革。该研究的最终成果《地方高校中国语言文学专业"多维一体"人才培养体系的建构与实践》，于2013年荣获"湖南省高等教育省级教学成果二等奖"。2004年开始，我主持了中国语言文学系列精品课程建设。10多年来，该研究针对地方高校中文专业人才培养的具体目标，以信息网络为载体，以品牌课程建设为抓手，积极迎应教育信息化的时代需求，通过成功申报和重点建设国家级精品课程、国家级精品资源共享课、国家级精品视频公开课等国家级品牌课程，建设国家级规划教材，致力于品牌课程资源的立体化拓展；突出国家级精品视频公开课、国家级和省级精品课程、国家级精品资源共享课三大课程网站的建设与优化工作，促进信息技术与教育教学的深度融合，集网络教学、资源推送、教学互动、成果展示等于一体，建设优质数字教育资源，注重品牌课程形态的数字化升级；以课堂教学、视频资源、教材建设、社会推广等为重点，扩大优质教育资源的覆盖面，推动教学资源的开放、共享、利用，突出品牌课程效益的多维化提升；进一步深化地方高校中文专业课程改革，提升人才培养质量。其最终成果于2016年荣获"湖南省高等教育省级教学成果一等奖"。

始终重视教材建设，站在教材建设的前沿，主编或参编了多部教材。1997

年出版了由张铁夫教授主编，我、罗选民、刘耘华为副主编的《新编比较文学教程》（湖南人民出版社，1997年版，2001年再版）。该教材被国内40多所高校采用，先后被列入湖南省普通高校"九五"重点教材和面向21世纪教材，并于2001年荣获"湖南省高等教育省级教学成果一等奖"（季水河排名第二）。《新编比较文学教程》第3版改由张铁夫教授和我任共同主编，并于2006年列入"十一五"国家规划教材。我与中南大学欧阳友权教授等共同主编的《文学原理》（南方出版社，1999年版），被国内20多所高校采用，并被列为湖南省面向21世纪教材。我主编、国内4省12所院校参与编写的《文学理论导引》（湘潭大学出版社，2009年版），被国内30余所高校采用，并荣获中南五省大学出版著作与教材一等奖。我作为重要撰写者之一参与撰写的"马工程"教材《马克思主义文艺理论》，已由高等教育出版社出版。此外，我作为副主编编写的《文艺鉴赏概论》第二版（高等教育出版社，2004年版），被列为国家"十五"规划教材。我参编的《文学批评方法与案例》（北京大学出版社，2005年版）被列入北京市精品教材，并多次再版。可以说，在湘潭大学的近30年中，我对教材建设的热情之高，用力之勤，奉献之多，在同类高校的教师中也较为少见。

由于在教学工作、教育改革、教材建设中的重要贡献，我先后荣获"宝钢优秀教师奖""第五届高等学校教学名师奖"等与教学相关的奖励。

以拼搏之志奉献科研

只要是高校教师，都应该搞科研，只是不同层次的高校，教师所研究的问题有所不同而已。高水平大学的教师，更偏重于研究基础性的问题；而一般大学的教师，更偏重于研究应用性的问题；高职高专的教师，更偏重于研究技术性的问题。当然，无论哪个层次的高校教师，搞科研都有两种境界：一曰道，二曰器。道者，形而上，将搞科研、做学问作为一种生活态度，理想追求，一旦达到目的，便入高峰体验；器者，形而下，将搞科研、做学问作为一种谋生手段、赚钱工具，一旦达到目的，便觉没啥意义。我个人认为自己属于形而上的道者境界。我在湘潭大学工作近30年，一直处于拼搏进取状态，将拼搏之志奉献给了科研事业。

我一直奔跑在科学研究的道路上，几乎将自己所有的时间，包括很多周末、节假日，都毫无保留地奉献给了科学研究。我难忘的是2001年春节。2000年，我获批主持国家社科基金项目"回顾与前瞻——论新中国马克思主义文艺理论研究及其未来走向"。为了做好这个项目，方便在国家图书馆查找资料，2001年春节，我在中国国家图书馆招待所住了一个月左右。这期间，除了正月初一、初二外，我基本上天天都在图书馆度过，将新中国成立以后至2000年的《全国报刊索引》仔细地查阅了一遍（当时只有20世纪90年代的论文目录可通过网络查阅），最后，形成了两本文学理论论文目录，复印了两箱相关资料。命运不负奉献者，该项目的最终成果受到了评审专家的一致好评，被全国哲学社会科学工作办公室评定为"优秀"等级，并收入《国家社科基金项目成果选介汇编（二）》。该成果出版后，先后荣获"湖南省第十一届社会科学优秀成果一等奖"（独立）、"首届湖南省文学艺术奖"（独立）。在科研的道路上，我拼搏得非常辛苦，收获也十分可观。在湘潭大学教学的近30年里，我主持了10多项省部级以上项目，其中国家社科基金项目4项（包括重点项目2项）。已结题的3个国家社科基金项目两个被全国哲学社会科学工作办公室评定为"优秀"等级，一个"良好"等级。我在《文学评论》《文艺研究》《学术月刊》《人民日报》《光明日报》等近80家报刊发表论文100多篇，出版《美学理论纲要》（修订版）、《多维视野中的文学与美学》、《阅读与阐释——中国美学与文艺批评比较研究》、《回顾与前瞻——论新中国马克思主义文艺理论研究及其未来走向》等个人学术著作10多部，主编、合著各类著作20部，共有著述近300万字。其学术成果被《新华文摘》《人大复印报刊资料》《中国社会科学文摘》《高等学校文科学术文摘》等转载，被其他学者引用900多次（篇、段）。我独立或作为第一完成人获省部级以上成果奖6项，其中省社科优秀成果一等奖2项。

我的拼搏精神和学术成就得到了学术界的认可和肯定。我在湘潭大学工作的近30年中，先后担任的学术职务有：国家社会科学基金学科评审组专家、教育部中国语言文学学科教学指导委员会委员、湖南省社科联副主席、湖南省重点学科建设专家委员会委员、湖南省人民政府学位委员会学科评议组成员、全国马列文艺论著研究会副会长、全国毛泽东文艺思想研究会副会长、中国中外文艺理论学会常务理事、湖南省比较文学与世界文学学会会长等；我获评"湖南省优秀社会科学专家"，享受国务院特殊津贴专家。

将仁爱之心奉献学生

当今社会，我国高校程度不同地存在着师生关系不和谐，甚至是互不信任的现象，有的恶化到处于相互对立、相互矛盾的状态。其原因是多方面的，既有社会不良风气的影响，利益关系渗透到了师生关系之中；又有价值观念多样化的冲击，师生之间不同价值观的碰撞；还有大学生心智的不成熟，不善于处理人际关系。但教师作为教育活动中的主体，应该更多地反思自己：我们是否真正了解学生，走进了学生的内心世界？我们是否帮助过学生，及时为他们解决了学习与生活中的问题？是否对学生有一颗仁爱之心，将这颗仁爱之心奉献给了学生？就我自己近50年的教师生涯看，只要老师真正了解学生并走进了他们的内心世界，及时帮助学生并为他们解决了问题，有一颗仁爱之心并将它奉献给了学生，就能达到与学生心与心的沟通，情与情的交流，从而实现师生之间的相互包容、理解与信任，构建起一种和谐相处的师生关系。我在湘潭大学工作的近30年中，身份发生过多次变化：从1995年开始，先后任过中文系主任、人文学院副院长、文学与新闻学院院长等。但唯一不变的，是对学生的仁爱之心。

我连续担任过12年班主任、多个学生社团的指导老师、多种学生活动的辅导者。1993年，我一进入湘潭大学，就担任了93级汉语言文学专业（新闻班）

的班主任。作为班主任，我提出了全方位关心学生、培养学生健全人格的理念。我每周有2~3次深入学生班级或寝室，了解学生的学习和生活情况，对全班40多名学生的个人及家庭情况了然于心。为提高学生的写作能力，我要求每个学生半个月写一篇文章，并对其进行评点和修改；为让新生消除刚入大学校门时的陌生感和孤独感，我分批次（每次10人左右）邀请全班学生到家里做客，亲自下厨为学生烹制可口的饭菜；学生经济上有困难，我会毫不犹豫地帮助他们；学生病了，我会替他们熬粥和送去营养品。这批学生已毕业20多年了，既不称我"教授"，也不叫我"院长"，一直称我为"我们的班主任"。

我曾长期担任湘潭大学风华文学社、旋梯诗社、出版协会、烹饪协会的指导老师。这些社团常请我作讲座、当评委，不管时间多紧，我总会抽时间满足学生的愿望；社团成员们请我修改作品，不管是诗歌、散文，还是中篇小说，我都会认真阅读并提出修改意见；社团活动常请我作评点嘉宾，不管工作有多重，我总是会准时出席并发表点评。我曾指导湘潭大学研究生代表队参加"湖南省首届大学生辩论赛"，进入决赛并获得亚军；曾先后指导文新院、法学院代表队参加"湘潭大学'百灵鸟杯'论辩赛"，两个代表队都获得过冠军。我指导过的这些学生，也从不叫我"教授"或"院长"，而是亲切地称我为"我们的指导老师"。

我不管是担任班主任，还是担任研究生导师，对学生的考核、鉴定工作都是亲力亲为，从不要别人代劳。这些学生的中期考核、毕业鉴定表格，加起来也不是个小数字，但我总会根据每个人的具体表现、个性特点，写出具有针对性的评语并亲手填入表格。如果按每份表格100~150字计算，这些年来，我亲手为学生填写的评语就超数万字。我认为学生的考核、鉴定、评语，要装入学生档案，跟随学生一辈子，作为班主任也好，研究生导师也好，如果不亲自填写，既对不起学生，也对不起班主任或导师称号。

由于在班主任工作和学生思想政治教育中，能够将一片仁爱之心奉献给学生，我不仅获得了学生的好评，而且得到了学校和社会的肯定。因此，我曾先后获得湘潭大学"优秀班主任"（1995、2005）、"湘潭大学建校以来'教书育人、管理育人、服务育人'标兵"（1998）、"湘潭大学优秀教育工作者"（2016）、"湖南省优秀研究生导师"（2014）、"全国优秀教师"（2004）等荣誉或称号。

（2019年9月8日）

如何履行导师在研究生培养中第一责任人的职责
——在湘潭大学2021年新任研究生导师培训班上的报告

季水河

为什么说导师是研究生培养中的第一责任人呢？首先我们从"导师"一词在现代汉语中的含义说起。"导师"在现代汉语中有两层意思：一是指在"高等学校或研究机构中指导人学习、进修、写作论文的教师或研究人员：博士生导师"；二是指"在大事业、大运动中指示方向、掌握政策的人：革命导师"[①]。根据"导师"这个词语的内涵，结合研究生培养的特点，我们可以推论出"导师是研究生培养中的第一责任人"，主要是由三个因素决定的：一是由导师在研究生培养过程中的地位决定的。从"导师"在现代汉语中的两层意思看，在研究生培养过程中，他都是处于"指导"地位的，是研究生"成人"与"成才"的教育者和引导者。二是由导师在研究生培养过程中的制度决定的。中国研究生教育的培养制度是导师制，从研究生培养计划的制订、学位论文的选题、学术质量的把关，都是实行的导师制。三是由导师在研究生培养过程中的影响决定的。在研究生培养过程中，导师不仅在学习、研究中起着指导作用，而且在研

---

① 中国社会科学院语言研究所词典编辑室编：《现代汉语词典》第7版，商务印书馆2016年版，第265页。

生的道德品质、日常生活中都肩负着责任，对研究生培养发挥着全面的影响。那么，导师作为研究生培养过程中的第一责任人，应该如何履行自己的责任呢？在过去的20多年中，我培养了130多名硕士研究生，20多名博士研究生。他们当中有高校教师、党政干部、现役军人、武警官兵、企业高管、媒体人员，分布在全国29个省、自治区、直辖市。下面，结合自己指导研究生的经历，谈谈导师如何履行在研究生培养过程中第一责任人的职责。

以"德"为先，将研究生做人摆在优先地位，培养守法遵纪崇伦的高素质人才

这里的"德"是广义的，包括思想政治素质与伦理道德修养等几个方面的内容。

（一）守法。守法是一个公民最基本的道德要求。首先，守法体现在遵守作为根本大法的宪法。如热爱中国共产党，热爱中华人民共和国，热爱社会主义制度。2018年颁布的最新版《中华人民共和国宪法》第一条明确规定："社会主义制度是中华人民共和国的根本制度。中国共产党领导是中国特色社会主义最本质的特征。"[1] 从宪法要求这个角度说，是否热爱中国共产党、热爱中华人民共和国、热爱社会主义制度，在本质上是一个是否守法的问题，而非一般意义上的认识问题。其次，守法体现为遵守各种基本法。如刑法、民法、经济法等。再次，守法体现为遵守日常生活中的相关法规。如交通法规定不能闯红灯，不能逆向行驶，不能酒后驾驶等。

（二）遵纪。"纪律"是"政党、机关、部队、团体、企业等为了维护集体利益并保证工作的正常进行而制定的要求每个成员遵守的规章、条文"。[2] 每一个部门，每一个单位，出于行业规范、单位正常运行的需要，都会制定相应的纪律、

---

[1]《中华人民共和国宪法》，法律出版社2018年版，第76页。
[2] 中国社会科学院语言研究所词典编辑室编：《现代汉语词典》第7版，商务印书馆2016版，第616页。

规章、制度，如政党有党纪，军队有军纪，学校有校纪。只有每一个政党的成员、军队的军人、学校的学生，都遵守相关的纪律，其工作才能顺利进行，其成员才能意志统一，其目标才能顺利实现。基于此，马克思主义才特别强调无产阶级政党纪律的重要性。马克思说："我们现在必须绝对保持党的纪律，否则将一事无成。"[①] 毛泽东强调："加强纪律性，革命无不胜。"[②] 对于高校的研究生来说，遵守校纪校规，是完成学习任务，成为一个合格研究生的基本前提。

（三）崇伦。崇伦即崇尚伦理道德。伦理道德作为社会心理的调节器，调节人们的心理和行为，使人们的行为符合社会规范并保持社会的正常运转；作为个人行为的基本遵循，使个人能够很好地协调人际关系并融入社会生活。中国作为一个文明古国和礼仪之邦，从先秦开始，就确立了"德"在人伦理行为的本体地位。其后一直比较重视对社会成员的道德要求；中国从古至今的各类学校，一直比较重视对学生的伦理道德教育。《孟子》曰："设为庠序学校以教之。庠者，养也；校者，教也；序者，射也。夏曰校，殷曰序，周曰庠；学则三代共之，皆所以明人伦也。人伦明于上，小民亲于下。有王者起，必来取法，是为王者师也。"[③]《大学》云："大学之道，在明明德，在亲民，在止于至善。"[④] 今天，中国传统道德中的自强不息的奋斗精神、厚德载物的仁爱精神、爱国爱民的集体主义精神、信以待人的处世原则、推己及人的待人之道等，对建构新时代社会主义的新伦理道德，仍然是可资借鉴的精神财富；今天，中国的各级各类教育，仍然比较重视对学生的伦理道德教育，从小学、中学到大学，几乎都开设了"思想品德"课或者与"思想品德"内容相关的课程。高校的研究生，作为高校受教育层次较高、社会上学历层次较高的人，更应崇尚伦理道德，具有良好的道德修养。高校研究

---

① 中共中央马克思恩格斯列宁斯大林著作编译局编：《马克思恩格斯全集》第29卷，人民出版社1972年版，第413页。
② 毛泽东：《毛泽东文集》第5卷，人民出版社1996年版，第194页。
③ 朱熹：《四书章句集注》，中华书局2011年版，第238页。
④ 朱熹：《四书章句集注》，中华书局2011年版，第4页。

生的伦理道德主要体现在两个方面：一是人际交往中的伦理关系，如尊老爱幼，尊师重道；二是学术研究中的学术道德规范，如尊重他人劳动成果，准确注明引文出处。

我在20多年的研究生指导工作中，特别重视研究生的道德品质塑造，将"德"放在首位，让他们在成为一个"好人"的前提下，成为一个好的"研究者"。从1996年开始至今的20多年，在我培养的160余名硕士研究生、博士研究生中，不仅没有一人在校期间受过纪律处分，而且他们毕业后也没有一个人受过任何处分。他们中有的人成为领导干部，有的人成为企业高管，但没有人违伦悖德、违法犯罪。更值得欣慰的是他们之中还涌现出了一批道德模范、先进个人、优秀人才。

以"研"为重，突出科学研究的核心地位，努力强化研究生的科研能力

"研究生"，顾名思义，就是进行研究性学习，并以科学研究为重要任务和重点工作的学生。"研究工作"是研究生的根本职责和主要特点；"研究能力"是考核研究生的核心内容；"研究成果"是评价研究生的重要指标，同时也是研究生在求职就业中的核心竞争力。我在20多年的研究生培养工作中，一直将科学研究作为研究生的重要任务，将科研能力培养作为研究生的培养的重要方面。具体做法有三个方面：

（一）充分认识科学研究在研究生成长中的重要意义。不论研究生毕业后从事何种工作、担任什么职位，他们在研究生阶段受到的科学训练和进行的科研工作，对其一生的成长都有着重要的意义。主要表现为严谨的科学态度，可以养成严谨的工作作风，而严谨的工作作风是他们在工作中少出差错甚至不出差错的前提；诚信的科学精神，可以培养诚实的工作态度，而诚实的工作态度正是任何单位和领导都欣赏的；创新的科学思维，可以引导开拓创新的工作思路，而开拓创新的工作思路则是事业发展的基本前提。

（二）充分保障研究生科学研究的时间投入。虽然不能说耗时越多科研成就越高、科研能力越强，但足够的时间投入无疑是科研成就高、科研能力强的基本保障。前两年一项发布在 Nature 子刊《自然人类行为》的一项研究成果，显示了科研上的时间投入和科研成果与科研能力的正相关联系。这项成果由美国斯坦福大学，俄罗斯国立高等经济学院，中国的北京大学、清华大学，印度合作大学等单位共同完成。该成果调查了中、美、俄、印四国30000多名学生的创新能力表现并进行了排名和分析。中国学生从进入大学到第二学年末，数学、物理成绩处于高水平，但是到大学毕业时，成绩不进反退，尤其在批判性思维能力和学术技能水平方面下降更为明显。其中，高水平大学下降了17%，普通大学下降了68%。造成这种现象的原因有三点：一是中国理工科学生选修人文社会科学课程比其他国家学生少；二是中国大学生的学习时间投入不足，在最后两年将主要精力放在了实习和找工作上；三是中国高校教师对学生的学习要求不如其他国家教师严格，存在严进宽出的现象。在研究生培养过程中，我一直要求研究生至少有两年半的时间全心全意投入读书、研究与写作，在他们学位论文初稿完成之前不允许外出实习或找工作。即使到了第六个学期也要随时与导师保持联系，随叫随到，从而充分地保障了他们的科学研究和论文写作时间。那么，这是否会影响这些研究生的就业呢？一点没有。由于他们读书多、思考多，基础知识和基本理论扎实，思维活跃，成果突出，很受用人单位欢迎，每年都能达到100%的就业率。

（三）严格把好研究生学位论文的质量关口。研究生学位论文质量的高低，是衡量其学术水平高低的标准，也是其能否获得学位的主要依据。在研究生培养过程中，花费时间、精力最多的是学位论文，检验程序最复杂的是学位论文，对学生、学校影响最大的是学位论文。从时间上看，研究生有五分之三以上的时间在准备和写作学位论文；从程序上看，一篇合格的学位论文要经过选题、开题、中期检查、预答辩、匿名评审、论文答辩等多道程序；从对导师与学位点的影响看，对抽查不合格学位论文指导教师、学位点要进行通报批评，甚至停止招生。

因此，我对研究生学位论文把关很严。选题要反复讨论，写作过程全程跟踪，修改在三遍以上，从论文标题、框架结构，到文字规范、标点符号，都不忽略。我指导的160多篇硕士、博士学位论文，在多个层次的抽查中都是合格的。从在高校任教的这部分学生申报国家社会科学基金项目和教育部人文社会科学研究项目看，许多人都获得了成功。有的博士研究生毕业后不到10年，就主持了2项国家社会科学基金项目，并获得省部级社科成果奖。

以"人"为本，尊重研究生的兴趣爱好与职业选择，注重他们的差异化发展

当今时代，研究生的个性比过去更加鲜明，人格更加独立，职业选择更加多样化。这就要求导师对研究生的培养，在保证质量一致性的前提下，不能用一个标准、一个模式去衡量和要求，而应按照研究生的个性差异、兴趣爱好、择业意向去培养，注重他们的差异化发展。

（一）充分了解研究生本科阶段的教育背景、专业特点和今后的择业意向，有针对性地制订培养方案和学位论文选题。现在的本科毕业生报考研究生，在专业选择方面受到多种因素的影响。有的受就业机会大小的影响，选择就业形势好的专业报考；有的受行业待遇的影响，选择与高收入行业相关的专业报考；有的遵从内心需要，选择自己最感兴趣的专业报考。这样，就出现了许多跨专业、跨学科报考的现象。我指导研究生的主要专业是比较文学与世界文学，但考生来源除中国语言文学、外国语言文学、新闻与传播学等专业外，还有经济学、管理学、电子技术、机械工程、计算机科学等专业的学生。我培养这些研究生做的第一件事，就是了解他们的专业背景、跨专业报考研究生的原因、今后的就业意向，在充分熟悉、了解情况的基础上，有针对性地制订培养方案；尽量照顾他们原来的专业背景，选择相应的学位论文题目，对他们进行个性化指导。如对来自外国语言文学专业的学生，选择相应的外国作家作品作为学位论文题目，发挥他的外语优势；

对于来自经济、管理及其他专业的学生，选择跨学科的研究对象作为学位论文题目，利用好原来学科的基础和资源。这样，既相对减轻了跨学科学生学习和论文写作的难度，又基本保证了学位论文的质量，还避免了学位论文选题的重复。

（二）尊重学生的兴趣爱好与个性特点，使他们的兴趣得到照顾，个性得到发展，成为特色鲜明的人才。一位哲学家说过，世界上没有两片完全相同的叶子，生活中没有两个完全相同的性格。虽然学生们报考了同一个专业的研究生，但他们家庭出身的不同、成长环境的差异，让他们形成了不同的性格特点、产生了不同的兴趣爱好，表现在学位论文的选题上各有偏爱。对研究生研究方向的确立和学位论文的选题，有两种主要处理模式：一是学生服从导师，所有研究生都与导师研究方向一致，在导师研究领域里选择学位论文题目。这种模式的好处是导师指导起来方便，也容易扩大导师研究领域的影响。不足是要牺牲学生的兴趣爱好，学生的个性得不到发展，对导师的研究领域纵向上可能有所开掘，横向上缺少跨学科拓展。二是导师照顾学生，所有学生按自己的兴趣爱好确定自己的研究方向和论文选题。这种模式的好处是学生的兴趣爱好得到了尊重，个性得到了发展，形成了选题的多样性。不足是导师要离开自己最熟悉的领域，需不断学习新的理论知识。我一般是按照第二种模式处理：让研究生凭自己的兴趣爱好选择研究方向和论文题目。如在我的研究生中，有人特别钟爱音乐，作词、作曲、演唱样样行，想做与音乐相关的学位论文。我就从她的兴趣爱好出发，为她选择了罗曼·罗兰的长篇小说《约翰·克利斯朵夫》作为研究对象，以《论〈约翰·克利斯朵夫〉的音乐性》作为学位论文题目；有人特别喜欢园林艺术，我就为她选择《中西园林中的水艺术比较》作为学位论文题目。这些选题既照顾了研究生的兴趣爱好，又在她们未来的职业生涯中发挥了作用。

（三）了解研究生的学习、生活情况，帮助他们解决问题与困难，保证他们顺利毕业、就业和发展。由于研究生们的来源地区不同，家庭背景有差异，经济条件有别，这不仅使他们的生存与生活状态有所不同，而且使他们对未来职业的选择和发展规划也有所差别。在他们的学习过程中，也总是存在这样那样的问题和困难，干扰着他们的生活与学习，若是不能及时解决，会对他们的学业产生不利影响。比如，有的研究生经济困难，我或替他们代交学费，或借钱给他们渡过难关，让他们尽量安心学习，按时毕业；有的硕士研究生想继续深造，选择攻读博士学位，我或为他们在选择学校上提供参考意见，或帮他们推荐博士生导师，尽量使他们实现自己的愿望；有的研究生求职、就业道路不通畅，我和他们一起出主意、想办法、找出路，尽量使他们找到适合自己的工作单位或职位。

以"德"为先，重在培养研究生的思想道德素质，以"研"为重，重在锻炼研究生的科学研究能力，以"人"为本，重在促进研究生的个性化发展，三者构成研究生培养的一个系统模式，整体地作用于研究生的全面自由发展，使之成为优秀的社会主义事业建设者和接班人。

（2021 年 3 月 11 日）

追求卓越，成功就会不请自来[1]
——谈研究生的科学研究与就业质量

季水河

这是一个竞争激烈的社会，在这样一个社会，就业的竞争比过去任何时候都要"惨烈"——比"激烈"还"激烈"。原因何在？有一个事实是大家有目共睹的：每年高校毕业生有几百万人，但是社会所需求的却远低于这个人数。也就是说，就业市场存在着一个供大于求的矛盾。雪上加霜的是，在全球化时代，与我们竞争的除了内地的人才，还有来自海外的精英。简而言之，我们每一位研究生今天所面临的形势与过去已经大为不同。在我们读书的时候，只存在能不能毕业的问题，不存在能不能就业的问题。实际上，在1994年扩招之前，本科生和研究生都是国家包分配的，这意味着只要你能够拿到毕业证书，就有一个甚至多个相应的岗位在等着你。可惜这种读书不要钱、工作不发愁（要愁也只是愁到底选哪份工作）的时代已经一去不返了。毋庸讳言，人才数量的激增是就业压力加重的根源之一。我1995年当中文系主任时，每届招收75个本科生（全系的本科生有395个）、3个硕士研究生（三届共9人）。这样，

---

[1] 本文系2010年度国家社会科学基金教育学青年项目"大学教学名师研究"（项目编号：CIA100163）之"大学教学名师谈教学"的阶段性成果。

每年毕业学生约 80 人，而前来要人的单位不下 100 家，来晚了就要不到人了。可如今呢？前不久我们学校搞供需见面会，我去看了一下，到场的 90 多家用人单位大概可以提供 500 多个岗位，可今年湘潭大学的毕业生何止 500 人？起码是这个数字的 10 倍还要多。也就是说，过去是 100 个岗位在等 80 个学生，现在是几千个学生等 1000 个岗位，可见就业竞争的确已经达到了"惨烈"的程度。在这种情势下，研究生应该思考一个非常现实并且迫切的问题：作为研究生这个学历层次的人才，究竟如何应对将要到来的挑战？我想从三个层面谈这个问题：研究生的学历层次与科学研究、研究生的科学研究与就业需要、研究生的科学研究与社会选择。

研究生的学历层次与科学研究

众所周知，当今中国的高等教育主要分为三个层次。第一个层次是"专科与职业技术教育"，第二个层次是"本科学历教育"，第三个层次是"研究生学历教育"。不同的学历层次在培养目标、就业去向和社会的期待与选择上是不同的。专科与职业技术教育目标明确而单纯：培养具有较强动手能力的技术与操作人才。换句话说，考察这个层次人才的培养效果主要不是看掌握了多么丰富的基础知识和基础理论，也不是看发表了多少原创性的科研成果，而是看能不能直接走上技术岗位，从事技术操作层面的工作。比如评判一位护士是否优秀，主要标准不是她的理论修养有多深，而是她的护理技术有多高。正因为对实际操作能力要求很严格，所以很多职业技术学院和工厂联合办学，以保证学生有更多的动手机会。甚至有的工厂和企业，比如三一重工等，直接对自己所需要的人才进行"订单式"培养，真正实现了"从实践中来，到实践中去"的办学思路。人文科学类也有职业技术教育，比如湖南省就有不少从过去的中专转轨而来的职业技术学院办有文秘专业，他们的文秘专业主要培养到中小型企业从事一般性公文写作的文书，对学生综合性的理论素养要求并不高。

本科学历教育的主要目标是培养有系统知识与理论修养的专业人才。应该说，我们现在的本科教育也比较重视实践教学。我自己就曾主持过一个国家教改课题"地方综合性大学文科应用学科人才培养中的'立体实践教学模式'研究"，提出了"厚基础、宽口径、重实践、有特色"的本科教学理念。但整体而言，本科的"实践"和职业技术学院的"实践"是不一样的，因为它是建立在系统知识和理论修养基础上的实践，是把知识转化为能力，把能力转化为社会需求的实践。总之，它不是纯粹技术操作层面的实践。应该说，大部分本科生（机械、机电专业的学生或许例外）基本是以书本知识的系统性和理论修养的全面性作为主要的求学目标，而用人单位看重的也正是他们所开课程的系统性，所贮备理论知识的完备性。我们湘潭大学本科教学计划虽然一再修订，但有一条是始终坚持的：培养具有系统知识和综合修养，以及具有较强实践动手能力的高级人才。

研究生学历教育的主要目标是培养具有提出问题、分析问题和解决问题的研究人才。随着近几年的扩招，研究生的专业基础变得千差万别：有本科本专业考进来的，有本科跨专业考进来的，有同等学力考进来的；求学目标变得更加五花八门：有为了学术追求的，有为了混文凭的，有为了躲避就业的。可是对研究生的培养，特别是学术型的研究生（即科学学位研究生）的学术能力的培养，我们还是秉承一贯以来的高标准。例如，我校要求文科硕士研究生在读期间必须公开发表1篇学术论文，文科博士生研究生在读期间必须在CSSCI期刊上发表3篇论文，其中1篇以上与学位论文直接相关。对于学位论文的学术含量，我们更是有着严格的规定。在我看来，从普遍意义上说，撰写和发表论文的数量和质量是体现研究生提出问题、分析问题和解决问题三大能力的有效指标。因此，注重学术论文的水平而不是课堂考试的分数是研究生和本科生的主要区别。我自己从1996年开始担任研究生导师，现在已经指导17届共100多个研究生，其中因为考试不合格、修不完学分而未能毕业的几乎没有，而推迟毕业或未能毕业的基本都是因为学术论文未能达到要求。所以，我们应该清楚一点："研究"是研究生的根本职责和特征,"研究能力"是考核研究生的主要指标和尺度。

研究生的科学研究与就业需要

有些同学认为,自己将来也不从事科研工作,为什么还要在研究生期间搞科学研究?我们必须承认,越来越多的研究生毕业后不会进高校和科研机构,而现在的社会也不可能让所有的研究生都从事科研工作。我自己的研究生就业大致分为三个"三分之一":读博士做学者的占三分之一;从事与专业一致或相关工作(新闻学研究生从事新闻工作、比较文学研究生从事文学工作)的占三分之一;另外的三分之一则从事与专业不相关的工作,比如银行管理者或政府公务员等。也就是说,我有三分之二的研究生因为内在和外在的原因而未能从事科研工作。那么是否意味着科学研究与他们从事的职业没有关系呢?当然不是!他们在研究生阶段经历的科研训练与他们的工作其实有着紧密的联系。

严谨的科学态度可以养成严谨的工作作风。从我自己30多年的教学和科研实践来看,科学研究对研究生态度严谨性的要求是最高的。理工科研究的实验数据不能造假和篡改,人文和社会科学研究必须尊重资料的真实性,引用原文连标点符号和页码都不能随意改动。而任何学科的学术论文撰写都必须讲究逻辑思维的严密、布局和结构的合理。文章投出去后要经受编辑和评审专家的"挑剔",发表后要经受读者的检验。总之,在科学研究中熏陶出的"严谨"态度是个人综合素质的重要体现,是任何工作都需要的。

诚信的科学精神可以培养诚实的工作态度。毛泽东曾经讲过,知识的问题是一个科学问题,来不得半点的虚伪和骄傲,需要的是诚实和谦逊的态度。这几年,某中医药大学的一位副校长、某科技大学的一位医学教授等都栽在缺乏诚信上。这也从相反的角度证明诚信对于科学研究的重要性。虽然不能说所有的学者都是讲诚信的,但是从普遍性来说,科学研究是最能培养人诚信精神的。一个真正意义上的学者或准学者,在日常的科学训练中,"诚信"的信念会慢慢渗透进他的思想和思维之中，进而对他从事的其他工作也会产生积极的带动作用。

创新的科学思维可以引导开拓的工作思路。在当代社会，创新对任何一个国家而言都是长治久安、进步发展的重要因素。江泽民提出"创新是一个民族进步的灵魂"。他讲的创新包括了管理的创新和工作的创新，自然也包括了科学的创新。一篇学位论文，没有新观点、新材料和新方法，基本上就是不合格的论文，哪怕它的起承转合做得再好，结构设计得再巧妙。创新有两个层次：第一个层次叫作"原始创新"，可以创立一门学科，形成一门专业，这是大学者、大科学家追求的目标；第二个层次叫作"完善式的创新"或"延展式的创新"，这种创新不是填补空白，而是在前人做过的地方接着做，换句话说，前人已经走了一步或一步半，你在此基础上再往前走剩下的一步或一步半，使这个问题得到更深层次的解决。一般而言，硕士研究生追求的正是这种创新，即前人说了，你接着说、自己说，"接着说"是说深、说全；"自己说"是说新、说好。

从诚信和严谨的角度看，硕士学位论文在谈论文意义的时候，最好不要谈填补了什么空白。我们湘潭大学每年有1600多个研究生毕业，假如每个人都填补一个空白，那么北京大学的研究生就没有什么空白可以填补了。不过可以说他们每年从不同的角度和层次完善了1600多个问题。总之，研究生的创新意识和创新思维在所有的工作中都是有用的：做公务员，可以用来创新、完善制度和决策；做法官，可以用来创新、完善法律条文。如孙志刚事件后，我国实行多年的收容遣返制度就被改为救助制度。这不仅是法规的改变、形式的改变，还是思维方式的改变、人文精神的重要体现。甚至做家务也可以用创新来提高效率，像我拖地板可以达到专业水准，为什么？因为我将数学的优选法和比较文学的比较思维运用到里面。复旦大学原校长谢希德是一位物理学家，"文化大革命"期间被整成走资派，然后下放到某个单位扫厕所，结果她打扫的三楼厕所成为全栋楼里最受欢迎的厕所，因为她打扫得最干净。

研究生的科学研究与社会选择

大概15年前，高校毕业生的就业选择可以称之为"主体性选择"或"主动性选择"，也就是说，由于"求大于供"，所以选择什么样的工作，主动权完全在学生手中。现在的就业选择，由于"供大于求"，所以我称之为"他律性选择"或"被动型选择"，也就是说，过去是你选择工作，现在更多是工作选择你。既然如此，我们就要提出一个问题：社会在选择研究生的时候，所持的主要尺度是什么？如果说社会像选择本科生那样选择研究生，那么研究生没有任何优势可言：年龄比本科生大，反应比本科生慢，体力没有本科生好。可是社会选择研究生的侧重点毕竟不同于本科生，因此，研究生才会显示出自己的特点和优势。

社会对研究生的选择重点之一是科研成果的选择。研究生三年学习的成效很大程度上体现在科研成果上。因此，科研成果的选择既是对研究生科研态度的选择，也是对研究生科研能力的选择。从我自己所指导的学生来看，就业层次质量最高的一般都是那些研究成果最突出的学生。比如我带的2003届硕士研究生叶仁雄，读书时已经结婚生子，但是为了学术，他一年只回家四次，经常读书读到凌晨三点。天道酬勤，三年间他发表了8篇长篇论文，内容涉及古今中外的美学问题，硕士论文更是长达70000多字，其中阐释性注释就有18000多字。当时参加答辩的有一位中南大学文学院的博士生导师，在该校已不再接收硕士毕业生的情况下，当场力邀他加盟该院，而我们也希望他留校任教。他后来为了解决家属问题，选择了考公务员。正是凭借着这8篇论文，他从众多竞争者中脱颖而出，在省政府办公厅实习并参加工作，后来又获得破格晋升。我指导的、前年毕业的一个研究生读书期间发表了9篇论文，毕业后在广西南宁市委组织部工作半年就得到重用。我指导的、去年毕业的一对研究生情侣，毕业后不仅找到了理想的工作，而且在同一个地方找到了同一个层次的工作，原因很简单：男生发表了10余篇论文，女生发表了4篇论文。所以说，研究生的科研成果不仅能为将来做学者打下扎实的基础，而且也为从事非科研工作提供更高的起点和更充足的后劲。

社会对研究生的选择重点之二是科研能力的选择。科研能力包括发现问题的能力，在最短的时间查找到最多、最好的相关资料的能力，阅读、辨析和梳理文献的能力，以及逻辑思维、文字表达的能力等。这些能力都是日常工作非常需要的能力。研究生参加工作，即使不从事研究工作，也会从事带有研究性质的工作，因此，科研能力一定会有用武之地。

社会对研究生的选择重点之三是科研精神的选择。科研精神首先体现为甘于寂寞、能坐冷板凳；科研精神其次体现为任劳任怨的奉献精神。假如到一个单位做实习生，领导和指导老师八点上班，你却八点半去，显然是缺乏奉献精神。你要去得更早，默默无闻地做工作，别人会看在眼里，记在心里；科研精神还体现为诚信精神；最后，科研精神体现为严谨的态度。写一份几千字的稿件，里面有一堆的小错误，而这一堆的小错误可能会给你的工作带来大麻烦。

正因为社会对研究生的选择集中为科研的选择，才为研究生提供了广阔的舞台，这也是一般职业技术学院学生和本科生无法占领和取代的舞台，所以说，研究生的就业率和就业质量普遍高于非研究生。最后我得出一个一般性的结论：研究生的科学研究成果越突出，科学研究能力越强，科学研究追求越高，就业质量就越高，发展前途就越好，用印度电影《三傻大闹宝莱坞》主人公的话说：追求卓越，成功就会不请自来！

（原载《学位与研究生教育》2011年第3期）

第 二 编 | 著述评论

万紫千红才是春
——季水河《美学理论纲要》[①]序

蒋孔阳

几年以前，季水河同志来信说，他正在编写一部《美学理论纲要》。现在，他写好了，把稿子寄给我，要我写篇序。我拆开包装得严严密密的包裹，取出装订得整整齐齐的三大叠稿子。我不禁想：只有一个热心于自己的事业的人，才会这样爱护自己的成果。正是出于这种爱护的心情，我翻阅的时候，不能不产生几分美感。我国美学，一直受到广大读者的注意。20世纪50年代和80年代，都曾掀起过热潮。之所以会这样，我想这和我国是一个社会主义国家分不开。我们不满足于单纯的物质利益的追求，我们有更高的精神的追求，也就是美的追求。人们对于美的追求，使得对于美学的研究愈来愈普遍和繁荣。仅仅美学原理或概论一类的著作，就一本又一本，不断地出来。那么，在美学原理或概论已经够多的情况下，季水河同志还要写一本《美学理论纲要》，又有什么意思呢？是不是"赶热闹"？我说，学术繁荣，不在于某某一家，独自唱高音喇叭，所谓"一花独放不是春"；必须百花齐放，百家争鸣，所谓"万紫千红才是春"。在万紫千红的当中，"赶热闹"并不是一件坏事。

---

① 季水河：《美学理论纲要》，武汉大学出版社1992年版。

热闹上再加热闹，正是繁荣与兴旺的象征。季水河同志肯赶这个"热闹"，说明他对我国美学界的繁荣，是尽了他自己的一份贡献的。

当然，季水河同志这部著作的贡献，绝不止于"赶热闹"。他有自己独特的研究和独特的看法。首先，他对美学理论上的一些问题，谈得比较全面和完整。他的《纲要》，共分七编：1. 导论；2. 本质论；3. 审美论；4. 形态论；5. 范畴论；6. 历史论；7. 美育论。一般美学概论中所要谈的问题，差不多他都谈了。这在目前的一些美学教材中，还是不多见的。其次，他能坚持马克思主义的基本原则。他在书的开头就说："马克思主义美学思想的建立，给美学学科带来了根本性的变革，也为人们打开美的迷宫提供了一把钥匙，为人们探索美的奥秘提供了方法论原则。"不仅这样，他还同时指出，马克思主义美学并不是停滞不前的，而是处于不断的发展中。西方马克思主义美学在发展中，偏离了马克思主义；中国则在发展中坚持了马克思主义。这一论断，我认为是正确的。再次，作者还善于联系我国美学研究的实际。他谈任何问题，都从我国当前美学研究的实际出发，因此，具有比较强烈的时代感和现实感。对我国当代美学不熟悉的同志，读了这本书，可以得到不少信息。最后，我感到本书还有一个特点，那就是随时引证中西美学的例子，并在可能的范围内，对它们进行比较的研究。例如对于美育，他认为西方是从灵魂净化到人性解放，中国是从道德教化到人格完善。这种讲法对不对，当然还可以讨论。但它却说明了中西的美育，是循着不同的道路前进的。

我以上所说的几点，不能说完全符合本书的实际情况，也不能说本书的优点，就只限于以上这几点。我谈出来，只是供同志们参考。同时，人无完人，书也不可能有完书，因此，季水河同志这本著作，也不能说已经十全十美。不过，在繁忙的教学工作之余和条件并不优越的情况下，他能写出这么一本书，实在是难能可贵的。我祝福他：今后写出更多更好的著作来。

（原载《当代文坛》1992年第4期）

（蒋孔阳，男，四川省万县人，复旦大学教授，博士生导师。先后担任中华美学学会副会长、上海市作家协会副主席、上海市社科联副主席等社会与学术职务。被国务院授予突出贡献专家称号，享受国务院政府特殊津贴专家）

宝剑锋从磨砺出

——季水河《美学理论纲要》（修订版）[①]序

张铁夫

日前，水河君在电话中告诉我，他的《美学理论纲要》（修订版）即将付梓，并要我写几句话。我当时颇为犹豫，因为我虽然写过一两篇与美学有点关系的文章，译过一两本与美学有点关系的著作，但它们只涉及美学中的个别问题或局部问题，而关于美学的总体问题，我从未发过言，也自知没有发言权。好在水河君对序言内容未作任何限制，交稿时间又比较宽松，也就只好从命了。

早在1993年9月，即水河君来湘大之后不久，我就承他惠赠《美学理论纲要》一书（第一版）。那是一本学术价值和实用价值兼有的著作。蒋孔阳先生在序言中将该书的主要特点归纳为全面完整、坚持原则（马克思主义的基本原则）、联系实际和旁征博引，可说是深中肯綮，我拜读后也深有同感。正因为它具有上述特点，故曾被国内近四十所高校用作教材，其影响之广，可见一斑。

水河君是一位在美学领域不断探索、成绩斐然的学者。来湘大后的十余年间，先后出版了《新闻美学》《多维视野中的

---

① 季水河：《美学理论纲要》（修订版），湖南人民出版社2011年版。

文学与美学》《阅读与阐释——中国美学与文艺批评比较研究》和国家社科基金成果《回顾与前瞻——论新中国马克思主义文艺理论研究及其未来走向》等著作，目前他还承担着另一项国家社科基金项目——"马克思主义文学理论与20世纪中国文学理论的变迁"。就在担负着繁重的研究工作（还有繁重的教学工作和行政工作）的同时，他却始终惦记着《美学理论纲要》的修订，并且从十年前起就已着手这项工作。他给自己提出的目标是要有新的变化、新的内容、新的面貌。应该说，这些目标是完全达到了的。关于新的变化，水河君在修订版后记中总结为美的本质界说的完善和深化（将"美是人的本质力量对象化"改为"美是人的本质力量丰富性的多样化显现"）、内容构成的变化（增加了《悲剧与喜剧》一章，以及"自然美的生态观""艺术与美的不等式"等节）、理论资源的变化（反映了近二十年来美学研究的新成果和新发展趋势）、篇幅长短的变化（增加了七万多字、改写了六万字）。

由于作者已经说得非常详细、具体，我就不再重复。我想强调的是，修订本是站在新世纪第十年这个时代高度对美学理论的观照，它不仅对美学的基本原理作了更全面、更完整、更充分的阐述，而且十分关注当代审美实践，努力回答当代审美实践提出的问题，并对新世纪的美学发展提出了构想。它既是一次扩容，更是一次美容。

"宝剑锋从磨砺出"世间万事万物（包括某些自然现象），只有经过长期的、反复的，甚至是艰苦的磨炼，才能臻于完美。水河君把《美学理论纲要》的修订比作"十年磨一剑"，但又谦虚地认为这"仅是一个时间概念，不包括态度与质量方面的含义"。其实，在这个学术研究早已被边缘化而学风又十分浮躁的时代，用十年的时间去修订一本美学著作，这本身就需要坚韧不拔的毅力和精益求精的精神，唯其如此，呈现在读者面前的这个修订本的面貌才焕然一新。

（张铁夫，男，湖南省新化县人，湘潭大学教授，博士生导师。先后担任中国比较文学学会理事、中国外国文学学会理事、湖南省比较文学与世界文学学会会长、湖南省社科联副主席等社会与学术职务。曾获"湖南省优秀社会科学专家""全国优秀教师"等荣誉称号，享受国务院政府特殊津贴专家）

人类审美实践的科学理论
——评季水河《美学理论纲要》

昌 切

20世纪90年代,是中国美学理论界的艰难时期,美学理论研究和美学著作的出版都走入了低谷,偶有一部美学专著问世,印数也多在1000册左右。面对如此境况,季水河的《美学理论纲要》一书算是非常幸运了,第一次就印了3000册,不到两年又重印了3000册。该著出版后,受到国内学术理论界的关注与好评,《当代文坛》《探索》等多家刊物发表了评论文章,给予了很高评价,被认为是一部具有"独特研究和独特看法""具有系统、完整而又严密的理论构架"的美学论著。对于这些评价,笔者都表示赞同。但笔者最感兴趣的不是作者在书中论述了哪些问题、是否全面,而是他如何论述、用了何种理论构架。笔者认为,只有弄清作者的持论依据、理顺作者的理论构架,才有可能把握书中全部论题的联系,见微知著,从而给出恰切的评价。

很明显,作者所持的是"实践美学"观。美学被他明确界定为"人类审美实践的科学"。该著也确实是一部人类审美实践的科学理论著作。

引入实践概念,便断然否定和排除了任何与人的实践无关的美学研究意图,美的本质以及一切相关论题,都被严格限定在人的现实实践范围内。离开人的社会实践和审美实践去谈美学，对作者来说，是难以想象的。实践作为主观见之于客观的活动，不仅是主客体的中介，而且是讨论全部美学问题的基本起点。马克思说：

整个所谓世界历史不外是人通过人的劳动而诞生的过程，是自然界对人说来的生成过程，所以，关于他通过自身而诞生，关于他的产生过程，他有直观的、无可辩驳的证明。因为人和自然的实在性，即人对人说来作为自然界的存在以及自然界对人说来作为人的存在，已经变成实践的、可以通过感觉直观的，所以，关于某种异己的存在物，关于凌驾于自然界和人之上的存在物的问题，即包含着对自然界和人的非实在性的承认的问题，在实践上已经成为不可能的了。[①]

这就是说，人的实践使世界变成了属于人的世界，所有世界历史范围内的事物都实在化了，都能够在人的实践中得到证实，试图于人的实践以外穷究人和美的存在，在实践上是徒劳无益的。故而，季水河认为，离开人的实践抽象地探讨美的本质，无异于缘木求鱼。因而他所谓美的本质是"人的本质力量对象化"。而不是超验的、超历史的"异己的存在物"，既不关涉柏拉图的"理式"（或译"理念"），也与黑格尔的"绝对理念"无干，更不乞灵于冥冥之中的上帝。在他那里，一切美学问题无不是实在化世界以内的问题，无不可以加以直观验证和逻辑证明。

为了说明美是"人的本质力量对象化"这一核心命题，作者扼要地阐述了美的起源，认定"美起源于人类的两大生产"，即物质生产和人口生产。在人作用于自然界的过程中，人的本质力量对象化了，自然界不断向人生成，人的审美器官逐渐发展，审美心理逐渐成熟。所以，马克思说人的审美器官是全部世界历史的产物，审美心理是历史发展的结果。于是，人在劳动中，在劳动工具上发现和确证了自己的本质力量，感到愉悦，产生了美的境界。至于人口生产，当然不限

---

① 中共中央马克思恩格斯列宁斯大林著作编译局编：《马克思恩格斯全集》第42卷，人民出版社1979年版，第131页。

于男女结合的全部自然程度,它表明,男女交往还能使人体验到感官的审美刺激,迸发出生命创造的激情。人类最早的歌谣、神话传说、舞蹈和绘画中,生殖崇拜是显赫的存在,占有极大比重,就足以证明人口生产是美的源泉这个论点的确切性。可见,实践在逻辑上和历史上是完全一致的,美的历史开篇就是美的逻辑起点。

从实践出发,作者依次对审美过程、审美形态、审美范畴、审美教育作了逻辑演绎和历史归纳。按照蒋孔阳先生在该书"序言"中的说法,一般美学理论讨论的问题,季著大都有涉及,并都能联系人类审美实践和中国当代美学研究的实际进行深入阐发。特别值得一提的是,作者具有广阔的学术视野,从根本上克服了以往美学研究把审美实践仅仅囿于艺术活动和物质生产领域的局限,将目光投向了自然科学领域。他不仅注意博采20世纪西方美学的精华和自然科学的新说,使之有机地融入自己的论说之中,而且还将自然科学本身也纳入了人类审美实践的领域中加以考察,把自然科学也作为人类审美实践的一个部分看待,把科学美也作为一种美学形态进行研究。作者认为,科学创造作为人类实践活动方式之一,也与其他实践活动一样,遵循着美的规律,科学美是科学家本质力量的对象化,是美在科学领域中的独特显现。科学研究与审美创造虽是人类认识世界的两种不同方式,但二者并非互不相容,二者的思维方式相互交叉、相互影响、相互渗透,具有相关性和兼容性。而且,科学越向高度发展,审美心理因素就越突出。作者的这一研究,既拓展了美和美学研究的领域,把人类的一切创造性活动都引入了审美实践这个大系统之中,又将实践观点贯彻到了每个具体问题。全书首尾相连,浑然一体,新见迭出。读者读过该著,自然深有会心,本文不作评论。

作者坚持实践观点,必定有其相应的理论背景。我以为,他这样做是受到了近些年哲学和美学研究趋向的影响,近些年里,"实践哲学"成了哲学界一个十分响亮的名词,频频出现在报刊上,甚至出版了几十万言的标名《实践哲学》的专著。

倡导"实践哲学"的论者多有歧见，但都面临着"物质"与"实践"孰为马克思主义哲学的本体这一难题。其中一种意见认为"物质"与"实践"分属不同层次，各有自己的适用区域和重心，这是有一定启示意义的。同样，在美学探讨中也出现了"实践美学"或"劳动美学"的提法。著名美学家刘纲纪先生就是提倡"实践美学"的一个代表。不管是"实践哲学"还是"实践美学"，不管论者的歧见有多大，但有一点是共同的也是至为突出的，那就是反对物本主义，强化和强调人的主体地位。季水河顺应了这个研究趋向，及时吸收了"实践哲学"和"实践美学"的积极成果，并在自己的论著中进行了创造性发挥。他旁征博引，广泛摘采中西美学事例，时时联系我国美学界的实际，申说自己的观点，得出了一些具有独特价值的结论。应该说季著在一定意义上反映了目前我国美学研究的一种动向，具有鲜明的时代感与现实感。因此，读这部著作，有助于我们全面地掌握美学理论，了解我国美学研究的现状和困难所在。当然，审美实践在发展，论者对美学理论中的许多问题，仍有进一步探讨的必要。也许，解决"物质"与"实践"孰为马克思哲学和美学的本体这一难题，既是作者未来须做的工作，也是"实践美学"获得发展的关键。

（原载《川东学刊》1995年第1期）

（昌切，本名张洁，男，湖北省沙市人。武汉大学教授，博士生导师）

追踪美学历史发展的轨迹
——评季水河《美学理论纲要》

柳和勇

季水河同志著的《美学理论纲要》一书（武汉大学出版社1992年版）具有系统、完整而又严密的理论构架，是该著的首要特色。

与同类著作相比，它拓展了美学研究范围，不仅把科学美和技术美视为不可分离的美的形态，而且增加了美学理论历史发展等内容，使人们对美学理论和发展有了较完整的印象。同时《美学理论纲要》的理论构筑也获得了一定的历史背景感。在具体的美学问题上，该著也增添了许多内容，例如，美的发生、审美心理过程及自然美和社会美的特点等，都是以往著作或忽略不提，或语焉不详的，反映出我国美学研究的历史发展。该著的第六编颇有特色地设置了"历史论"，较系统地论述了中西美学思想的产生和发展历史，并着重设专章分别介绍马克思美学与现代西方美学理论，使人们对它们的发展历史、内容特点及地位意义等有了清晰的了解。从表面看，这两章内容似乎与其他美学内容有游离之感，但是，由于作者巧妙地把"历史论"放置在所有美学原理的论述之后，于是也就顺理成章地成了对以前美学理论的总结，具有宏观性把握特征。从以上对全书理论体系的简单勾勒中可以看到，季水河同志是兼顾并遵循两条理论线索来构筑其美学理论体系的：一条是美的发展过程，另一条则是美学理论的历史脉络，并把这两条理论线索的有关内容相互补充、互相渗透，使之成为具有一定历史感的有机的美学理论整体。

该著理论构筑的系统性和完整性还表现在，作者以美的本质理论为纲，并把它渗透于每一个具体的美学理论中。在论述科学美时，由于首先讲清了科学美的本质内涵，认为"科学美是科学家的本质力量对象化"，并具体阐述了"科学创造也是一种美的创造，科学也是一种美，因为科学创造也和艺术创造一样，是人在意识中把自己'划分为二'，它蕴含着人的本质力量"，人同样能在科学产品中"直观自身"，"尽管科学产品具有实用性，但同样也具有审美性"。正是作者令人信服地论述了美的一般本质同科学美、技术美等的内在联系，才使人们感觉到美学理论的整体感。

从历史发展的角度来进行理论建构是该著的又一重要特点。

把"逻辑与历史的一致"作为首推的美学研究方法，作者认为："如果只是逻辑的方法，就容易脱离历史发展的实际，陷入从概念到概念的推移式的论证。如果只有历史的方法，就容易陷入就事论事，不能认识和掌握美学发展的必然性规律。"而一旦将逻辑的推理论证和历史的考察叙述统一起来，就使美学理论体系以逻辑推理的"浓缩"形式再现美学发展的历史过程，达到逻辑顺序与美学历史的一致。基于这种认识，作者在论述美的问题时，除了从外观上先对有关理论进行述往，使人们对某一美学问题形成相当完整的历史发展印象外，更着重提取各种美学理论的精华，从美学历史发展的角度，根据自己的美学观念，演化出独到的美学体系来。例如，在有关美的根源理论的述往中，作者先归纳了以柏拉图、黑格尔为代表的美在精神、精神产生美的主观唯心主义美学观；也列举了以圣·奥古斯丁和托马斯·阿奎那为代表的美在上帝、上帝产生了美的客观唯心主义神学美学观；还介绍了以克罗齐、桑塔耶那为代表所认为的美在直觉、快感的现代美学观点。使人们对有关美的根源的理论有了相当清晰、完整的认识。但作者并不停留于此，而是极有见地地提出了自己的见解，认为以往种种有关美的根源的理论，"离开了人类的实践活动，因此，不能对它给以科学说明"。人类社会发现和创造美的历史表明，"美从人类实践活动中产生，也随人类实践活动的扩展而发展"，充分显示了作者富有历史感的理论把握。季水河同志认为，美既不是纯自然物，也不是纯粹的主观意识，而是人类实践活动的结果。所以，美的活动受到一定社会实践的制约，而不是凝固不变的。

坚持并发展马克思主义的美学理论，是该著的又一显著特色。

作者在书的引言中就明确指出："马克思主义美学思想的建立，给美学学科带来了根本性的变革，也为人们打开美的迷宫提供了一把钥匙"，"本书的宗旨就在于，在马克思主义美学方法论原则指导下，去研究美、探索美，为发展马克思主义美学思想作一点微薄努力"。比如，在论述美的内容和形式时，作者认为："形式为内容所固有，而不是内容的外壳；内容为形式所固有，而不只是形式的内核，内容无处不渗透于形式之中，形式无处不体现出内容。"充分体现出马克思主义的艺术辩证法美学思想。论述审美心理时，作者则认为，"审美心理是社会、历史、文化因素同审美主体个性特征融合的产物"，它是"积淀着人类社会实践的精神财富，是在人类社会实践中形成发展的"。在具体论述时，该著详细地举例说明人类的眼睛、耳朵等审美功能的历史发展历程，指出了心理审美化历史生成的生理、心理等客观基础。并按审美的具体历程，对诸审美心理要素作出具体解释。同时，作者还把理论的视野拓展到现代，把现代的审美心理同原始的审美心理做了较详细的分析比较，认为原始审美心理还和实用心理联系较紧密，处于半是实用感、半是审美感状态。但在现代社会，人的审美领域越宽，人类审美感官和感觉能力越丰富、复杂精细，人类的审美心理也越丰富、复杂精细。通过这种历史比较性论述，审美心理的本质和特征得到了自然而清楚的阐述。同样，在论述科学美时，作者也紧紧抓住人类劳动实践的发展历史，认为科学创造也是人类实践能力和劳动活动的发展，所以，科学创造也是一种美的创造，人们也能在科学的产品中直观自身，科学也是一种美。

此外，该著在美学与科学的联系上颇有特色。

作者从人类社会不断发展着的认识能力现状出发，拓展了美的领域，把科学美和技术美作为美的内容不可分割的一部分。科学是否有美的特征，历来有不同意见，但随着科学的不断发展及人们认识美的能力的提高，人们越来越感觉到科学的伟大及其迷人魅力，也越来越体验到科学所包容的美的因素，认识到科学思维同艺术思维的某些相同之处。该著也肯定审美心理因素渗透于科学创造活动之中，并认为"科学越向高度发展，审美心理因素越突出"。作者较详细地论述了直觉、想象、情感等审美心理因素来攻克美学研究中的某些疑难问题，认为美与人类实践活动密切相关，所以美起源于人类的两大生产，与人类的物质生产和人口生产紧密相连。看法新颖而独特，且完全符合美的实际和马克思主义美学原理。又比如在探讨美的规律时，作者始终以马克思的两种"尺度"理论为依据，认为这是对西方美学史上传统"尺度"理论的重大突破。他指出自然界的"客观规律"不等于美学领域中的"美的规律"，"美的规律"是"人类在生产实践过程中，根据不同事物的尺度，按照人类的目的和愿望，征服客观世界，改造客观世界，创造美的产品或形象时所遵循的法则"。作者令人信服地廓清了以往人们对美的规律的认识上的某些误解，具有较强的逻辑说服力。从而他分析了科学实验、公式和理论等所蕴含的美的因素，揭示了科学美所具有的简洁性、和谐性、新奇性和冷峻性等特征，系统而令人较满意地解决了科学同美的本质的内在联系难题。

该著与科学紧密联系的特色也表现在尽可能吸取心理学、生理学等理论来研究美，使美的研究带上了更为科学性的特征，在一定程度上摆脱了以往美学研究中的人为猜测性和主观描述性。作者在研究人们的审美愉悦特性时，除了论述了审美愉悦的一般含义外，还较详细地介绍了它与脑神经系统的内在联系，从而认为审美愉悦是以生理为基础但又具有超生理性，是各种心理因素的综合作用的结果。由于渗透了科学的理论依据，具体美学理论的构筑就显得更为扎实可信。同样，在论述形式美的物质要素时，都以科学的具体数据为依据，论述人对色彩和声音等的感觉范围，揭示了它们同人类复杂情感的联系，使人们对形式美的构成和价值有了更深层的认识。同时也开启了美学研究的新的方法和角度。

（原载《探索》1994年第2期）

（柳和勇，男，浙江省宁波市人，浙江海洋大学教授。先后担任浙江省海洋文化研究会常务理事、浙江海洋大学海洋文化研究所所长等学术职务）

实践美学理论发展的新成果
——评季水河《美学理论纲要》（修订版）

佘 晔

在学术心态日趋浮躁和美学研究日渐冷淡的当下，《美学理论纲要》（修订版）（季水河著，湖南人民出版社 2011 年版，以下简称《纲要》）的出版，有着不平凡的意义。它是马克思主义实践美学研究的翘楚之作，也是作者用半生心血写就的一部美学理论力作。该著作具有以下鲜明特色：

宏观与微观的统一，建构完整的实践美学理论体系

细细阅读这本近 40 万字的美学论著，我们不难发现，作者遵循着一种从宏观到微观、从整体到局部的逻辑思维过程来建构自己的美学体系，全书结构清晰而严谨，内容全面而完整。全书共分七编十八章。第一编导论便是从宏观层面回溯美学的历史，诠释美学研究的对象和范围，更为我们指出了特定的美学研究方法：逻辑与历史一致，本质与现象结合，理论与实践统一。在书的导论中对美学研究理论进行宏观的梳理是十分必要的。一方面，提供丰赡的理论资源，为作者下文阐述美学的具体问题做铺垫，循序渐进；另一方面，为读者厘清美学研究的轮廓，为初涉者接触美学做参考，先启后发。从第二编开始，便是从微观层面具体论述美的一个大的方面的问题，包括美的

本质、审美心理、审美形态、审美范畴、审美历史和美育六个方面。每一编的论述翔实有力，引证丰富。按照严格的逻辑顺序和独特的思维习惯自然行文，一气呵成。这种编排，大大消减了理论书的枯燥无味，符合一般读者的阅读习惯和接受心理，让读者对美学研究有宏观的把握和微观的认识。《纲要》是美学研究者入门的必读理论书籍之一，它提供一门知识，展示一种方法，更是一条捷径。本书曾被国内近40所高校用作美学教材，就像蒋孔阳先生在第一版序言中提到的那样，"一般美学概论中所要谈的问题，差不多他都谈了"，除了内容的全面性之外，更在于用一种宏观与微观相统一的叙述方法把所有的内容串联起来，以美的本质论为核心，以美的形态、范畴为主要元素，也谈审美和美育，从而建立起严密而富于特色的马克思主义实践美学的理论体系，是对"建设有中国特色的现代美学体系"的大胆尝试，显示了作者深厚的美学修养和为学术孜孜不倦的探求精神。

理论与实践的结合，解决突出的美学学科难题

正如《纲要》封面所写的那样，"本书以马克思主义美学方法论为指导，以人类审美实践，特别是当代审美实践为基础，以中外美学成果为参照，去研究美学理论中的一些难题，回答当代审美实践提出的一些问题，为美学学科的发展尽一份心，出一份力"。这是修订版力图呈现的新目标和新面貌。这里所说的理论与实践相结合有两个考量的维度。在基础理论研究层面，季水河美学理论的逻辑起点来源于马克思主义的实践观，强调美的形态和内容是在人类社会长期的实践和发展中不断得到确认和完善的。基于这一逻辑起点，作者对"美的本质和规律"进行了深入的探讨，并提出了"艺术与美的不等式""自然美的回归"等重要议题，为我国的美学理论研究拨开了一层迷雾，提供了一种范式。比如，关于"美是什么"的难题，西方美学史上关于美的言说多种多样，主要有三种倾向：美是主观的；美是客观的；美是主客观的统一。各种说法都有各自理论上的合理性和

缺陷。而季水河受马克思《1844年经济学哲学手稿》启示，提出了"美是人的本质力量丰富性的多样化显现"的创新性观点。作者在修订版后记中提到，关于美的本质界说的变化有两个方面的意义："人的本质力量丰富性"是说不仅要将情感、意志、理性纳入人的本质力量中，还要将本能、欲望、非理性也纳入人的本质力量中，突出人的本质力量是一个多元化、多层次的系统结构；"多样化显现"是指"人的本质力量丰富性"在审美活动中的全方位、多侧面的展示，并在这个丰富的显现过程中，创造出不同的审美形态。这是对美学原理的深刻探讨和个性阐述，这一概念本身极大丰富了我国的马克思主义美学基础理论研究，意义重大。在探讨艺术美时，作者首先承认艺术美具有形象性、典型性、情感性等特征，但同时还具有复杂性，艺术与美是不相等的。不仅美是艺术的主要属性，丑也能进入艺术领域成为艺术美的重要组成部分。如《巴黎圣母院》中加西莫多就是一个成功的"丑"的艺术典型。这一理论便是对传统美学的挑战，动摇了人们"艺术即美"的固有观念，为实现"传统美学的现代转换"作出了应有的贡献。在应用理论研究层面，除了学理上的以"马克思主义实践观"为指导，在方法论上，更多地表现为对当代审美实践的观照，对美学与其他相关学科关系的探讨，对人类审美能力和美育意识的培养，对人们外在生存质量的关注和内在精神生活的关怀，这些都是当代美学实践需要思考和解决的问题。只有这样，才能突出美学学科的工具效应和实践品格。为了解决这一学术难题，季水河长期奋战于美学研究和教育的第一线，从美学发展的实际出发，得出了诸多颇具学术含量和研究价值的结论，先后出版了《新闻美学》《多维视野中的文学与美学》《阅读与阐释——中国美学与文艺批评比较研究》等美学著作，为同行树立了榜样。更为难能可贵的是，修订版在新的历史语境下，奏出了新时代的学术强音。原版《美学理论纲要》的问世顺应了20世纪80至90年代实践美学大发展大繁荣的趋势，属于锦上添花之作。而在美学研究陷入多重困境的21世纪初，作者还能潜心十年，回顾、反思20世纪的实践美学，并试图构想21世纪美学理论框架，这种坚持和魄力不是每个人都能有的。十年，经天命，近花甲，我们看到的是一份对学术的尊重与热忱，对学术理想的追求与超越，更是一种甘于寂寞、钟情于林中路的学者情怀。

继承与创新的一致，凸显多元的美学研究价值

每一部美学理论的书写者都有自己创作的"主体性"，每一个主体都有自己的美学立场，从而形成了不同美学史观的作品。韦勒克、沃伦在论及文学史与文学批评的区别时强调了材料与价值的内在逻辑："在文学史中，简直就没有完全属于中性'事实'的材料。材料的取舍，更显示对价值的判断。"[①]因此，在理论史书写过程中对材料和价值尺度分寸的把握就显得尤为重要。同时，对主体自由和价值尺度的合理掌握显示了作者在面对历史和浩如烟海的研究材料时所具备的斡旋能力。这种价值在《纲要》中是如何体现的呢？首先，合理继承马克思主义实践美学的历史根基，历史意识深邃，研究价值多元。马克思说："整个所谓世界历史不外是人通过人的劳动而诞生的过程，是自然界对人说来的生成过程……"[②]这种说法强调美和美学是劳动人民在长期的实践过程中形成和发展起来的。作者认为，一切美的形态和审美观念的生成都归根于人类的实践，如果把美学研究放到以人类实践为基础的平面上来考察，就为美学找到了一个"牢固的立足点，从而也为解答美的本质的历史之谜找到了一条正确途径"，这些观点是很深刻的。其次，学术视野宏阔，理论资源丰富，创新性强，极具学术价值。季水河作为比较文学、文艺美学、文学评论方面的学者，理论功底深厚，学术思维活跃，正是基于这样的学术储备，才能在援引马克思、康德、黑格尔、蒋孔阳、李泽厚等美学大师的元理论时得心应手，井井有条，集万家之言，成一家之势。

---

① ［美］勒内·韦勒克、［美］奥斯汀·沃伦：《文学理论》，刘象愚等译，文化艺术出版社2010年版，第33页。
② 中共中央马克思恩格斯列宁斯大林著作编译局编：《马克思恩格斯全集》第42卷，人民出版社1979年版，第131页。

在《纲要》中，我们看到的是一个全面、丰富、立体、深刻的美学世界。它不仅展现了理论的强大武器功能，更提示了一种美学研究的哲学思维方式，具有很强的实用性和典范性。同时，新时期美学研究突出了审美的教育功能。审美教育的根本任务在于培养具有审美创造能力和审美欣赏能力的全面发展的人。《纲要》作为传播美学知识的载体和工具，很好地承担了培育人、发展人的美学任务。每一位读者在体验过程中，都会领略到不一样的美，在潜移默化中形成情感的共鸣，经过时间的积累和美学思维的锻炼，大胆地运用想象和联想，人人都能拥有一双"感受形式美的眼睛"，个人的艺术感受力和审美创造力大大增强，这对社会主义精神文明建设具有重要的现实意义。

总之，《纲要》是一部时代感鲜明、创新性突出的美学论著，是作者一次成功的写作"冲动"，是实践美学理论发展的新成果，丰富了我国马克思主义美学研究的理论宝库。作者这种严谨的治学态度和追求卓越的品格值得我们学习。

（原载《武陵学刊》2014年第3期）

（余晔，女，湖南省邵东县人，湘潭大学文学与新闻学院2012级比较文学与世界文学专业硕士研究生。现任《文艺论坛》编辑，《湘江文艺》编辑部主任）

坚持与发展结合理论与实践统一

——季水河《回顾与前瞻——论新中国马克思主义文艺理论研究及其未来走向》[①]序

曾繁仁

季水河教授的新著《回顾与前瞻——论新中国马克思主义文艺理论研究及其未来走向》即将出版，嘱我为之写一个序言。说实话，我是抱着一种学习的态度来接受这个任务的，因为写当代史太近，对于许多问题的把握难以确切，何况还有一些敏感问题。我本人手边也有类似的任务，完成起来觉得难度真的很大。但水河教授的这本书却完成得很好。这本书作为国家社科项目被评为优秀，得到评委们的充分肯定。能做到这一点，说明水河教授在项目进行中所付出的艰辛劳动。而且，这几年不少学者的学术兴趣都转到文化研究等方面，对于文艺学本体进行研究的学者倒反而较前减少。在这种情况下，本书的出版更加显现其可贵。而且，我要特别强调的是，明年就是党的十一届三中全会召开30周年，包括文艺学在内的社会科学界出版和发表一批回顾60年来、特别是新时期的30年来所取得成就的书籍和文章还是非常有意义的。我想水河教授的这本书对于纪念党的十一届三中全会所确定的"解放思想，实事求是"

---

① 《回顾与前瞻——论新中国马克思主义文艺理论研究及其未来走向》，中国社会科学出版社2009年版。

思想路线给我国包括文艺学在内的社会科学所带来的巨大变化与成绩是一本很有分量的成果。

对于本书的重大意义我想应该是不需要更多说明的，但由于目前国内外在马克思主义指导上还存在某些不同的声音，因此我想再多说几句也许还有其必要性。首先，马克思主义作为我国社会主义建设事业的指导，坚持马克思主义是我们的社会与历史的职责。对于一名学者来说，我想更为重要的是历史已经证明马克思主义本身的不可代替的价值。马克思主义不仅是指导革命的武器，而且更是已经被实践证明为科学的体系，是指导社会科学健康发展的重要指南。西方许多当代理论家，如萨特与哈贝马斯等人无不承认马克思主义的当代科学价值。即便在美学与文艺学领域，马克思主义有关"美的规律"的理论、艺术生产的理论、莎士比亚化的理论，有关希腊神话具有永恒魅力的论述，以及马克思主义美学特有的批判精神等已经被历史证明具有极为重要的学术价值。从新中国成立以来的60年来说，尽管我们存在许多经验教训，但马克思主义给我国美学与文艺学领域所带来的革命性变革，特别是我国文艺学领域辩证唯物主义与历史唯物主义理论指导的奠定与文艺"两为"方针的确立，使我国文艺事业总体上适应了社会主义事业的需要，特别是新时期的30年更为明显，这已经在多次文代会被党和国家主要领导人所充分肯定。因此，总结回顾新中国成立60年来马克思主义文艺学的发展历程，对于在今后的岁月里进一步加强马克思主义文艺学的建设是有着十分重要的积极意义的。本书从绪论、历史论、范畴论与走向论等多个侧面，在逻辑与历史的结合、历时与共时统一的维度上总结回顾60年来的我国文艺学发展历史，其全面性是毋庸讳言的，说明本书不是水河教授的急就之章，而是他多年研究的成果。其次，本书的另外一个非常重要的特点就是尽力做到思想性与科学性的统一，这应该是本书能否有其重要价值的最重要原因，这其实是很难做到的。但我认为，季水河教授是努力地做到了。在思想性方面，本书做到了两个结合。一个是坚持与发展的结合，另一个是理论与实际的结合。

首先是坚持与发展的结合，当然第一位的原则是要坚持马克思主义，特别是要坚持马克思主义的立场、观点与方法。在这一方面本书的观点是非常鲜明的，无论是对"回到马克思"的阐释，还是对各种违背马克思主义现象的批评，以及对于马克思主义基本原理的论证都表明了作者基本立场的坚定性。在科学性方面，本书突出地表现了作者实事求是的科学精神。面对纷纭复杂的历史事实，作者敢于以求实的态度发表自己的看法。例如，对于那场发生在20世纪80年代的有关马克思主义文艺学"有无体系"之争，作者发表了自己独到的见解，对于认为马克思主义文艺学没有完整的体系的观点，实事求是地指出其值得我们深思以及给予我们启示的价值所在。对于马克思主义文艺学发展历史三个途径的梳理，对于60年来马克思主义文艺学三大范畴研究的探索，以及对于未来走向"多元对话"的前瞻，等等，都既表明了作者对于当代学术界在马克思主义文艺学研究方面成果的综合吸收，同时也表现了作者自己独有的见解。本书还适当吸收了当代西方文论特别是当代西方马克思主义文论的成果，反映了本书的时代性。总之，本书作为马克思主义文艺学论著，同时蕴涵着较为深厚的学术内涵，是我国当代马克思主义文艺学研究的重要收获，具有鲜明的思想倾向和重要的学术价值。

通过阅读本书，我有这样几点体会：首先，对于总结新中国成立60年马克思主义文艺学发展史，重点应该是1978年以来的新时期的30年，而且应该更加突出党的十一届三中全会所确立的"解放思想，实事求是"思想路线的极为重要的指导意义。正是在这一思想路线的指导下，我们才得以打破禁锢，解放思想，大胆吸收包括西方马克思主义在内的各种当代西方文艺思想，也使我们有更多的勇气去开辟新的领域。目前，我们马克思主义文艺学的崭新局面是与"解放思想，实事求是"的思想路线密切相关的，今后我国马克思主义文艺学的持续发展也要依靠这一思想路线的指导。其次，研究我国马克思主义文艺学必须同社会经济与文化的转型紧密相联。新中国成立60年经过了三次社会经济与文化的转型，先是1949年发生的由旧中国到新中国的社会转型。此后，除了"文化大革命"

十年，那就是新时期所发生的两次社会经济与文化转型，即从1978年开始的由计划经济到市场经济的转型，从20世纪90年代初期开始的由工业经济到后工业经济的转型，特别是目前科学发展观与和谐社会目标的提出更加表明了这种转型的深化。马克思主义文艺学的建设发展是同社会经济与文化的转型同步的。只有在这样的背景下才能更加科学地论述马克思主义文艺学的当代发展及其趋势，也才能真正实现马克思主义文艺学建设的中国化。而从当代马克思主义文艺学建设的资源来说，本书从中西马克思主义等多种资源入手，这是十分正确的。正如水河教授所说，马克思主义文艺学是一个开放的、与时俱进的理论体系，吸收各种有价值的理论成果，形成新的理论形态。对于西方当代理论的吸收工作，我们尽管已经做出了努力，但还需要更加大胆，进行融合会通的工作。对于中国古代文论的当代转化，本书作了比较集中的论述。当前，社会主义核心价值体系中，明确提出对于具有爱国主义精神的古代文化遗产应该借鉴吸收，使我国当代文化具有鲜明的民族特色。这些意见对于我们借鉴中国古代文论遗产具有指导意义。有学者认为，中国古代以"体悟"为特点的文论遗产在以主客二分为特征的现代文论中，如果难以融入的话，那么在当代后现代语境中也许会有更多的发展空间，从海德格尔对老子与庄子的继承到德里达对汉字文化的肯定也许能说明这一点。

总之，季水河教授的《回顾与前瞻——论折中国马克思主义文艺理论研究及其未来走向》是一本具有重要价值的学术成果，为科学总结我国当代马克思主义文艺学的发展历史做出了自己的重要贡献。水河教授正值精力旺盛之年，我相信在马克思主义文艺学研究的学术道路上，他一定还能做出新的更加重要的成绩，为我国文艺学进一步服务于民族复兴的伟大事业并走向世界做出自己的新的贡献。

（原载《中国文学研究》2009年第1期）

（曾繁仁，男，安徽省泾县人，山东大学教授，博士生导师。先后担任山东大学校长、党委书记，国务院学位委员会学科评议组召集人，教育部社会科会委员会语言文学、新闻传播学和艺术学学部召集人，国家社科基金学科评审组专家，中华美学学会副会长等行政或学术职务；获"山东大学教学终身成就奖""山东省社会科学突出贡献奖"等称号）

评季水河《回顾与前瞻——论新中国马克思主义文艺理论研究及其未来走向》

罗如春

自马克思主义文论正式进入中国的 20 世纪初（1903 年），距今已一个多世纪。在这一百多年的历史风云里，没有哪一种学术理论能够像马克思主义文论那样尽享尊荣，也没有哪一种理论能够像马克思主义文论那样历经坎坷，以其特殊的理论品格与实践特性深刻影响了百余年中国历史及生活其中的亿万国人。对于那个远未过去的百余年历史的回溯与重叙，不仅仅是一次理论史的现场重返和理论风云的再度重现，而且具有重大的指导当下和启示未来的意义。季水河教授的新著《回顾与前瞻——论新中国马克思主义文艺理论研究及其未来走向》便是以此为立足点的。这部著作以新中国马克思主义文艺理论研究的历史及其未来走向为主题，在新中国马克思主义文艺理论史的建构领域具有标志性的意义。具体来说，该著有如下三个特别值得称道的地方：

从全书内容来看，作者站在历史、现实、未来的交汇点上，将上、中、下三篇合成一个有机整体，结构大开大阖、气势恢弘，体例分工明确、完整周详，构成了一个历时共时相互勾连、历史逻辑交错共生的论述网络，将历史钩沉、现实描述和未来展望熔于一炉，思考历史具有现代意识，评论现实具有历史眼光，预测未来具有前瞻思维。回顾中的历史因为有了当下意识与未来眼光的"视域融合"，从而复活了历史的意蕴；未来前瞻建立在厚实的历史地基与敏锐的现实考察之上，从而显得切实可信。

该著尤其让人感到耳目一新的是研究范式上的革新。与同类的其他中国马克思主义文论（美学）史相比，在研究方法与具体内容上，这部著作有着自己鲜明的特色。就笔者所见，同类著作已有四个文本：李衍柱等主编《马克思主义文艺思想的发展与传播》（广西师范大学出版社，1995年）的"第三编"在讲到马克思主义文艺思想在中国的传播与发展时，是将李大钊、陈独秀、瞿秋白、鲁迅和毛泽东等主要理论家进行串珠式论述的；钱竞撰写的《中国马克思主义美学思想的发展历程》（属于王善忠主编《马克思主义美学思想史》的"第四卷"，中央编译出版社，1999年）也是主要勾勒了瞿秋白、鲁迅、毛泽东和蔡仪等理论家的马克思主义文艺美学思想；周忠厚主编的《马克思主义文艺学思想发展史》（中国人民大学出版社，2007年）第三编"马克思主义文艺学在中国的传播与发展"的写作体例和方法与上述两书大同小异，不过在讨论建国后马克思主义文艺学发展史时在内容上大有扩展；马驰的《艰难的革命——马克思主义美学在中国》（首都师范大学出版社，2006年）较上述几本著作的写法有了一些突破，在对马克思主义美学在中国传播与发展的历史梳理中突出问题意识，对其中出现的一些重大问题，如中国早期马克思主义的美学活动、现实主义理论、新旧美学之争、审美实践、几次美学大讨论等做了较为深入的分析和研究，但这些问题的讨论还是相对局限在每一个独特而分隔的历史时段之内，而未能做全面的梳理。上述这几本著作，基本上是遵循西方传统思想史的写作手法，按照历史上思想家特别是大思想家的序列进行思想史的撰作，仅仅只是大人物思想的片段链接，而忽略了其背后更为庞大复杂的学术思潮与社会变迁。尽管季著与上述著作采用的都是属于学术思想史中与"外缘影响"相对的"内在理路"的研究范式,都揭示了学术思想史内在自主性层面的迁移嬗变。但相比之下,季著不是人物序列的西方传统思想史书写,也不是一个时段一个时段的核心问题罗列。从这个意义上,该著实现了中国马克思主义文艺理论史研究领域内从"传统思想史"向"观念史""概念史"(History of Concepts 或 Conceptual History)的内容与方法论的双重范式转换。①在这方面,作者有着对概念史方法论的理论自觉,主要抓住了前述的"典型与现实主义"(包括典型人物、环境、细节、个性和共性等)、"人学思想"(包括"人性""异化""人道主义"等)、"艺术生产论"等概念群和观念架构进行历史的探讨,既能重点突出,又能点面结合,兼顾学术思想史的断裂与连续,将重点人物与一般学者的学术思想熔于一炉,最大限度地逼近并还原历史的真实。

该著说理透彻,持论中正平和,在平实的论述中透出新意和创见。作者常常从故纸堆里"考古"出许多罕见的史料,拨开历史烟云,清理出条条林中小道,使埋没于历史烟尘中的档案重新朗然于人们的眼前。当然,作者的劳绩不仅仅在于复活了这段历史,更在于以他平和中正的学术眼光去加以打量、衡鉴。作者凭着在马克思主义文论研究领域浸淫多年的丰厚功底,充分发挥解释者的后发优势,以历史主义的方式贴近阐发对象,并进行超越性的评判,富有新意和创见,真实可信。

总之,这部著作是一部资料翔实、体大思精、内容丰赡、新见迭出的好作品,它能够被全国哲学社会科学工作办公室评为优秀作品,实在是当之无愧的,但并不是说该著就完美无缺了。书里"中篇"处理的"典型与现实主义""人学思想""艺术生产论"等三个核心范畴固然重要,但对同样重要的 1980 年代就已提出并影响广泛的文艺"审美意识形态论"未加纳入,窃以为这是该著的一大缺陷。而且在方法上如果仅仅从价值中立的角度对马克思主义文论进行静态的事实判断与科

---

① 关于此种研究范式的转换,以及"观念史"与"概念史"之间的差别,可参见方维规《历史沉淀于特定概念》,《二十一世纪》(香港),2009 年 2 月号,第 111 期。

学主义的分析，就可能会忽略或者遮蔽其强烈的意识形态功能与文化政治的批判性品质。不过，这一缺陷根本上应该归咎于这一内部研究范式固有的缺陷。因此，如何超越这一范式，深入挖掘并厘清马克思主义文论百余年来在中国历史大背景下的学术与政治、科学与社会、话语与权力之间纠结缠绕、相互建构的动态复杂的历史脉络，不仅有赖于作者进一步的努力，也有待于整个马克思主义文艺理论界的群策群力和学术勇气。

（原载《文艺理论与批评》2010年第3期）

（罗如春，男，四川省巴中市人。湘潭大学文学与新闻学院2001级比较文学与世界文学专业硕士研究生，文学博士。现任南京审计大学教授，博士生导师）

经典诗学的恢弘书写

——读季水河新著《回顾与前瞻——论新中国马克思主义文艺理论研究及其未来走向》的理论体验

李胜清

作为新中国60华诞纪元标志的公元2009年，之于马克思主义文艺理论界而言注定是意义非凡的年份。因为正是这个特殊的历史纪元标志，见证了马克思主义文艺理论作为新中国文化建设的指导思想所历经的60载风雨沧桑；同样是因为在这一年，一种激情的言说与理性的反思，重构了人们关于马克思主义文艺理论研究的历史记忆与现实形象。

为践诺这种崇高庄严的学术志向，一批深具历史责任感与深邃理论目光的文艺理论家，一如60年前的革命先驱一样，再次引领了我们的思想进程。这些卓越可敬的理论家，以他们丰赡的理论哲思与深刻的历史意识，为我们的时代重新演绎了马克思主义文艺理论的宏大思想叙事。一批又一批的学术成果以厚重的内涵，向人们展示着马克思主义文艺理论研究的思想魅力。湘潭大学季水河的新著《回顾与前瞻——论新中国马克思主义文艺理论研究及其未来走向》（中国社会科学出版社2009年出版，以下简称《回顾》）便是一部翘楚之作，该著被同行专家评价为新世纪文学理论本体论探讨、马克思主义文艺理论当代研究的标志性成果。

就季水河其人其著在我国当代马克思主义文艺理论研究领域的重要影响而言，即便作一种最简短的介绍都显得是多余的，因为他丰富的思想著述与宽厚的大家胸襟已然定格成了不争的学术事实，而尊重事实乃是人们最深刻的知识信仰。当下，笔者唯一想说的就是，《回顾》一书作为献给新中国成立60周年的思想礼物，不但向新中国马克思主义文艺理论研究投下了最深情的理论回眸，而且更是对马克思主义文艺理论研究未来走向的真理性展望。读完《回顾》一书，我试图阻止自己在短时间内形成某种深刻的印象，但事实证明我的努力并未成功，因为以下所述已经证明了这一点。

综观《回顾》一书，共分为三篇九章，主要从历史、理论、展望三个维度对新中国成立55年以来马克思主义文艺理论研究历史进行了梳理与反思。著者一方面细致梳理了新中国成立55年以来马克思主义文艺理论研究的历史，另一方面又深入探讨了马克思主义文艺理论中的几个核心命题，并在梳理与研究的基础上提出了对新世纪马克思主义文艺理论研究的预测与展望。

上篇"历史论"分为三章，主要回顾20世纪马克思主义文艺理论在中国的传播和研究的历史。季水河认为，新中国成立55年以来，马克思主义文艺理论在中国传播与研究分为三个时期：经典著作译注期（1949—1979）、理论体系探讨期（1980—1988）和当代形态建构期（1989—2003）。应当说，这种划分比较吻合新中国55年以来马克思主义文艺理论研究的历史。在过去的马克思主义文艺理论研究的专著中，著者们往往将中国对马克思主义文艺理论的研究分为两个阶段，即依照苏联模式的经典阐释期和新时期有中国特色的理论建构期。这容易使人产生一种误解：对马克思主义文艺理论的研究，似乎除了对其经典作家的阐释和理解之外，中国学者完全缺乏自己的声音。而著者在《回顾》中则提出，中国的马克思主义文艺理论研究应当分为三个时期。而其中当代形态建构期主要立足于中国现状，并逐渐形成了有中国文化内涵的开放式马克思主义文艺理论。可见，对马克思主义文艺理论的研究，除了对马克思主义经典作家的文艺思想进行阐释外，还应当结合中国当下的语境进行新的转换，以形成适应中国当下语境、有中国特色的马克思主义文艺理论。而季水河正是敏锐地看到了这一点，为新世纪的马克思主义文艺理论研究注入了新鲜血液，这也使得他的研究并没有局囿于传统僵化的理论体系，而具有鲜活的时代感与超前的当下性。

中篇"范畴论"主要以范畴的形式探讨新中国成立55年以来对马克思主义文艺理论中的核心命题的争论与研究。马克思主义文艺理论是一个庞大的理论体系，哪些范畴才是其理论体系中的核心范畴呢？在《回顾》中，季水河选择了"典型与现实主义""人学思想""艺术生产论"这么几个核心命题。一方面，这几个命题在马克思主义文艺理论体系占据核心位置，把握了这些命题，也就把握了马克思主义文艺理论的精髓；另一方面，对这些命题的争鸣与探讨，也是长期以来文艺理论与美学界所关注的热点和焦点。比如关于"现实主义"的讨论就源于现代，并一直延续到当代。"现实主义"的名称在中国现当代文学史上也曾数度变易，如"新现实主义""进步的现实主义""抗战的现实主义""无产阶级现实主义"等。在"现实主义"前面冠以不同的修饰定语，目的都是为了将革命文学或无产阶级文学采用的现实主义同以批判现实主义为代表的"旧现实主义"相区别。1933年，周扬在《现代》上发表《社会主义现实主义与革命的浪漫主义》一文，把苏联的"社会主义现实主义"口号介绍到国内。1950年代后期，由于中苏两党意识形态的分歧，中国结束了向苏联"一边倒"的时代，在文学理论方面也考虑用新的提法来取代"社会主义现实主义"，于是提出了"革命的现实主义"的提法。不仅"现实主义"称呼历经了如许变化，而且关于现实主义的讨论也曾数度达到白热化，并引发了政治上的分歧。新中国成立前的争论暂且不论，仅新中国成立后到"文化大革命"期间，关于现实主义的论争表现较为激烈的就有三次：建国初期胡风有关"写真实"的主张，1957年前后秦兆阳关于"现实主义——广阔的道路"的见解，1960年代初期邵荃麟提出的"现实主义深化"论。与关于"现实主义"的争论一样,关于"人学思想"和"艺术生产论"的讨论在新中国成立55年以来的马克思主义文艺理论研究中也同样激烈,20世纪末关于"人道主义"以及"人文精神"的大讨论就是典型例子。在《回顾》中,著者对这些争论进行了系统的梳理,并由此展开了深入的分析与批判。应当说,选择这些核心命题来加以讨论,一方面体现了著者对马克思主义文艺理论精髓的深刻领悟,另一方面也体现了著者对新中国55年以来马克思主义文艺理论研究进程的全面把握。

下篇"走向论"主要对马克思主义文艺理论的未来发展进行预测和展望。当下,马克思主义文艺理论已越来越远离文艺理论研究的话语中心。这一方面缘于传统的马克思主义文艺理论研究过于局囿于教条化的僵化模式,而没有看到马克思主义文艺理论是一个不断发展和完善的开放体系;另一方面也缘于西方现当代各种各样文艺理论研究范式的大量涌现,这些范式的出现,对传统的马克思主义文艺理论研究模式构成不小的冲击与挑战。怎么才能走出马克思主义文艺理论研究的困境,实现马克思主义文艺理论、中国古代文艺理论、西方文艺理论三者的融合与对话?如何才能在新的语境下继续发展和充实马克思主义文艺理论,使其永葆生机与活力?这是当代学者们所关注的一个话题,也是马克思主义文艺理论研究者们无法回避的一个现实问题。对于马克思主义文艺理论的未来走向,著者在《回顾》中给出了他自己的展望。季水河认为,随着时代的发展,马克思主义文艺理论并不是停滞不前的封闭体系,它同样也处于发展变化中。而这,首先要实现由传统的一元思维或二元论思维向多元对话思维的转变;其次要走出单一的资源困境,实现多种文艺理论话语资源的整合。具体来说,即要以马克思主义文艺理论为中心,对西方马克思主义文艺理论、中国古代文艺理论、西方现当代文艺理论等诸种资料加以整合;再次,要突破单一的阶级分析方法,实现多种方法的综合。我个人以为,"走向论"一篇为当下中国马克思主义文艺理论的未来提出了一个好的方向,而且,书中所提出的一些研究方法,也是当前学术研究的应有发展趋势,而季水河正是敏锐地看到了这一点,实现了马克思主义文艺理论研究方法的转向。当然，如何突破教条化的僵化模式，实现马克思主义文艺理论研究的多向展开，著者的答案也许并不是唯一的，但他所提出的这些答案，毫无疑问是我们在研究马克思主义文艺理论时所不能忽视的。

我浅显的思想经验无疑不足以支撑我去大胆地预测中国马克思主义文艺理论研究的未来走向，但以我对季水河学术人格的理解以及从《回顾》一书中所收获到的思想启迪来说，我可以毫不犹豫地判定，《回顾》一书作为某种根本问题意识的科学性解答本身就构成一种指涉马克思主义文艺理论研究未来走向的重要理论进路与思想风向标。

（原载《吉首大学学报》2009年第3期）

（李胜清，男，湖南省耒阳市人，文学博士。现任湖南科技大学教授，博士生导师。担任全国马列文艺论著研究会理事，湖南省美学学会、文艺理论学会副会长，湖南省比较文学与世界文学学会副会长等学术职务）

马克思主义文论研究的创新工程
——评季水河《回顾与前瞻——论新中国马克思主义文艺理论研究及其未来走向》

杨向荣

季水河新著《回顾与前瞻——论新中国马克思主义文艺理论研究及其未来走向》（以下简称《回顾》，中国社会科学出版社 2009 年版）是国家社会科学基金项目"回顾与前瞻——论新中国马克思主义文艺理论研究及其未来走向"的最终成果。季水河一直在高等院校从事马克思主义文艺理论的教学与研究工作，该书也是其几十年以来教学与研究的结晶。虽然，当下关于马克思主义文艺理论研究的著作并不少见，但对马克思主义文艺理论研究史的探讨并不多见，甚至可以说还是一个空白点。因此，该书是一部填补新中国马克思主义文艺理论研究史空白的新著，它为新世纪文艺理论研究的学术拓展与理论构建展开了最新的探索，该书具有以下几个鲜明特点：

新颖视角与独特体系

一般来说，国内的马克思主义文艺理论著作一般以马克思主义的经典文艺理论思想为阐释核心，主要落脚点在于对理论本身的转译或阐释。而季水河的这本新著不是对马克思主义文艺思想的全面讨论，而是对新中国成立 55 年以来马克思主义文艺理论研究史的探讨。同时，该书与国内同类学者将马克思主义文艺理论思想狭隘化，仅限于"以马注马""以马证马""以马论马"的讨论方式也有着根本的区别，它不是一般意义上的马克思主义文艺理论的探讨，而是偏重于马克思主义文艺理论在中国的传播以及国内学者的接受史和研究史的探讨。此外，该书也不是单纯从文学理论的层面来讨论马克思主义文艺思想，而是力求在文学、美学、社会学和哲学等多视角融合的视域中来展开讨论。因此，当下的研究视域和多向的阐释维度始终是贯穿该书的一条主线。而该书的最终目的也在于对新中国成立55年以来马克思主义文艺理论的研究史进行系统化梳理。或者说，该书成功地将"新中国55年马克思主义文艺理论的研究史"谱系完整地展现于读者面前。这种以史带论、以史注论、以史证论的方式，恰恰体现了著者视角的独特。此外，著者在历史、理论与展望这一三维立体结构中来构建全书框架，也使得该书形成了自己的理论框架和理论体系，从而区别于当前的同类学术著作。

沿波探源与事实说话

季水河的这本新著，是对中国马克思主义文艺理论研究本身的研究，这就更需要著者对中国学者关于马克思主义文艺理论的研究过程相当熟悉，并且对这些研究还要有自己精到的剖析。纵览全书，著者在这方面的把握可谓相当到位。《回顾》不仅对新中国成立55年马克思主义文艺理论研究各个阶段的历史展开了考察，而且溯源而上，挖掘了各个阶段背后的历史文化背景。在该书中，著者沿波探源，仔细考察了新中国各个历史阶段马克思主义文艺理念研究的语境，并对一些有争议的话题进行了史前史的挖掘，从而较为真实地呈现了新中国马克思主义文艺理论研究产生和发展的来龙去脉以及历史演变轨迹。此外，用事实和材料说话也是该书的一个重要特点。为了做到以材料为支撑，实现以事实来说话，季水河在对马克思主义文艺理论的某种现象展开讨论时，总是先对国内外的相关研究观点进行介绍、概括与梳理，然后才展开自己的分析与讨论。如在关于"典型"

的讨论中，著者列举了国内外的几乎所有代表性的观点，材料工作做得相当细致，线索也梳理得相当清晰，读来使人对"典型"的内涵及争鸣的来龙去脉一目了然。又如在"艺术生产"的讨论中，著者通过运用大量的材料作为论证的支撑，对"艺术生产论"诞生时间的争鸣进行了学术史的梳理，进而在梳理的基础上提出自己的见解与观点。季水河在后记中写道，2001年正月，"除正月初一、二外几乎天天在图书馆度过"，"最后复印了两箱有关资料"。正是有如此厚重的资料积累，著者避免了论述上的空穴来风。如此扎实的材料工作在当前的学术著作中并不多见，这对当下学术研究的浮躁风气也是一种鞭策。

对话意识与多元思维

过去国内的马克思主义文艺理论研究著作，过于局限于马克思主义文艺理论本身，这样就使本来鲜活的理论成为僵化的教条主义。而且，一旦将马克思主义文艺理论视为最高真理而加以奉行，便会产生这样一个问题：力图以马克思主义文艺理论来阐释所有的文艺现象，进而排斥其他文艺理论研究模式的合法性。《回顾》突破了传统马克思主义文艺理论研究的弊端，从而实现了研究的新的转向。这种转向体现在书中，使全书具有鲜明的对话意识与强烈的批判精神。正如著者在书中所言，马克思主义文艺理论并不是一个封闭的僵化体系，而应当具有包容性与开放性。这就需要研究者们在研究过程中保持一种对话意识。俄罗斯学者巴赫金曾提出"对话理论"，德国学者哈贝马斯也曾提出"交往行为理论"，都是强调要通过不同话语的共同交流与协商来实现问题的解决。这种对话意识在《回顾》中体现得相当明显。一方面，著者在对历史与理论展开讨论时，并不仅仅只有一种声音，而是有多种声音。就我个人而言，至少有以下几种声音：马克思主义经典作家的声音（经典作家的声音、思想继承者的声音）、研究者的声音（对经典理论的阐释声音、关于某个问题的争论声音）、著者自己的声音（对论辩者的回应声音、著者的独特见解声音）。这些声音的交流与交汇，使得该书并不仅仅只是著者在自言自语，而成为一部多声部合奏的交响曲。比如，在对"异化劳动"与"人道主义"的讨论中，论者时而引述经典作家的言论，时而转述研究者们关于"异化劳动"与"人道主义"的不同见解，时而在总结与分析的基础上表明自身的观点与态度。这样的例子在《回顾》中还有很多，著者从容地游走于各种声音当中，使得各种声音融合交汇，相得益彰。另一方面，著者在"走向论"中所提出的马克思主义文艺理论研究应当突破传统的"二元对立"思维，走向"多元对话"思维，这种研究方法的转向，也表明了著者的鲜明态度：当代的马克思主义文艺理论研究只有在对话的多元展开中，才能保持旺盛的生命力。

独特见解与批判精神

在《回顾》中，著者不仅使各种声音相互出场，而且，在各种声音的背后，我们经常能读到令人击节的精辟见解。比如，在讨论"典型与现实主义"时，季水河在总结的基础上认为，虽然国内研究者们看到了典型与现实主义在马克思主义文艺理论体系中的核心地位，但是却忽略了对典型与现实主义的关系研究。紧接着，著者又指出，过去国内研究者多将二者视为虽有一定联系，但彼此独立的命题，但实际上，在马克思主义文艺理论体系中，典型与现实主义是一个不可分割的整体。又如在讨论"细节真实"时，面对国内学者忽视"细节的真实"的情形，著者敏锐地看到，马克思主义创始人其实相当重视"细节的真实"，并从三个方面给出了自己的阐释。再如著者在展望新世纪马克思主义文艺理论研究时提出："回到马克思"仅仅只是"返本"，"面向新问题"才能实现理论的"创新"。毫无疑问，这是当下马克思主义文艺理论研究的一种可行性方案，读来令人击节并为之激动。可见，在对各种理论与现象的分析与讨论中，著者并不是人云亦云地"照着说"，而是有自己的独特见解。此外，强烈的批判意识也是贯穿《回顾》的鲜明特点。批判性是马克思主义的一个重要特点，马克思恩格斯正是在对资本主义的批判中而建构起自己的理论体系。其后的西方马克思主义以及德国的批判理论，也正是沿着马克思的路径而继续着对西方物化文明与文化没落的批判。季水河认为，西方马克思主义的批判性精神与自反性（自我批判性）精神是20世纪中国马克思主义文艺理论所缺少的东西，而这种批判精神，恰恰是我们在研究马克思主义文艺理论时所应当重视和保持的。因此，在《回顾》中，著者一方面注意到马克思主义文艺理论中的批判精神，另一方面，在对理论的分析与讨论中，他也时刻在实践着这种批判精神。比如在讨论现实主义时，著者并不是机械地照搬马克思主义创始人的观点，而是对"典型"观与"现实主义"理念的普适性展开了批判性的质疑与分析。应当说，任何理论研究的目的其实并不在于阐释观点，而在于阐释的同时有自己的批判性声音，而这，也是衡量一部论著高下的重要标准。

新的时代呼唤新的理论，新世纪对于中国马克思主义文艺理论研究来说，既是一个历史性的机遇，又是一个严峻的挑战。只要我们切实关注多元资源的相互交流与汇通，并在此基础上构建新型的、适应时代发展的马克思主义文艺理论学说，当代的马克思主义文艺理论研究就一定能突破传统的僵化模式，走向一个更加灿烂和辉煌的明天。而这部论著，正是适应多元文化时代跨学科文艺理论研究的历史需要，在推动马克思主义文艺理论研究迈向新阶段的理论探索中所结出的最新硕果。

（原载《云梦学刊》2009年第3期）

（杨向荣，男，湖南省宁乡市人，文学博士。现任杭州师范大学教授，博士生导师，中国中外文艺理论学会理事，中国高校影视学会媒介文化专业委员会理事。先后荣获"浙江省'钱江学者'特聘教授""浙江省151人才工程第一层次培养人员""浙江省之江青年社科学者""浙江省优秀教师暨浙江省高校优秀教师"等称号）

返本开新与融通比较

——论季水河的马克思主义文学理论研究

刘中望

季水河教授从20世纪70年代末开始从事马克思主义文学理论研究，而今已经超过40年。四十年春华秋实，四十载璀璨弦歌。在马克思主义文学理论研究领域，季水河教授辛勤耕耘，敏于思考，成绩卓著，他主持国家社科基金重点项目、一般项目各2项（3项已结题，2项获优秀等级、1项获良好等级），主持省部级重大、重点和一般项目6项，出版《回顾与前瞻——论新中国马克思主义文艺理论研究及其未来走向》等学术专著5部，在《文学评论》上发表《胡风现实主义理论中的"自我扩张"》《马克思主义艺术生产论在20世纪的多向展开》《毛泽东与列宁文艺思想比较研究》《从过程思维看马克思主义文论范畴的当代扩展》等学术论文6篇，在《文艺研究》《中国人民大学学报》《学术月刊》《外国文学研究》《华中师范大学学报》《四川大学学报》等CSSCI来源刊物发表学术论文50余篇，研究成果获得湖南省哲学社会科学优秀成果一等奖、中国文联文艺评论二等奖、湖南省文学艺术奖等省部级科研奖6项，担任全国马列文艺论著研究会副会长、全国毛泽东文艺思想研究会副会长、中国中外文艺理论学会常务理事、湖南省比较文学与世界文学学会会长等学术职务。

季水河教授的马克思主义文学理论研究聚焦重大理论问题，运用多维研究方法，深思继承与发展关系，推进当代文学理论建设，坚持历史眼光，凸显比较视野，注重范畴分析，强化材料运用，问题意识敏锐，研究视域宏阔，观点阐发深邃，文辞表达精妙，被学界同行高度评价为马克思主义文学理论当代研究、新世纪文学理论本体探讨的标志性成果。季水河教授的马克思主义文学理论研究关涉广泛、分析多维、启发深刻，具有鲜明特点。

历史视域与当代眼光的统一

意大利著名历史学家、哲学家贝奈戴托·克罗齐曾经指出，一切历史都是当代史。虽然历史事件已经烟消云散、销声匿迹，历史场景无法本真复原、再度呈现，某些历史记载难以考证、无从辨伪，但历史为当下现实生活提供参照框架，过往事件与当下视域若能重合，理解更易澄明敞开，对当下精神生活的建构性更强，历史事件、历史人物以思想资源和话语方式得以在当代"复活"，并为当下发展提供历史镜鉴和路径启思。理想、科学的文学理论研究，也应如此。但事与愿违的是，当下充斥我国学界的不少文学理论研究成果，却呈现出两种极端：一方面，研究历史，就是做考据、掉书袋、躲进历史阁楼成一统，缺少必要的"烟火味"，缺乏对当代语境和实践发展的深度思考；另一方面，分析当代，就是写评论、看眼前、为了热度而追求新鲜，没有悠远的历史意识，拒绝对理论命题的经典考察和纵横爬梳。上述两种做法既不利于对文学理论历史形态的整理研究和系统总结，又无益于对当代文学理论进行发展指导和实践推进。与之形成鲜明对比的是，季水河教授的马克思主义文学理论研究始终站在历史、现实、未来三者的交汇点上，研究过往具有当代意识，思考现实坚持历史眼光，预测未来蕴含前瞻思维，这种融通意识特别值得肯定。

在历史关注上，一方面，季水河教授以20世纪中国马克思主义文学理论发展史为重点，系统研究其历史分期、语境背景、阶段特征、思想资源、范畴演化、方法应用、传播接受、成绩得失、影响变异、发展走向等重要问题,他的探讨既注重学术话语系统的内生动力和演进逻辑,在学术发展中窥见理论价值和思想魅力,又关涉20世纪中国政治变换、民族解放和社会变革的整体趋势和宏观背景,在"大趋势"之中思考"小逻辑",追求内在与外在、微观与宏观、自律与他律的二元对立统一;另一方面,季水河教授的研究聚焦马克思主义文学理论的经典、翻译、变异、阐释等多种历史形态,尤其注重对马克思、恩格斯、列宁、毛泽东的文学理论和文学批评观进行研究,考察异化劳动与美的创造、悲剧冲突论的适用范围和指导意义、文学批评多维向度、阶级性、人民性等重要理论命题和学术问题,历史眼光突出,学术视野悠长,研究具有厚重感和立体感。[①]

尤其值得注意的是,季水河教授对马克思主义文学理论发展史的重视和考察,始终建立在对文艺实践和未来走向的关涉基础上,着眼于建设中国特色社会主义文学理论,当代意识浓郁,现实指向明显。正是基于此,他特别强调马克思主义文学理论创新的中国问题意识,注重挖掘马克思主义现实主义文学理论的当代价值,从研究方法、人学思想论争、美学观等角度研究马克思主义文学理论与新时期文学研究方法变革、文学主体性讨论、中国文学理论审美走向的关系,从过程思维、艺术生产、批评精神等维度探讨当代马克思主义文学理论的范畴拓展、文艺实践、评论指导,从资源整合、方法综合、思维接合等方面聚焦马克思主义文学理论创新,从当代形态建构及其体系反思等领域分析20世纪80年代至今中国马克思主义文学理论研究及其未来发展,从市场经济与文学走向的关系维度研究当代文艺的价值取向,以"批判与重建""危机与选择"为关键词探讨世纪之交、新时期马克思主义文学理论的建设方向及其特征等,这些研究成果始终充满着对文学理论当代发展的关切,贯通思索着马克思主义

---

① 季水河:《回顾与前瞻——论新中国马克思主义文艺理论研究及其未来走向》,中国社会科学出版社2009年版。

文学理论的未来发展。

问题意识与比较方法的凸显

世界著名科学家阿尔伯特·爱因斯坦曾经说过，"提出一个问题往往比解决一个问题更重要"，在他看来，解决问题可能仅仅依靠数学知识或实验技能，提出问题却需要丰富的想象力和强烈的创新精神，而后者恰恰标志着科学的真正进步，意义更为重大。自然科学、工程技术是这样，人文学科、社会科学亦是如此，提问能力往往体现知识积淀和学术水平，发问方式常常引领理论发展和思想进步，问题意识为科研创新提供思想动力和智慧保障。这种情况表现在文学理论研究领域，马克思、恩格斯论述物质生产与精神生产的不平衡、文学与现实生活的关系、文学典型及其创作等，列宁讨论文学与阶级性、党性原则的关系，毛泽东的文学反映、文艺源泉、批评标准、大众方向论，俄国形式主义文学理论的"向内转"及其"文本中心"意识，弗洛伊德的精神分析论及心理分析文学理论建构，威廉·詹姆斯的意识流理论及其文艺实践，弗莱的原型批评理论，接受美学的读者本位论及其本体阐释，后殖民主义的地缘政治学及其理论狂欢，陆机《文赋》对文学构思、文类风格、创作技巧、审美标准的创新研究，刘勰《文心雕龙》对文学本体、创作、文本、发展和批评的综合研究，朱光潜的"人文主义"理念及其对不同文学理论思想的沟通与搭联，宗白华对中西画论的比较，徐复观对中国艺术精神的研究，等等，这些研究成果及其论断问题意识敏锐，学术理论或文艺实践针对性强，在文学理论话语创新和范式转换中发挥重要作用。

季水河教授的马克思主义文学理论研究成果始终以问题意识为引领，深度反思研究现状，科学预测未来走向，探讨富有深度，创新性明显：回到马克思、恩格斯经典文本，辩证分析异化劳动与审美创造的复杂关系[①]；立足原初文本与实践语境，专题研究恩格斯悲剧冲突论的适用范围及其指导意义；多维比较列宁和毛泽东文学理论思想，认为毛泽东的艺术规律论更全面、更深入，遗产继承论更具体、更可行，文艺接受论更完整、更系统[②]；将毛泽东与胡风文学理论的差异概括为对待创作主体、创作对象、世界观作用的态度不同，主要原因是救亡与启蒙侧重点、接受与继承遗产源、前方与后方活动圈的不同[③]；以"自我扩张"为核心，深入分析胡风文学理论的内核及其主要特征[④]；以文本细读为基础，将胡风和冯雪峰文学理论概括为不同轴心的现实主义文学理论[⑤]；从表现、原因和意义三个方面，专题讨论20世纪初期中国现实主义文学理论表达的模糊性特征；以学术发展为内在逻辑，将20世纪中国马克思主义美学发展归纳为艺术论、认识论、实践论三个重要阶段[⑥]；在肯定历史贡献和突出学术成绩的基础上，指出马克思主义文学理论在中国的传播与接受存在传播主体的多样性、传播内容的混杂性、传播选择的片面性三个主要不足；在人民性与公民性、艺术性的张力结构中，深入研究中国马克思主义文学批评人民性的挑战及其机遇[⑦]；从主体、客体、本质三个维度，系统梳理和全面反思中国马克思主义文学批评对阶级性的考察；将马克思主义文学理论划分为以解决社会问题为主的政治形态、以解决文艺现实问题为主的批评形态、以解决理论体系建构为主的理论形态，探讨中国问题意识的表现和要求[⑧]；主张从方法、思维、资源三个方面，深入推动当代马克思主义文学

[①] 季水河：《浅谈异化劳动与美的创造》，《学术月刊》1983年第2期。
[②] 季水河：《毛泽东与列宁文艺思想比较研究》，《文学评论》2008年第2期。
[③] 季水河：《毛泽东与胡风文艺理论比较研究》，《山东社会科学》2010年第1期。
[④] 季水河：《胡风现实主义理论中的"自我扩张"》，《文学评论》1987年第2期。
[⑤] 季水河：《胡风与冯雪峰：不同轴心的现实主义理论》，《当代文坛》1991年第6期。
[⑥] 季水河：《论20世纪中国马克思主义美学发展的三个阶段》，《山东社会科学》2007年第10期。
[⑦] 季水河，季念：《论马克思主义文艺理论创新的中国问题意识》，《社会科学辑刊》2018年第3期。
[⑧] 季水河，季念：《论中国马克思主义文学批评的人民性》，《湖南师范大学社会科学学报》2019年第2期。

理论的系统创新；从过程思维的内涵及其趋势出发，特别强调马克思主义文学理论范畴的当代扩展[①]；以发展与偏离为审视维度，宏观梳理西方马克思主义美学与传统马克思主义美学的关系[②]；关于马克思主义文学理论的体系判定及其当代形态建构，对20世纪中国马克思主义文学理论发展阶段的划分及其规律、表现、意义、不足的分析，等等。

需要特别指出的是，季水河教授马克思主义文学理论研究的问题意识鲜明体现在方法应用上，那便是比较研究方法的大量运用和娴熟展开。这既与季水河教授长期作为湘潭大学比较文学与世界文学博士点负责人、中外文学理论与文学批评比较研究方向带头人的身份关联，又与季水河教授长于逻辑分析、学术视域开阔、注重材料甄别等有关，亦与季水河教授对全球化时代学术走向、比较研究方法的优越性体认密切联系。季水河教授的马克思主义文学理论比较，不仅重视异同辨析、中外对照，而且挖掘背景成因、梳理学术影响，并在中外文学理论发展史的宏阔坐标中进行科学评价。上述特点表现在大量研究个案中，诸如，毛泽东与列宁、胡风文学理论的比较，胡风与冯雪峰文学理论的比较，西方马克思主义文学理论与传统马克思主义文学理论的比较，20世纪中国马克思主义文学理论发展阶段的比较，等等。不仅如此，季水河教授还以马克思主义文学理论为指引，将比较触角延伸得更远、挖掘得更深，这方面的研究成果，诸如，以"文学的异化""异化的文学"为关键词，比较批判现实主义、现代派之异化的联系与区别[③]；比较西方美学风格类型的重要范畴"崇高""壮美"，挖掘关联性，梳理差异性；以"'品性'塑造""'人性'解放"为核心观点，凸显中西美育观

[①] 季水河：《从过程思维看马克思主义文论范畴的当代扩展》，《文学评论》2010年第5期。
[②] 季水河：《发展与偏离——论西方马克思主义美学与马克思主义美学的关系》，《湘潭大学学报（哲学社会科学版）》1996年第3期。
[③] 季水河：《文学的异化与异化的文学——批判现实主义与现代派异化之比较》，《文艺理论与批评》1989年第4期。

念的不同[①]等。当然，就学术整体和思维视野而言，季水河教授从来都是综合使用研究方法，并不拘泥于某种研究方法。在他40多年的学术探索中，文本分析、哲学、历史、逻辑、社会学、美学、心理学、系统论等研究方法，都曾被广泛使用，获得富有新意的大批学术成果。

范畴思维和逻辑辨析的凸显

恩格斯指出，"一个民族想要站在科学的最高峰，就一刻也不能没有理论思维"，而"要思维就必须有逻辑范畴"[②]。范畴的重要性显而易见。范畴是对事物归类所依据的共同性质，是哲学及其逻辑系统的重要概念，具有高度概括性和结构稳定性，典型范畴包括存在、时间、空间、质地、关系、状态、价值等。人类对范畴的认识，经历过"感知""理知""哲知"的变迁。2000多年前，亚里士多德首次提出范畴概念，并归纳基础范畴，但停留于经验性层次，200多年前康德和黑格尔深化对范畴类型的具体认识，以实体和关系为核心，划分两大类10个范畴，范畴研究不断深化。

在文学理论话语系统中，关于文学本质、特征和规律的规定和认识，往往通过对理论范畴和批评术语的界定、理解和应用得以实现。范畴是文学理论科学化、专业化和规范化的保证，"文学理论的范畴作为人类认识文学现实的纽结、环节和梯级，是主体精神与现实之间交互运动的结果，是对活生生的文学及社会现实的精神提炼"[③]，意义重大。事实上，大量的文学理论学说的核心就是某个范畴及其展开论述，诸如，柏拉图的理念说，亚里士多德的模仿说，康德的审美无利害说，西方马克思主义文学理论以文化霸权、间离、技术主义、否定性、新感性、

---

① 季水河：《"品性"塑造与"人性"解放：中西不同的美育观念》，《湘潭大学学报（哲学社会科学版）》1997年第5期。
② 中共中央马克思恩格斯列宁斯大林著作编译局编：《马克思恩格斯选集》（第3卷），人民出版社1972年版，第467页、第533页。
③ 金永兵：《范畴研究：文学理论科学性的一种建构策略》，《云梦学刊》2011年第4期。

交往等对传统马克思主义文学理论的继承与背离，解构主义对结构主义"文本中心"的反拨，巴赫金的复调、狂欢化理论，孔子"兴观群怨"说，庄子"虚静物化"说，"诗言志""诗缘情"说，钟嵘"直寻"说，唐诗意境说，欧阳修"穷而后工"论，李贽的童心说，"公安三袁"的性灵说，叶燮的"理事情"论和"才胆识力"论，王士禛的神韵说，翁方纲的肌理说，王国维的境界说，鲁迅的"摩罗诗力"说，等等，文学理论范畴发挥知识引领和思想涵括的巨大功能。正是基于此，韦勒克精微辨析文学概念散发出巨大的理论魅力，朱光潜20世纪30年代"文艺方面许多无谓的争执和误解都起于名不正，义不定，条理没有分析清楚，以至于各方争辩所指的要点不能接头，思想就因而不能缜密中肯"的提醒如在耳际，文学研究必须重视文学理论范畴的探讨。

  季水河教授的马克思主义文学理论研究特别重视对范畴的专题探讨和多维阐发，根据笔者的粗略统计，有反映、表现、体系、人民性、阶级性、主体性、模糊性、中国化、时代化、艺术论、认识论、实践论、艺术生产、意识形态、异化劳动、美的创造、悲剧冲突、过程思维、对话思维、初级形态、当代形态、自我扩张、批评向度、中国问题意识等30多个重要范畴被重点关注和深入辨析，并据此对20世纪中国马克思主义文学理论的生成路径、阶段特征、影响启示等进行深度研究和焦点审视，进而对21世纪中国马克思主义文学理论的建设重点和发展方向提出理性建议和前瞻预测。以文学理论范畴的纵横分析和系统开掘为基础，季水河教授的研究聚焦马克思主义文学理论演进的内在逻辑和社会背景，注重详细辨析，强化综合研究，坚持学术评价，目标指向明确，语境意识清晰，理论反思深刻。

  季水河教授对马克思主义文学理论范畴的研究，紧密关联文艺实践活动，注重源流的考证与辨析，致力于展示范畴所承载的独特思维观念与具体知识范式，呈现复杂丰富的生成过程与文化语境，勾勒变化多样的传播手段和受众心理，擘画范畴、术语、概念的知识谱系和思想生产，揭示其与文学思潮、哲学观念和审美创造的紧密联系，关联文艺实践阐发理论内涵，结合社会活动解析文化意蕴，聚焦传播行为挖掘历史价值，在作品、作家、读者、世界的四维连接中，突出理论性、问题性、整体性、焦点性、当下性、历史性、关联性，使马克思主义文学理论的阐释框架更加清晰、科学和有效。

（原载《文艺论坛》2020年第4期）

（刘中望，男，湖南省新化县人。湘潭大学文学与新闻学院比较文学与世界文学专业2002级硕士生、2007级博士生，文学博士。现任湘潭大学教授，博士生导师，中国语言文学一级学科博士点负责人，教务处处长。主要学术兼职有湖南省比较文学与世界文学学会副会长、全国马列文艺论著研究会理事等。获"全国宣传思想文化青年英才""湖南省优秀青年社科专家"等称号）

历史深度与现实广度统一

——季水河等著《马克思主义文学理论与20世纪中国文学理论的变迁》[①]序

党圣元

季水河先生领衔撰写的《马克思主义文学理论与20世纪中国文学理论的变迁》，即将由中国社会科学出版社刊行，书稿校样排出后，他传来并嘱我写序。对此，我本应辞让，因为自感学识浅显、成就微薄，岂敢为学术成就远远在自己之上的季教授的大作写序呢？但是，我与季水河先生结识多年，在学术上相互交流甚多，彼此深知，他的治学精神和研究成果给了我许多启发，我从他那里得到了不少教益。又，季水河先生年长于我，我一直视他为兄长，而他也以兄长一样的情怀对待我，从他那里在为人和为学两个方面始终感受到如春风般的一股暖意。正是由于这两方面的原因，我便爽快地答应下来了。按照时间约定，我应该在今年春节之前就把序写好，但是因于诸事纷杂和自身的慵懒，一直拖延至于今而未能成篇，从而影响了季兄大著的出版，为此我感到十分不安。即使这样，但季兄还是一直耐心、宽容地等着，但越是这样，越增加了我心里对自己的过责，于此特向季兄和出版社责编表示深深的歉意。季兄

[①] 季水河等著：《马克思主义文学理论与20世纪中国文学理论的变迁》，中国社会科学出版社2020年版。

过我责我可矣，这样我心里反倒可以稍安一点。

季水河先生是一位非常勤奋、非常有学术意志和理论追求的学者。他一直在高校从事马克思主义文论、文艺学、美学等领域的研究与教学工作，在长期的学术生涯中，他磨炼出具有自己鲜明个性的理论视野、思想锋芒、思辨韧性，以及叙学特点，从而成为新世纪以来当代中国马克思主义文艺思想、文学理论批评研究领域一位非常有学术影响力的学者。季水河教授治学有一个显著的特点，就是追求思想和理论的品位，并且具有强烈的人文情怀和社会责任感。他的研究起步较早，在20世纪80年代就发表了多篇充满思想活力和理论锐气的较有影响的论文，引起学界的关注。通过长达四十年的倾力治学、辛勤耕耘，季兄在科研和教学两个方面成就显著，迄今为止已经先后出版有《回顾与前瞻——论新中国马克思主义文艺理论研究及其未来走向》《多维视野中的文学与美学》《阅读与阐释——中国美学与文艺批评比较研究》《美学理论纲要》等学术专著十多部，发表了《马克思主义艺术生产论在20世纪的多向展开》《论20世纪中国马克思主义美学发展的三个阶段》《百年反思：20世纪马克思主义文艺理论在中国的传播、发展与问题》《胡风与冯雪峰：不同轴心的现实主义理论》《文学的异化与异化的文学——批判现实主义与现代派异化之比较》《胡风现实主义理论中的"自我扩张"》等学术论文百余篇，他的这些科研成果在学界产生了影响，可以这样说，即季水河是随着中国改革开放新时期的发展而成长起来的一位马克思主义文学理论家，他既见证了又以自己丰硕的学术成果参与了我国新时期四十年马克思主义文论和文学理论批评的研究与学科建设的进程。同时，他还主编有《文学原理》《新编比较文学教程》《文学理论导引》等几部教材，在文艺学学科建设和教学方面也做出了自己的贡献。

这部《马克思主义文学理论与20世纪中国文学理论的变迁》专著，是季水河教授承担的同名国家社科基金项目的最终研究成果，也是他所进行的"二十世纪中外马克思主义文学理论及其关系研究"的第二部专著。在前几年面世的《回顾与前瞻——论新中国马克思主义文艺理论研究及其未来走向》一书中，季水河对中华人民共和国建立以来中国马克思主义文艺理论的发展历程和重要的历史性、节点性问题作出了系统全面的梳理与分析阐述，并且对新世纪、新时期以来中国马克思主义文学理论研究和学科建设所面临的反思与重构性重大理论问题进行了深入的讨论，提出了许多颇有建设性的学术见解和理论观点。这部新著，在一定程度上可以看作是前面所提到的《回顾与前瞻——论新中国马克思主义文艺理论研究及其未来走向》一书所讨论问题之拓展与延伸性研究，因此需要将这两部书联系起来合而观之，才更可以看出这项研究工程的学术价值。《回顾与前瞻——论新中国马克思主义文艺理论研究及其未来走向》一书，如同书名所示，主要是以新中国马克思主义文艺理论研究的学术史层面的梳理与反思为主，以影响史层面的考察与论述为辅，而展开多向度的研究。在是书中，季水河教授将新中国成立以来的马克思主义文艺理论研究和发展演变进程划分为"经典著作译注期""理论体系探讨期""当代形态建构期"这样三个时期，对这三个时期的不同特点和代表性成果进行了全面分析，而其中所着力探讨的诸如马克思主义文艺理论中的"典型与现实主义""人学思想""艺术生产论"等核心范畴的形成发展、研究历史、当代影响，既具有对以往历史进行梳理和反思的学术史意义，又有对当下马克思主义文论话语体系建构整合理论资源的现实价值。除此之外，我认为在该书中，季水河教授对新世纪中国马克思主义文艺理论研究的"走向多元对话思维""走向多重资源整合""走向多种方法综合"这三个重要问题域之论析，更是体现出一种具有建设性的、积极的思想理论姿态，并且具有历史穿透力和现实眼光，这样的总结、反思、建说，这种以问题意识为导向的研究路径，对于新时代中国马克思主义文学理论研究之深化和学科建设而言，值得我们深思，并且给予充分的肯定与赞赏。而这部《马克思主义文学理论与20世纪中国文学理论的变迁》所做的工作，则是以马克思主义文学理论在20世纪中国的影响史研究为中心而展开，辅以学术史方面的反思，层层展开，步步深入，经纬交织，从而对马克思主义文学理论在 20 世纪中国的传播与发展，马克思主义文学理论在中国现当代文学理论发展、转型、演进和体系话语建构历程中的参与和引领作用，中国现当代文学理论发展过程中一系列现象级、节点性的重要问题域和重大理论问题的生成演化，均进行了深度分析阐发，既有历史的深度，又有现实的广度，书中所阐述和讨论的内容，所提出的颇有建设性意义的学术见解，对于我们当下总结与反思中国现当代文学理论研究学术史和学科发展史非常有益，尤其是对于当下中国文学理论研究的深化和学科建设的路径，具有积极的推动作用。因此，我们可以说这先后出版的两部专著，体现出一种独特的研究思路和视角，就是点与面结合，纵向与横向交错，在历史审视与现实关照的交汇处、结合点作业，在学术史、影响史、观念史三重视野中梳理历史发展的轨迹，总结历史的经验与缺失，发现和提出当下需要关注的重大问题，就理论思考和学术研究的方法路径而言，确实达到了犹如刘勰在《文心雕龙》中所提出的"圆照"之境地。因此，我认为，这两部著作分开来看，当然各具独立性，但如果合而观之，它们又汇合在中国马克思主义文学理论这一总的主题之下，呈现为一种彼此关联、相互支撑、相互补充的关系，就一个多世纪以来马克思主义文学理论在中国的传播与研究、马克思主义文学理论对中国现当代文学理论发展演变的影响与导引、中国化马克思主义文学理论体系的创建与演进这三大论域中的一系列重要问题展开论析，既有宏观层面的扫描，更有个案和细节问题的深入探讨，因此是一项精心构建的系统化程度相对高的研究工程，值得学界充分关注。

还是回到本书上来吧。如该著后记中所讲的那样，《马克思主义文学理论与 20 世纪中国文学理论的变迁》一书由绪论和十章组成，全书指导思想明确，问题意识突出；从书的章节划分和讨论的问题之归类来看，框架合理，结构谨严，逻辑清晰。因此，可以视为是近年来中国马克思主义文论研究的一部不可多得的力作。我认为，季水河教授等著的这部新著，对于 20 世纪早期中国马克思主义文学理论初级形态所作的梳理整合与分析评价，以及马克思主义文学思想对于

20世纪中国文学理论体系建构、20世纪中国文学理论研究空间拓展所产生的重要影响所进行的研究阐释，在学术的深广度上均有重要的推进。尤其是书中对马克思主义文学理论与20世纪中国文学理论中的现实主义、意识形态、民族形式、文学批评等范畴的深层联系等问题的重点关注和深入讨论，更是动态地勾勒出了马克思主义文学理论在当今中国所呈现出的蓬勃发展态势与旺盛生命力，并且密切呼应了新时期文学理论研究和学科话语体系建构所面临的时代主题。书中第八、九、十章中所提出的一系列问题和建设性意见，具有现实的针对性，对于我们深入思考如何增强新时代马克思主义文论研究的现实维度，强化马克思主义文论研究的反思性和批评性，以及如何来重构新时代马克思主义现实主义文学观，可以带来多方面的启发。当然，作为一部专著，在研究和撰写过程中，不可能不留下一些遗憾之处，在阐理析义方面也可能存在着深浅不一的现象，这些都是难以避免的，这里恕不一一指出。我相信，该著问世之后，一定能够得到学界的关注，并且能够给当下的文学理论研究带来一缕清风，增添几分春色。再次为拖延许久才完成这篇不成样子的序的写作而向季水河教授致歉！

（2020年4月22日草撰于京西北寓所）

（党圣元，男，陕西省子洲县人，研究员，博士生导师。先后担任中国社会科学院文学研究所副所长、《文学评论》副主编，中国社会科学院外国文学研究所党委书记兼副所长，全国马列文艺论著研究会会长，中国古代文学理论学会副会长，中国《文心雕龙》学会副会长等行政与学术职务。享受国务院政府特殊津贴专家）

一部显示才和力，充溢胆和识的力作

——季水河等著《马克思主义文学批评的中国形态研究》序

谭好哲

自 20 世纪初期以来，中国现代性文艺理论在一百多年的发展进程中，历史地形成了中国古代文艺理论、西方现当代文艺理论、马克思主义文艺理论三分天下的研究格局。在这当中，马克思主义文艺理论曾经在中华人民共和国成立后的三十余年中占据文坛主导，形成一花独放的绝对优势地位。然而，自改革开放新时期以来，伴随着西方各种现代主义和后现代主义文化和文艺理论如潮水般涌入，马克思主义文艺理论又曾一度陷于主导地位遭到动摇、研究队伍严重流失、话语声音虚弱无力的地步。尽管如此，依然有一些学者还在固守着这片研究阵地，初心不改，勉力前行，终在众声喧哗的当代学术场域中发出属于自己的声音，在追"新"逐"后"的理论时尚之外，走出一条守正创新的学术正道，成为中国当代文艺理论的中坚力量乃至中流砥柱，湘潭大学季水河教授就是其中之一。近二十年来，他先后承担四个国家社科基金项目，全部都是有关中国马克思主义文艺理论研究的选题，由此可见其学术追求的指向与执着。水河教授之于马克思主义文艺理论，可谓深耕日久，成果丰硕，在中国当代文艺理论研究的学术版图中，有其醒目显要、不可或缺的位置。这一点，是学界公认的。

水河兄长我一岁，他为人的热情、真爽，很早就给我留下美好的印象，引为知己并以兄长待之。在学术上，我们也在许多方面算得上是同声相应、同气相求的同道。因此，当他电话中约我为其新著《马克思主义文学批评的中国形态研究》作序时，虽一度唯恐自己才疏学浅不能以锦口绣心之言为其大作起画龙点睛、锦上添花之效而踌躇再三，最终还是欣然应允。我向来认为，不管是谁，只要是用心费力写出的文字，都会或多或少地呈露出写作者不同他人的胸中丘壑，展现出这边独好的独异风景，这对作序者就是一个观摩、赏会的好机会，只要用心，终会有所得、有所启悟。因此，为他人著述作序，我素来抱持先睹为快的态度。对水河兄的这部新著，当然更是如此。我一直认为，理论著述的写作，应该观点清晰、条理分明、表述准确，摒弃那些观点模模糊糊、云山雾罩，行文枝枝蔓蔓、不讲逻辑，语言花里胡哨、词不达意的写作路数。理论著述不是文学创作，"诗化"写作不是理论研究的常态。观点清晰是思想性理论言说的首要遵从，否则读者就难做是非、然否的判断与取舍，论证不讲逻辑就难以让理论观点通透、彻底而具有服人的力量，语言表述不能准确析理达意，读者则难免不知就里、意味索然。幸喜的是，水河兄的理论著述正是我特别喜欢和认同的风格。在我以往的阅读印记里，水河兄的论著一如其与人交往中的热情和真爽，一方面对学术问题充满求索热情，执着与不懈是其突出的表征；另一方面又特别真爽，观点敞敞亮亮，论证清清楚楚，表述明明白白。这部新作，依然体现了其一贯的著述风格，同时，在全书的理论架构、观念论析等方面也作出了一些特别的努力，在思想高度和学理深度方面都达到了令人不能不给予格外重视的境界和水准。

马克思主义文学批评的中国形态，是马克思主义文学理论中国化的一个重要组成部分。在以往对马克思主义文艺理论中国化成果的学术史研究中，这个部分并没有引起学界特别关注，比如朱立元先生等作为教育部哲学社会科学研究重大课题攻关项目结题成果出版的《马克思主义文艺理论中国化研究》（经济科学出版社，2009年）和童庆炳先生主编、作为国家社会科学基金重点项目结项成果出版的《20世纪中国马克思主义文艺理论研究》（北京大学出版社，2012年）都没有设立有关文学批评的专门章节。这种状况，近十年来有所改观。一个突出标志是2011年，由胡亚敏教授任首席专家的"马克思主义文学批评的中国形态研究"作为国家社会科学基金重大项目得以立项，同一年，水河教授的同名课题获评为国家社会科学基金重点项目。这说明，"马克思主义文学批评的中国形态"这一提法及其学术研究价值是得到学界高度认同的。目前，胡亚敏教授主持的重大课题结项成果正以丛书形式分为六册出版，内容包括经典马克思主义文学批评范式、中国马克思主义文学批评的历史进程、中国马克思主义文学批评在西方的传播和对西方学者的影响、中国马克思主义文学批评的当代建构四个方面。水河兄的这部著作在理论架构上将历史分期、学术范式与理论范畴集于一体，与胡亚敏教授重大成果的内容设计基本一致，可谓不谋而合，显示出他对这一课题理论架构的设计确是经过深思熟虑的。水河兄在书中将马克思主义文学批评中国形态的演变历史分为发生、自觉、成熟三个时期，将马克思主义文学批评中国形态的范式分为政治范式、批评范式、理论范式三种类型，把阶级性、人民性、现实主义、艺术生产作为马克思主义文学批评中国形态的四个基本范畴，历史脉络明晰，分类概括准确，很好地凸显了马克思主义文学批评当代形态的历史底色、时代内容与理论特质，对读者把握百年来中国马克思主义文学批评给予了提纲挈领的归总与提示。

当然，本书不仅仅只是在理论架构上颇具用心，涵括了这一课题应有的理论内容，显示出水河兄的理论识见。通观全书可以见出，著者在理论内容的历史化、语境化方面也深下功夫，对马克思主义文学批评中国形态之理论内涵的阐释、基本经验的总结、演变规律的揭示等等，都建立在宏阔而又具体的历史方位与时空之上，致使全书旨意明确、理气畅达而又底蕴深厚、内容丰赡。历史唯物论认为，一切思想形态的东西都是一定的历史形态或历史语境的产物，因而也必须置放于一定的历史形态和历史语境中求得解释。这样一种解释思路为后来一切马克思主义者所遵循。阿尔都塞在《保卫马克思》一著中就曾指出，一种思想的发展必与这一思想产生和发展时所处的意识形态环境有关，要把所考察的思想的总问题与属于意识形态环境的各思想的总问题联系起来，而"真实的历史也在这一复杂过程中经常起作用"。詹姆逊在《晚期资本主义的文化逻辑》中也反复强调说："知识分子是附着于自己的民族情境的"，"理论来自特定的处境"。在本书的写作中，水河兄也很好地运用与展现了这种研究思路。他不仅以马克思主义中国化理论与实践的历史运动为宏阔背景，对马克思主义文学批评中国形态的演进历程作了宏观概括的历史分期，而且能够回到不同历史时期政治、思想、文学发展的具体化历史语境，对各个不同章节中所要论述的理论问题和内容作出了具有语境规约性和历史现场感的概括、分析与论断。不仅演进分期是充分历史化、语境化的，而且对批评范式和批评范畴的分类与辨析也都是充分历史化、语境化的。在这种历史化、语境化的梳理、概括与论析中，相关理论问题、批评范式和批评范畴的概念意涵与历史蕴含都没有作绝对化、凝固化的处理，而是处于演化变动之中，显示出流变性与丰富性。这就使他的研究既宏观而又具体，在宏观与具体的张力性结合中，将马克思主义文学批评中国形态的研究推进到马克思主义中国化的大历史格局中，又处处显露出鲜活的时代气息与丰腴的历史质感。因而，一路读下来，该书的理论论述给我的一个突出感受便是：宏观却不空泛，没有流入大而化之的泛泛之论；具体而不琐碎，绝无沉迷于细微末节的枝枝蔓蔓。学术研究是在空莽的历史时空中寻求新见真知，究竟能从历史的空莽中打捞、提炼出多少真正属于学术的问题和观念，又能把多少现实性的材料和内容由历史的空莽化为具体的理论言说，这是需要理论功底与思想智慧的，水河兄让我从他的书中看到了这种功底与智慧。

清初诗学家叶燮论诗歌创作强调要具备"才、胆、识、力"四种主体能力，其中又尤其重"识"，认为"识为体，而才为用"，"识明则胆张"。文艺创作如此，理论研究又何尝不然？潜心一个领域，抓住一个课题，穷年累月地研读资料，对研究对象作出一定的观察、认识和相应的理论呈现与陈述，也就是具备才和力，这是许多人都可以做到的，但对研究对象的特点具有明澈事理的辨别能力，对对象中隐含着的善恶美丑、是非正误具有分水划界的判断能力，并有胆量直陈自己的辨别与判断，有识有胆，却是许多人达不到的境界。相对而言，仅仅显示作者的才和力，毕竟比才、胆、识、力均具的理论著述要低一个档次。水河兄的这部著作可以说是一部既显示出才和力，又充溢着胆与识的力作，这是本书给我的一个突出的阅读感受。马克思主义文艺理论、文学批评是中国当代主流意识形态的重要组成部分，这一领域的历史书写往往谈成就、讲贡献者居多，而谈问题、讲失误者却很少，即使谈到讲到了，问题是否抓得准确，失误是否讲得到位，也常常言人人殊、未知所定。本书在充分论述马克思主义文学批评当代形态建构中的成就与贡献的同时，也大胆地指陈和分析了这一历史建构进程中存在的诸多问题和不足，比如马克思主义文学批评发生期在资源利用的碎片化、争鸣态度的非理性、同文学实践的远距离等方面所表现出的不成熟性，中国马克思主义文学批评阶级论言说中简单看待创作主体的阶级性而忽略其复杂性、过分突出文学作品的思想性而忽略其艺术性、片面强调文学欣赏的阶级差异性而忽略文学欣赏的审美共同性等理论迷误，以及进入21世纪以来马克思主义文学批评的中国形态中的人民性在新的挑战中出现的人民性向公民性泛化、思想性向艺术性偏移等倾向，如此等等。这些指陈和分析体现了水河兄的可贵胆气和理论勇气，但却绝非为了显示自己的理论勇气而妄加论断，而是建立在严谨求实、辩证分析的卓识真见基础之上的理论研判。这样的研判以客观存在的事实为依据，以严谨精准的慎思明辨为尺度，不蒙蔽史实之真，也不诬污史实之真，有利于读者更为真确、全面地把握马克思主义文学批评的中国形态历史建构的实际状况，有利于为新时代中国马克思主义文学理论建设提供启示，并为当代中国文学批评提供借鉴。

以上是我对《马克思主义文学批评的中国形态研究》的一些初步阅读感受。也许，对于此书理论架构中所涉及的相关内容是否还可以再加延展，对某些具体问题的分析和阐发是否还可以再加深入，不同的读者会有一些不同的想法，但总体而言，说这部著作是中国当代马克思主义文学理论研究的一个重要收获，当是不会招致什么异议的。实事求是地说，在中国当下的文艺发展中，马克思主义文艺批评比起它在历史上的不少时期都有所逊色，没有发挥出应该发挥的作用。有鉴于此，2021年8月，中央宣传部、文化和旅游部、国家广播电视总局、中国文联、中国作协等五部门联合印发了《关于加强新时代文艺评论工作的指导意见》，提出了构建中国特色评论话语，建设具有中国特色的文艺理论与评论学科体系、学术体系和话语体系的时代任务。这一时代任务的实现，离不开与发展着的文艺实践的有效互动，也离不开对中外文艺批评理论优秀遗产的继承创新和批判借鉴，而百年来中国马克思主义文学批评的历史发展无疑是应首先加以关注的研究对象。从这样一种历史语境和时代任务着眼，本书所具有的重大理论价值和实践意义当然会更加得以凸显。马克思主义文学批评的中国形态的历史建构还没有完成，尚走在路上，在这一行进之路上，对走过的路加以历史的反思和总结，从中汲取经验和教训，获得启示和借鉴，以使将来的路走得更为踏实稳妥、更显思想活力，始终是必要的。就此而言，水河兄已经走在了应对时代需求的前列，值得敬佩。我相信，在未来的岁月中，他还会再出新成果，再做新贡献，在马克思主义文学理论与文学批评中国形态的历史建构之路上镌刻下属于自己的清晰印记，创造出属于自己的无限风光！

（2022年元月1日至3日谨撰于济南千佛山下）

（谭好哲，男，山东省栖霞县人，文学博士。现任山东大学文艺美学研究中心主任，文艺学国家级重点学科负责人和学术带头人，山东省作家协会副主席；兼任全国马列文艺论著研究会副会长，中国文艺理论学会常务理事，中国中外文艺理论学会常务理事，山东省比较文学学会会长等学术职务。荣获"山东省有突出贡献的中青年专家""山东省首批齐鲁文化名家"等荣誉称号，享受国务院政府特殊津贴专家）

百年文学理论话语建构与思想传播
——评季水河等著《马克思主义文学理论与 20世纪中国文学理论的变迁》

沈丽琴

站在中国共产党成立100周年的重要节点上，探讨马克思主义理论对中国社会变革和思想演进的巨大影响，具有重要而独特的学术价值。季水河教授等著的《马克思主义文学理论与20世纪中国文学理论的变迁》（中国社会科学出版社2020年出版）坚持辩证视角，关注文论互渗，挖掘内在联系，对马克思主义文学理论与20世纪中国文学理论变迁的复杂关系进行了专题探讨和系统考察。

着眼宏阔视域，强化综合考察。理解社会意识、把握文艺精神，必须将之放到物质生产、社会发展和文化传承的宏大背景中加以考察，这是马克思主义文学理论科学性、时代性和综合性的理念保障。该书遵循历史唯物主义视角，从经济基础、社会结构、革命潮流、政治权力、文化趋向等广阔维度，多维考察马克思主义文学理论影响20世纪中国文学理论的历程、面向、逻辑、价值等重要论题。例如，着眼时代主潮和整体特征，将马克思主义文学理论中国化划分为"自发传播—自觉传播—系统传播—整体传播—开放传播"五个阶段；以"物质文化—制度文化—精神文化"的选择序列，诠释马克思主义传入前中国接受西方文化的历史嬗变；从人学思想、认识论、意识形态论、民族文化论、文学批评论、艺术生产论六个维度，系统考察马克思主义影响20世纪中国文学理论的基本理念和主要方面，研究视域涵盖哲学、社会学、人类学、心理学、政治学等学科，融通意识明显。

坚持辩证思维，凸显思想价值。文艺学作为文学、艺术学科门类的元知识，天然连通哲学理念、美学话语、心理分析，辩证眼光与动态思维是确保其理论品格、阐释效力和实践指向的方法论前提。该作以辩证法的强大思想武器为指引，熟练使用和精微展现30多组对立性关系的理论概念和方法范畴，诸如主/客、内/外、情/理、中/外、古/今、同/异、动/静、物质/精神、内容/形式、现象/本质、精英/大众、抽象/形象、整体/局部、主动/被动、生产/消费、继承/发展、集约/分散、历史/当下、清晰/模糊等。正是借助阐明差异和深化认识的上述辩证探析，马克思主义文学理论与20世纪中国文学理论话语建构、精神交往的复杂关系得以呈现，马克思主义深刻改变20世纪中国历史进程的时代机缘、社会动因和思想联系得以阐述。该书个性鲜明的学术探求，凸显了思想引领，展现了逻辑力量，提升了学术品味。

树立元典意识，注重史料运用。该书以典型个案方式诠释了重视元典阅读、挖掘经典价值、聚焦原创思想的独特意义和学术走向。该书围绕文学与生活、政治、阶级、民族的关系，文学的属性、接受、消费、发展，文论的体系、方法、范畴、实践等三个层面的理论问题，关注经典马克思主义文学理论、中国现当代文学理论、西方马克思主义文学理论、中国古代文学理论四大学科视域，精心援引大量文学理论经典的学术资源和思想精髓，使理论阐发更深刻、学术定位更准确、走向判断更精细，元典意识的研究底色和通篇贯注，大幅提升了代表性、公允性和拓展性。与坚守元典意识交相呼应，该书在代表性、系统性、历史性、自洽性、规范性等方面，尤为注重材料使用，如选择具有典型性、公信力的学术文献；复现原始传播场域和历史情境，大量使用一手资料和实物材料；归纳、分析各种相关学说的优缺点，提升材料应用的自洽性；注重宗经、证史、考伪、甄别、辨异、剪裁，确保材料援引的规范有效。该书在观点提炼、话语表达和行文展开等多个方面，借助论证材料的范式性选择和典型性应用，捍卫了元典意识，强化了问题导向，确保了研究水准。

（原载《中国出版》2021年第11期）

（沈丽琴，女，湖南省衡南县人，文学博士。湘潭大学文学与新闻学院2013级比较文学与世界文学专业博士生研究生，现任湘潭大学文学与新闻学院讲师，硕士研究生导师）

做马克思主义文论研究的拓荒者

——写在《马克思主义文论与中西文论的互释》[①]付梓之时

马 驰

马克思主义是以19世纪工人运动为实践基础，以德国古典哲学、英国古典政治经济学、法国空想社会主义为理论基础，经过马克思恩格斯继承发展形成的一套唯物主义理论体系。

恩格斯在《反杜林论》中谈到科学社会主义的产生过程时认为，科学社会主义一是有它的物质来源，二是有它的思想来源。他说："现代社会主义，就其内容来说，首先是对现代社会中普遍存在的有财产者和无财产者之间、资本家和雇佣工人之间的阶级对立以及生产中普遍存在的无政府状态这两个方面进行考察的结果。但是，就其理论形式来说，它起初表现为18世纪法国伟大的启蒙学者们所提出的各种原则的进一步的、似乎更彻底的发展。同任何新的学说一样，它必须首先从已有的思想材料出发，虽然它的根子深深扎在经济的事实中。"[②] 所以恩格斯还说："为了使社会主义变为科学，就必须首先把它置于现

[①] 季水河：《马克思主义文论与中西文论的互释》，湘潭大学出版社2022年版。
[②] 中共中央马克思恩格斯列宁斯大林著作编译局编：《马克思恩格斯选集》第3卷，人民出版社1995年版，第355页。

实的基础之上。"① 因此，马克思主义的产生过程归根结底是对社会现实进行研究的结果。如何对社会现实进行研究呢？毛泽东在《实践论》中谈到感性认识上升到理性认识必须有两个基本条件：一是感性材料十分丰富，合乎实际；二是必须有正确的思维方法。马克思恩格斯创立马克思主义学说做到了这两条。其一，他们通过深入工人阶级斗争实践中掌握了当时英法德资本主义发展的客观状况，特别是工人阶级反抗资本主义的阶级斗争的符合实际的大量感性事实材料。其二，他们在对德国古典哲学的批判继承中创立了唯物史观理论。恩格斯谈到这一点时说："科学社会主义本质上就是德国的产物，而且也只能产生在古典哲学还生气勃勃地保存着自觉的辩证法传统的国家，即在德国。唯物主义历史观及其在现代的无产阶级和资产阶级之间的阶级斗争上的特别应用，只有借助于辩证法才有可能。"②

马克思恩格斯通过调查研究掌握了资本主义发展和工人阶级斗争的客观现状后，依靠科学的历史观和科学的思维方法对这些感性材料进行去粗取精、去伪存真，由此及彼，由表及里的加工制作和抽象过程。如果这个研究过程是从感性具体到抽象的话，那么叙述的过程就是从抽象到思维具体的过程。这种抽象到思维具体的逻辑推理过程与历史发展的客观过程是统一的、一致的过程。整个论证过程体现了辩证逻辑的分析与综合、归纳与演绎、抽象与具体、逻辑与历史统一的方法。同时论证和叙述的每一过程都以唯物史观的基本原理为依据。唯物史观同以往历史观的最大区别是承认人类社会历史发展存在不以人的意志为转移的客观规律，其基本规律就是生产力与生产关系、经济基础与上层建筑的矛盾运动。这种基本矛盾在阶级社会里就主要表现为阶级矛盾和阶级斗争，它是历史发展的直

---

① 中共中央马克思恩格斯列宁斯大林著作编译局编：《马克思恩格斯选集》第3卷，人民出版社1995年版，第358页。
② 中共中央马克思恩格斯列宁斯大林著作编译局编：《马克思恩格斯选集》第3卷，人民出版社1995年版，第691–692页。

接动力。同时，人民群众是历史的创造者，是历史发展的源泉和最终推动力，而非英雄豪杰。这一思想具体体现在马克思恩格斯思想体系的成熟之作《共产党宣言》第一章里。

学习和研究马克思主义，必须懂得马克思主义形成的基本过程，特别是马克思恩格斯如何进行科学论证的过程。众所周知，马克思主义诞生以前的人类历史，涌现出相当多的关于人类社会历史的思想家、理论家，特别是在资产阶级反对封建专制的斗争中，一大批资产阶级启蒙学者或者说人本主义思想家，写出相当多的有深刻思想的人文历史著作。马克思恩格斯对这些作家作品有许多极高的评价，也为马克思主义产生提供了极有价值的思想内容。但是这些思想家、理论家及其著作一个共同的特点或致命的缺陷就是历史观上的唯心主义，都不懂得理论的本质归根结底都是对社会现实的反映，都是形而上学的思辨。由于其历史观和思维方法的非科学性，导致其整体结论也是非科学的，尽管其中有许多精华内容。马克思主义特别是其问世的代表作《共产党宣言》是人类历史上第一部运用科学的历史观和科学的思维方法，对社会历史和社会现实进行科学论证和科学研究的著作。如果说马克思主义以前的许多自然科学著作具有科学精神，但没有人文精神，许多人文方面的著作具有人文精神但没有科学精神，那么《共产党宣言》就是人类历史上所有著作、所有思想理论中第一部科学精神与人文精神统一的著作，马克思主义学说体系就是人类历史上第一个科学精神与人文精神内在统一的学说体系。今天我们学习和研究马克思主义，必须从这个原点出发。

马克思恩格斯并没有给我们留下完整的文学理论著作，但文学批评却伴随着他们的一生。准确地说，马克思恩格斯主要不是以文学批评家的身份去研究文学，而是以哲学家、经济学家、政治活动家的身份进入文学领域，开展文学批评的。由此也决定了，马克思恩格斯往往不是从纯文学的角度去思考文学问题，而是从一个更广阔的空间，更灵活多变的角度去思考文学问题，评论作家作品。如大家十分熟悉的有关"不平衡规律"的论述："当艺术生产一旦作为艺术生产出现，它们就再不能以那种在世界史上划时代的、古典的形式创造出来；因此，在艺术本身的领域内，某些有重大意义的艺术形式只有在艺术发展的不发达阶段上才是可能的"。①恩格斯称赞巴尔扎克"是比过去、现在和未来的一切左拉都要伟大得多的现实主义大师"，也主要在于他正确地处理了文学与现实生活的关系，杰出地描写了现实生活，"在《人间喜剧》里给我们提供了一部法国'社会'，特别是巴黎'上流社会'的卓越的现实主义历史"。②类似这样的重要论述散见在马克思恩格斯的各类著作中，而这些论述自然是马克思主义文学理论的重要组成部分。公道地说，将散见于马克思恩格斯各种论著乃至于书信中的文艺理论论述整理出来，米哈伊尔·里夫希茨功不可没。他是苏联时期重要的哲学家、美学家、文艺理论家、文化学家与文化史家，对黑格尔与马克思美学的研究尤其深入。他在20世纪30年代积极批判庸俗社会学，60至70年代批判现代主义，并积极参加30年代的"卢卡契—布莱希特论争"，首创了文学反映论概念，对理想、现实主义、本体论与同一律等概念的论述独树一帜。他的专著《艺术与哲学问题》《丑陋现象的危机》《卡尔·马克思：艺术与社会理想》《在美学世界中》等对后代学者影响深远。他整理的《马克思恩格斯论艺术》四卷本更是后人研究马克思主义文艺理论的重要文献和案头读物。他的《自由主义与民主》，是一部兼具抨击性和讽刺性的小册子，收入里夫希茨20世纪30年代以来写的哲学、历史方面的论文多篇，批判了包括平均主义的"黑暗民主"与当代自由主义，揭露了披着文化外衣的丑恶现象，以及科学与文学中的双重思维与空谈作风等问题，充满马克思主义的论辩色彩。但非常遗憾的是，中国学术界当下对这些基本文献的研究十分有限。

---

① 中共中央马克思恩格斯列宁斯大林著作编译局编：《马克思恩格斯选集》第2卷，人民出版社1995年版，第28页。
② 中共中央马克思恩格斯列宁斯大林著作编译局编：《马克思恩格斯选集》第4卷，人民出版社1995年版，第683页。

马克思主义诞生于 19 世纪中叶。今天的现实语境和马克思主义的历史情境和思想语境发生了很大的变化。面对这种变化，我们不得不思考这些最为基本的问题。在今天，伽达默尔、德里达、阿尔都塞、科尔施、阿伦特、卡佛等众多西方学者的马克思主义阅读和研究，是不是马克思主义的有机组成部分？我们的马克思主义研究能不能绕开这些文献资料？这些问题的聚焦，要求我们的马克思主义研究，包括马克思主义文艺理论研究要转变观念，厘清问题，面向当代视野，建构起中国当代马克思主义文论研究的理论逻辑。

福柯在《什么是作者》中建立了"作者—功能"论。他通过考察作品和书写两个概念，发现作品界限的模糊性，书写也并没有真正地取消作者的主体性。福柯说："仅仅重复那种作者消失了的空洞论调，还是不够的……我们必须定位那在作者失踪之后空出来的空间……留意随着作者的消失所释放出来的那些功能。"

福柯首先区分了作者名字与一般人名字的不同，即一般名字不会因为所指对象外在变化而改变，但是作者名字是与特定的一些文本相联系的。在区分了作者名字之后，福柯提出"作者—功能"论，即：作者的名字依存于文本之中，作者的名字可以划定文本的类别，文本通过作者名字确立自己在社会话语体系中的地位；作者是一种特殊的话语功能，不再是创作的主体，而是受话语塑造，在权力的支配下发挥自己的特殊功能。

"作者—功能"有四个特点：

1.它是被占有的对象，是一种所有权体制的特殊类型，是被权力掌控的一种话语方式。

2.作者不具有连续性和永恒性，他是断裂的，他对话语的影响在不同时期是不同的。

3."作者—功能"是通过一系列复杂的运作被建构起来的，建构过程取决于时代和话语类型的差异而有所变化。

4."作者—功能"并不是真实生活中的一种简单的指称，它会引起多重自我。

之后，福柯探讨了"作者—功能"的几种不同的应用情况，即：文学话语中的"作者"，科学话语中的"作者"以及19世纪的"话语开创者"。最后，福柯提出话语类型学的概念，指明自己的理论可以用在什么样的话语类型中进行分析，同时引入了对话语历史的研究，这是他后来的《知识考古学》的基础。

按照福柯的说法，书写已经不是表达，以他的期望和判断说，"当代写作已经使自身从表达的范围中解放了出来"，不再指涉书写者的思想感情与价值观念，它只是一种词语的游戏和操练，符号的无声积累和繁衍，词语的书写游戏，既无能指也无所指，更与书写者无关。在书写中，"关键不是表现和抬高书写的行为，也不是使一个主体固定在语言之中，而是创造一个可供书写主体永远消失的空间"。[①] 从这个意义上说，季水河教授的新著《马克思主义文论与中西文论的互释》正体现了这样的思想路径。

季水河教授长期从事马克思主义文论研究，在该领域辛勤耕耘数十年，这本新著体现了作者厚实的学术积累。该书分为三编，分别为：马克思主义文学理论及其比较研究、马克思主义文学方法论与文学理论基本问题、马克思主义文学理论视域中的西方现代文学理论。各编之间既有学术关联，所讨论的问题又各自相对独立和集中。作者在该书卷首，首次提出了"马克思恩格斯文学批评的三维向度"：灵活多变的审视角度、立体交叉的比较方法、美学历史的批评标准。提出了"从社会存在与社会实践的角度去思考文学的发生与发展，去评价作家与作品的意义，是马克思恩格斯文学批评的一个基点，也是马克思主义文学批评的重要特色之一"。作者指出"马克思恩格斯不是比较文学学科的创立者，但马克思恩格斯在《共产党宣言》中提出的'世界文学'构想，却蕴含着比较文学学科诞生的前提，特别是马克思恩格斯在文学批评实践中所运用的立体交叉的比较方法，是许多当代比较文学研究者都难以熟练掌握和运用的"。这是非常重要，也是有

[①] [法]米歇尔·福柯：《什么是作者》，米佳燕译，载王岳川、尚水编：《后现代主义文化与美学》，北京大学出版社1992年版，第288页。

创意的理论表述，因为马克思恩格斯在评价许多作家与作品时，都是将其置于与社会生活的联系中去加以考察，去揭示其意义的。这样的表述也深化和丰富了美学历史的批评标准。根据水河教授长期教学、研究的体会，他将20世纪中国马克思主义文艺美学的发展划分为三个阶段，即20世纪初期至40年代的艺术论文艺美学、20世纪40年代中期至50年代初期的认识论文艺美学、20世纪50年代中期至90年代的实践论文艺美学，这三个阶段的划分，既不是根据20世纪中国革命史的两阶段划分法：新民主主义革命阶段与社会主义革命阶段，又不是根据20世纪中国哲学史与文学史的两阶段划分法：中国现代史与中国当代史，而是根据中国马克思主义文艺美学在不同时期的哲学基础、研究重点和标志性成果进行分期的。同时，在这三个阶段，艺术论文艺美学、认识论文艺美学、实践论文艺美学也还有某些交叉重叠与融合之处。这样的划分比较好地处理了错综复杂的学术史问题，值得称道。

该书既有宏观的马克思主义文艺理论史、马克思主义文学方法论与基本问题的论述，也兼顾了不同时代重要作家、作品的研究，其中不乏比较研究，更为可贵的是，作者立足当代，关注当下，研究视野涉及文学的本质、文学的身份认定、传媒时代文学批评的角色、网络文学批评对象与传播媒介和思维的矛盾等当下理论界关注的一系列现实问题。作者还以马克思主义的基本立场和方法，对俄国形式主义文论、心理分析文论、接受美学与现代西方文学理论等展开了一系列对话、交流甚至交锋，这是非常重要的研究范式。一直以来，我们在文学理论学科建设上，总是采用西方文论、中国文论、马列文论的三分法。我们都知道，马克思主义本身就诞生在西方，是同西方形形色色的社会思潮包括文艺思潮的交锋、论战中诞生的。将马克思主义文艺理论孤立于西方文论，不仅丧失了马克思主义文艺理论存在的社会基础，也让处在东方的中国后学不易理解马克思主义经典作家的一些论述。水河教授站在比较文学的理论视野，善于将马克思主义经典作家的论述与他们同时代乃至西方后代各种理论学说加以比较研究，大大拓展了马克思主义文艺理论的话语空间和问题意识，真正实现了中西文论的互释，这样的研究路径值得充分肯定。如果从经典马克思主义的视野看，作者在书中很好地回答了当今我们为什么还需要阅读马克思？我们以何种方式来阅读马克思？马克思究竟有哪些思想值得我们阅读等重大问题；该书无疑对后学很有启迪，是入门的指南。如果沿着福柯《什么是作者》去思考问题，我们完全有理由说，在马克思主义经典作家之后，可以有无数的马克思主义者，可以对马克思主义作出无数的阐释和解读，当然这都不是原来的马克思了，从这个意义上说，我们也不可能回到马克思，后来者只能是语言的拓荒者。我与水河教授相识30多年，在我的心目中，他就是个不知疲倦的拓荒者，在该书付梓之时，我们应为勤奋的拓荒者致以崇高的敬意！

是为序。

（庚子盛夏于上海社会科学院）

（马驰，男，上海市人，文学博士。现任上海社会科学院思想文化研究中心研究员，上海大学上海电影学院博士生导师，全国马列文艺论著研究会副会长，全国毛泽东文艺思想研究会副会长等学术职务）

既是文学的，也是美学的
——评季水河《多维视野中的文学与美学》

黄一斓

"幽僻处可有人行，点苍苔白露泠泠。"

学术研究是一条清苦艰难的跋涉之路，展开季水河教授的新著《多维视野中的文学与美学》（东方出版社2003年版），作者20余年来在比较文学与美学方面艰辛探索的背景宛然在目。

季著是作者出版的第六部学术著作，同时也是作者出版的第一部以论文编撰而成的学术著作。这本书是作者五部著作之外，在全国60多家刊物上发表的100余篇论文中的一部分，是作者20余年来在比较文学与美学方面研究成果的系统展示。书中的主要内容，都以论文的形式发表在《文学评论》《文艺研究》《光明日报》《学术月刊》等全国多家报刊上，多篇论文或被《新华文摘》《人大复印报刊资料》《高等学校文科学术文摘》转载，或被收入各种文集，或被有的学者引用和列入有关著述的参考文献。因此，可以说，该著汇集了季水河教授20余年来研究比较文学与美学的代表性成果。在学界共同努力提升中国比较文学与美学研究水平的当下，笔者感到，认真总结一下季水河教授颇具特色的学术成果和学术思想，应是极有意义的一项工作。

从季著可以看出，比较视野中的文学与美学，文化视野中的20世纪末中国文学流向与当代视野中的马克思主义文学理论是作者比较钟情的研究领域,在这些方面,作者也做了非常引人注目的工作。因此,笔者讨论的对象,主要是季水河教授的研究贡献和学术特色。

季著的主要研究贡献

1. 对既有美学范畴的重新界定。作者认为过去的美学家或多谈崇高这一美学范畴而少谈壮美这一美学范畴,或将两者混为一谈,所以有必要对此重新加以界定。作者从外部形态、内在精神、审美效果以及与创造主体的关系诸方面对崇高与壮美加以比照式的审视,还壮美以美学范畴中应有的地位。

2. 对当代文化现象的深刻批判。作者运用社会文化学,就20世纪最后20年中国文学的流向,如部分探索作品的失误,文学批评的文化转向,作家文化心态失衡与主体意识沉沦等问题,进行了深刻的批判,从文化的视角揭示了文学的文化属性、文化意蕴、文化品格和文化对文学的潜在影响、多向渗透和制衡作用。

3. 对经典文学理论的大胆反思。作者对马克思主义部分文学理论进行了大胆的反思,提出了一系列创见,如认为恩格斯的悲剧冲突论虽然比较适用于解释社会主义时期的政治悲剧,但并非悲剧矛盾冲突的基本规律;论证发展与偏离是西方马克思主义文论与马克思主义文论最基本的关系;肯定文学研究中提倡新观念、引进新方法是坚持和发展了马克思主义文论;指明只有重新选择与当今形势相适应的主攻方向和课题,在发展中坚持,才能克服当前马克思主义文艺理论研究的危机,从而建构中国特色马克思主义文论,即以马克思主义世界观和方法论为指导,以中国当代文艺实践(包括西方当代文艺实践)为基础,以艺术规律为本位,对中西文论传统以及某些自然科学成果全面融汇、创造整合而成的既有民族性又有世界性,既有历史感又有创造性的一种新型文艺理论体系。

季著的主要学术特色

1. 多维视野。季著是一部广义的比较文学论著，分为三编。这三个部分看似互不联系，不相干涉，但作者却娴熟而成功地运用比较视野、文化视野以及当代视野将文学与美学的诸多范畴和研究领域统摄于比较文学这一研究方向之下，对文学和美学中一些重要理论问题，进行了多维度的观照和阐释，并提出了许多个人的学术创见。

2. 鲜明的主体意识和深厚的历史意识两相结合。作者从创作主体（作家）意识入手来分析20世纪末中国文学背离传统、脱离社会、文化品格失落、美学价值减弱等现象，明确地提出创作主体意识沉沦对文学的负面影响，且将主体意识分为情感、理想、想象来论述，并认为这一现象的出现是因为旧的思想规范处于动摇状态，新价值体系尚未建立，整个社会失去了支撑它的精神结构，知识分子在新的洗礼中出现了价值失落与道德危机的问题。这是作者基于明确的主体意识而作出的主体性的解释。但是作者并不满足于此，而是又将这一现象置于历史的长河中加以考察，进而认为传统文化与现代化不仅具有时间上的交汇，而且具有内容上的交融。认为"传统文化，在时间上，既是过去的，又是现在的，它是流动在现代人血脉中的历史"。所以在分析了20世纪末中国文学的流向后，作者指出："文学若无崇高，就缺少了浑厚凝重的意蕴和悲壮敬惧的美感，其审美娱乐性也就极为肤浅。"这正是作者基于深厚的历史意识，试图缝合历史与现实之间的意义间隙所作的结论。

以上，对季水河教授新著《多维视野中的文学与美学》一书，笔者作了粗浅的思考与评论，季著体现出来的学术敏锐，独特见解，严谨学风，以及洗练流畅、显白不俗的文风给人留下了深刻印象，在建构坚实的学术基础，进一步推进比较文学与美学研究方面，其学术价值与意义当可显见。但是，就此评价季水河教授的学术研究，还为时过早，因为季先生自己还在不断地学与思。据此，笔者想借海德格尔的话结束本文：

"思钟情于修筑一条蜿蜒崎岖的山路。"

"林中有许多路。这些路多半断绝在山道罕见之处。这些可以叫林中路。"

（原载《理论与创作》2003年第2期）

（黄一斓，女，湖北省武汉市人，文学博士，湘潭大学文学与新闻学院2000级比较文学与世界文学专业硕士研究生。现任江苏开放大学艺术学院院长，教授，硕士研究生导师）

坚守与超越
——读季水河教授的《多维视野中的文学与美学》

胡志明　吴广平

在文化研究热兴起的今天，比较文学的身份界限越来越模糊，从而导致其学科定位在全球化语境下日趋混乱，研究比较文学的学者普遍存在一种"无根情结"，比较文学的"学科危机论"成了众人日益关注的焦点，也成了学者们不可回避的问题。因此，许多学者悄然退出比较文学研究领域，重新寻找学术空间。然而就在这种群体焦虑面前，湖南省比较文学学会副会长、湘潭大学文学与新闻学院院长季水河教授倒显得格外冷静与执着。季先生在比较文学与世界文学领域沉思苦索了二十余年，深思熟虑、厚积薄发，最近向学术界隆重推出了自己的力作——《多维视野中的文学与美学》。读完此书，我们不仅被季教授宽广的理论视野、敏锐的学术眼光所折服，而且对比较文学的发展前景也充满了乐观与信心！

《多维视野中的文学与美学》全书共分三编："比较视野中的文学与美学""文化视野中的20世纪末期中国文学流向""当代视野中的马克思主义文学理论"。第一编主要介绍了中西比较中的美学范畴与美育观念、俄罗斯伟大诗人普希金影响下的20世纪中国文论、跨越学科疆域的文学研究等；第二编就20世纪末期中国文学流向以及创作过程中出现的主体意识沉沦等问题进行了深入探讨；第三编对恩格斯悲剧冲突论进行了重新解读，驳斥了"西马非马""西马即马"的错误言论，并充分肯定了西方马克思主义文论与马克思主义文论之间的内在联系，同时也对二十世纪后期中国马克思主义文艺理论研究进行了深刻反思。通观全书，我们认为，本书的主要特色体现在以下几个方面：

第一是开阔的多维视野。著名文学理论家钱中文先生在该书序中盛赞季水河先生"理论修养好，兴趣广泛，成果丰硕。他从比较的视野，探讨文学与美学；从文化的视野探讨了20世纪末期我国文学创作的流向，对一些文学现象有所褒贬；从当代视野探讨了马克思主义文论的问题与发展，从而形成了他的开阔的多维视野"。钱先生深刻地概括出了季著的特点，同时也从侧面反映出作者广博的知识积累，显示出作者多方面的理论修养。全书脉络清晰、层次分明，既具有历史纵深感，又具有空间立体感。

第二是再阐释与填补空白的有机结合。就中国古代文论与西方文论的双向阐释而言，这一研究领域重在比较中西文论的异同及其背后的文化精神。季著中的"崇高与壮美：两个不同的美学范畴"是该领域的突出成果。作者从外部形态、内在精神、审美效果、主体地位、联结渗透等五个方面对崇高与壮美进行了严格区分，并纠正了过去往往把崇高与壮美混为一谈的错误。就二十世纪中国文学理论而言，普希金的影响远不及别林斯基、车尔尼雪夫斯基、高尔基等人。但作者却以其独到的眼光，发掘出了普希金文学理论中的人民性、民族性思想，并就其对二十世纪中国文学理论中人民性、民族性理论的影响进行了深入研究，显示出了作者那种独立思考、勇于探索和创新的精神。

第三是对中国当今文化现象作出了深刻剖析。作者运用历史唯物主义观点，从社会文化学视角入手，对20世纪末期中国文学流向，如20世纪80年代中国探索作品失误原因的社会文化学分析、80年代中国文学批评的文化转向，以及90年代中国作家的文化心态失衡与主体意识沉沦、90年代中国文学创作的文化走势等方面进行了深刻的反思，既肯定了成绩，又指出了问题的症结所在，对中国探索作品自身的完善与成熟，无疑具有十分重要的意义。从这里我们不难发现，作者做到了站在自己的主体位置上，找到了真正属于中国的传统，开掘出了自己的问题意识。这对希图通过文化研究来改造比较文学学科，并以此走向话语中心、取得话语权的比较文学界来说，无疑是一个很好的借鉴。

第四是对经典文学理论进行深刻反思。作者在理论上大胆探索，敢于创新，对马克思主义文艺理论中的部分论述作出了深刻反思和重新定位。作者从社会意识形态出发，提出了"恩格斯的悲剧冲突论只适用于政治性的悲剧"的观点，对恩格斯的悲剧冲突论具有普遍指导意义提出了大胆质疑；运用发展和辩证的眼光看待西方马克思主义文论与马克思主义文论的关系，并强调指出"发展与偏离，是西方马克思主义文学理论与马克思主义文学理论最基本的关系"；肯定了文学研究中提倡新观念、引进新方法是坚持和发展了马克思主义；提出"在建设有中国特色的马克思主义文艺理论时，一定要跨越学科界限，认真吸收自然科学成果和方法，沟通马克思主义文艺理论与当代科学的联系"，等等。这些基于事实和严密逻辑推导所得出的结论，无疑是科学的、合理的。

第五是回归文学性，注重个案研究。作者冷静地对当今比较文学界的"文化热"现象进行了深刻反思，高扬"文学性"这面旗帜。作者在构思整体框架时，始终紧扣"文学"二字，如比较视野中的文学与美学、文化视野中的20世纪末期中国文学流向、当代视野中的马克思主义文学理论等，都与文学密切相关，突出了比较文学学科的特点。同时，作者又从具体的研究工作入手，在积极地吸取文化研究中的一些合理东西的同时，拓展比较文学研究的空间，注重个案研究，做了许多扎实工作。因此，季著没有陷入从理论到理论的怪圈，而是以对作家作品的深入研究作为立论的基础和阐述的依据。如对胡风与冯雪峰两人在同一社会背景下的不同的现实主义理论的比较，同时作出了客观公正的评价；高度评价了季红真的文学批评活动，把她的评论视为"新时期文学批评园地的一朵奇葩"，并把她作为历史文化批评中的典型个案进行分析，同时也语重心长地提出了忠告和建议；在最后一章里，作者倾注了大量笔墨，对胡风的文艺思想进行了深入细致的解读，盛赞其为"最有个性""最富于中国特色"的"20世纪中国化马克思主义文学理论家"。

纵观全书，季水河教授在《多维视野中的文学与美学》中力求透过文学与美学的表象，去发掘比较文学中更深层次的意义。在这部专著中，存在一种内在的学术通透性是不言而喻的。它的出版为我们从多维视野审视文学与美学提供了理论指导和学术范例，也为比较文学展现了更为广阔的学术前景。《多维视野中的文学与美学》是季水河教授主编的湘潭大学"比较文学与世界文学研究"丛书之一。最近欣悉这套丛书荣获湖南省第七届哲学社会科学优秀成果奖一等奖。这充分显示了以季水河教授为学术带头人的湘潭大学比较文学与世界文学研究学术方阵的整体实力和团队风采！

（原载《湖南科技大学学报》2004年9月25日第2版"读书平台"和《风雅》2006年第3期；收入吴广平主编的《文学教育新视野》一书，西南交通大学出版社2012年版）

（胡志明，男，湖南省益阳市人，文学博士。现任湖南科技大学人文学院副教授，硕士研究生导师。吴广平，男，湖南省汨罗市人，现任湖南科技大学人文学院教授，中国屈原学会理事，中国辞赋学会理事，湖南省屈原学会副会长，湘潭市文艺评论家协会主席等。曾获"全国优秀教师"称号）

论新闻活动中人文精神的回归

——兼评季水河先生的《新闻美学》[①]

周 毅

"人文精神"是近年来新闻业界和理论界一个十分关注的话题。新闻活动是人类特有的社会实践和精神活动，从其诞生的第一天起，就和人类社会各种各样的活动息息相关，它关注人类的生存价值、意义和人文环境。因此，新闻活动中本身就蕴含着人文精神，只是没有明白地坦露。随着时代的发展，新闻传播媒介理论研究的深入，人们开始认识到，新闻活动需要人文精神的回归。然而在新闻活动中，新闻报道的人文诉求到底是什么？怎样才能达到回归的终极目标等问题一直困惑着我们。由新华出版社2001年出版的季水河的著作《新闻美学》一书，将新闻学与美学创造性地融汇在一起，将美学作为"人学"所特有的关注人类生存和发展的人文精神注入新闻活动之中，从一个侧面解除了我们心中的困惑，同时，我们也找到了新闻活动人文精神回归的又一理论依据。

---

① 季水河：《新闻美学》，新华出版社2001年版。

新闻活动的人文诉求

关注大千世界，关爱社会人生，这是新闻活动起码的职责和任务。新闻活动伴随着人类的诞生而出现，伴随着人类社会的发展而成长壮大。新闻活动的主体，包括新闻采编人员、发布人员；新闻活动的对象，包括被采访对象、受众等。离开了人的因素，就等于没有了新闻活动，而所谓人文精神，从哲学层面上讲，它是对人的生存价值、生存意义以及对人类命运和前途的终极关怀；从现实层面上说，它是对自由、民主、科学、平等以及人类进步和发展的关注。人文精神的内核就在于其既要关注芸芸众生的现实生存状况、精神欲求、思想情感，又要重视个体及族类的全面发展，重视提升人的精神生活和道德境界；弘扬人世间的真善美、鞭挞假恶丑，呼唤重视人的价值与尊严、改善人的情感生活、完善人的道德理想，从而达到人与社会、人与自然以及个人身心的和谐。新闻活动本身的职责和任务也在于通过弘扬人类社会生活中的真善美、鞭挞假恶丑等来描绘或者阐述人的生存意义、生存价值，达到关注人类命运和前途的终极目的，因此，新闻活动中蕴藏着丰富的人文精神。2001年9月11日，美国纽约世贸大楼在恐怖分子飞机的撞击下轰然倒塌，此事发生后，立即引起全世界的强烈反响，世界上所有媒体几乎同时将目光对准了这里，不惜使用版面和时间去报道、分析和说明这个新闻事件的来龙去脉，探求个中原因和深远影响。这不仅因为它是震惊世界的惨剧，而且更是因为透过这件事，使人们感觉到国际恐怖主义已经形成一股势力，无孔不入，已经开始危及人类的生存空间。抛开恐怖组织与美国霸权主义之间的恩恩怨怨不说，恐怖主义本身就对人类命运和前途，对人类所追求的和平共处目标造成威胁。无论哪个国家的新闻报道，无论出于何种目的，但有一点是相同的，那就是人文精神。中国顺利加入WTO和北京取得了2008年奥运会的举办权，对中国来说是两件特大喜事，对世界来讲，也是举足轻重的大事情，世界各大新闻媒体都做出不同的反应，进行各式各样的新闻报道。2008年奥运会将在中国首都北京举办，是首次在地球上人口最多的国家举办，当然会引起新闻媒体的关注和重视。因为奥林匹克精神是全人类共同拥有的体育竞技精神，它能在人口最多的中国举行，无疑对弘扬奥林匹克精神会大有裨益。同样，中国加入WTO，将会对世界经济发展格局产生深远的影响。世贸组织成员国又有了新的而且是市场十分广阔的伙伴，对推动经济全球化进程，繁荣人类经济生活也大有好处，新闻报道自然会予以关注。

以上种种都可以说明一个问题，那就是新闻活动的诉求目标始终是人。一方面，新闻报道的对象和内容都是直接或间接地表现人类及其生活状况，表现人类生活的大千世界。另一方面，新闻报道的接受对象也是人，在传媒日益发达的今天，在传受关系发生互动的时候，新闻活动更应尊重新闻受众的价值和人格，尊重他们的情感需求，要与新闻受众建立起平等对话和双向交流的关系。也正是新闻活动的这种人文诉求，正是因为新闻报道中不可或缺的人文精神，我们的新闻活动研究领域得到不断拓展，出现了一批引人注目的科研成果。湘潭大学文学与新闻学院季水河是一位知名的美学专家，有很深的美学理论造诣，同时也有一定的新闻报道经验。近几年来，他潜心研究新闻活动中的"美学"问题，创造性地将新闻学与美学结合在一起，首次从审美视野呼唤新闻活动人文精神的回归，虽然全书之中没有明确提及新闻报道人文关怀的字眼，但人文精神仍像一条暗线贯穿于全书之中。

《新闻美学》的"人学"特色

在为美学构筑了规模宏大、空间严谨的美学理论体系的康德和黑格尔学说里，美学的学科性质是属于哲学的，是哲学的一个分支。长期以来，无论是世界还是中国，美学研究一直沿用哲学的研究方法，纠缠于唯物主义与唯心主义的争论之中，只是近些年来，美学研究才开始将重点转向研究人、人类活动，开始以人的审美活动作为具体对象。事实上，美学作为一种"人学"直接涉及的就是人类自身生存的价值和意义，直接涉及人类发展的前程。我国著名美学家朱光潜最早的美学构架就是从现实人生出发，以理想人格、艺术化的人生为旨归，他认为美就产生于人的美感活动，产生于人的精神需求，是人的一种自我创造和艺术创造。朱光潜的美学体系是以他的人格理想为目标而建立的，它之所以总是让人感到亲切，是因为它处处体现对人的整体关怀。"新闻美学"属于与新闻学相关、相近、相交叉的新学科，所以其研究必然要运用新闻学、传播学、美学、文化学、心理学、语言学等多门学科的研究方法，尤其是美学的。恰恰就这点上，《新闻美学》抓住了新闻活动所蕴含的人文精神与美学"人学"的本质特性之间的契合点，将新闻学与美学有机地融合在一起。季水河的《新闻美学》分上、中、下三篇，其中在上篇"本体论"中，新闻学与美学的契合点显得格外突出。在开篇第一章，作者就以其深邃的理论思维阐述了新闻与新闻美学的关系。"热爱美、追求美、创造美，是人的天性。人类的一切活动，无不体现着人的本质力量对象化；人类的一切文明成果，无不积淀着人类的审美心理。新闻活动也是人类的一种审美创造活动。新闻作品也是人类对自身历史的一种审美描述成果。作为研究人类审美实践的美学，也理应将新闻纳入自己的视野，研究新闻美，建构新闻美学理论。"也正是在这种思想的指引下，《新闻美学》阐述了新闻史的美学意义，新闻信息的审美价值，"孤立地谈，新闻史与美学史是毫不相干的，美学家们也从未将新闻史纳入美学研究的范围。但用系统观点看，新闻史与美学史却有着内在的联系，新闻史中蕴含着重要的美学意义。一部新闻史，也是一部人类审美观念的演化史，是不同时期的审美观念在当时的新闻作品中得到的充分反映"。"从新闻信息的审美功用看，新闻信息的新奇性，能满足人们求新求异的审美心理……从审美效果看，新闻信息能使读者达到审美超越，阅读不同地域的新闻，能使读者超越时空的局限；阅读不同学科领域的新闻，能使读者超越学科领域的界限；特别是阅读有关新人新事、好人好事的新闻，能使人灵魂得到净化，人格得到完善，超越旧我而达到新的境界。"在对新闻美学性质的分析中，《新闻美学》认为：新闻作品是人类活动审美意蕴的体现，新闻作品蕴含着作者的审美意识，集中地反映了人对现实的审美关系，反映了人类的审美观念，新闻作品只是新闻作者审美意识的载体。新闻活动体现着人类的审美追求，新闻是人类审美追求的一种活动方式，"审美意识是人类的特殊心理，审美追求是人类历史进步的动力，按照'美的规律'进行生产是人类生产的基本特性。在新闻实践中，三者结合规定了新闻的美学性质；在新闻写作中，人人都具有艺术家的天性和追求，都力图将'美'带到新闻作品中"。透过全书各个章节，我们可以清晰地看到《新闻美学》鲜明的"人学"特色，尽管全书没有"人文精神""人文关怀"的字眼，也没有辟有专门章节进行论述，但其"人学"思想和观念都错落有致地散置在书中的各个章节之中，一句话，《新闻美学》是美学作为"人学"的内涵和外延在新闻活动中的升华和延伸，是作者对新闻工作者在具体的新闻活动中要重视人文关怀的一种呼唤，一种真心的期待。

新闻活动人文精神的回归

长期以来，由于新闻传播活动属于上层建筑领域里的范畴，许多新闻理论工作者往往只片面强调新闻活动的政治宣传功能，忽视了非政治的人文精神。从最早的"宣传魔弹论"，到后来的"宣传灌输论"，注重的只是如何将新闻信息传输给新闻受众，颇有点强制受众接受的意味。在具体的新闻实践中，新闻媒体都强调新闻要争取受众，要在采访方式、新闻写作中注意方式方法，如将新闻作品写得美一点，更贴近读者一点等，其实际目的还不是什么人文关怀，而是为了迎合读者口味，赢得更多的新闻受众，获得更多的经济效益和社会评价。这样的新闻活动往往受到某种政治宣传模式的制约。当政治宣传和人文关怀发生冲突时，人文精神往往会受到排斥或被抛弃，当政治宣传和人文关怀没有冲突时，新闻活动中尚可以有人文精神存在。正是这种胶粘的关系，致使新闻活动主体的主观积极性、新闻信息接受者的情感需求和心理准备受到漠视。新闻活动是人类最重要的文化活动，新闻同样需要情感因素，而情感因素说到底就是以关注人类，反映人类生存环境为出发点，以富有激情和个性的人文观照为切入点，呼唤人与人之间真诚的理解，呼唤人与社会的和谐共鸣，呼唤人类对共有家园的爱意。近几年来，人们对新闻活动中人文精神回归的呼唤越来越强烈，希望新闻报道从板起面孔的"政治面纱"中露出笑脸，并且希望这张笑脸在新闻规律的指引下笑对人生、笑对社会、笑对自然。那么，在纷繁复杂的大千世界里，怎样才能做到这些呢？怎样才能使人文精神回归到新闻活动之中呢？首先，要注意新闻题材选择的多样性。多选择一些适合普通百姓的娱乐性和人情味的"软"新闻信息，最大程度地尊重采访对象，让每个普通百姓的生活方式、喜怒哀乐、情感需求、精神世界、物质生活条件等个体的生存状况都得到细微的关怀；同时，也应最大限度地尊重新闻受众，以最大多数人的视角去关注社会生活、关爱人生，以增强新闻题材对受众的亲和力。其次，在新闻采写过程中，必须遵循新闻自身的客观要求，以目击式采访、现场采访、现场报道、阐述式报道等多种形式去增强新闻报道的可读性和可视性。在采访中，要多运用人文精神所特有的理念，从平视的角度出发，深入被采访对象内心之中；要充分尊重被采访对象的生活经历和心理状况，要设身处地地感受被采访对象的喜怒哀乐，力求在轻松、自然、和谐的气氛之中和被采访对象进行推心置腹的交谈来获取新闻素材。最后，在新闻写作和新闻编排中，要体现真善美的原则，让每一篇新闻报道都能成为结构美、形式美、文字美的美文，让每一条新闻通讯、广播电视新闻都能成为备受新闻受众喜爱的精神食粮。

当然，要实现新闻活动"人文精神"回归的途径是多种多样的，《新闻美学》所论述的新闻审美方法，所总结的新闻美学规律等就是其中最好的途径之一。在这部具有创新性的新闻学—美学专著里，作者运用大量篇幅来论述新闻作者、新闻作品的审美构成。在"审美论"中，作者详尽地分析了新闻作者的审美感知、审美情感、审美想象、审美理解，新闻作者的感受能力、构思能力、表达能力。如在阐述新闻写作的美学原则时，明确提出新闻报道的对象必然是真人真事，要在新闻作品中流露真情实感、发表真知灼见，在新闻写作中要以事为主的概括化，以人为主的个性化，要选择美的对象，追求美的理想，充分运用审美法则。对于新闻受众，《新闻美学》在分析了新闻阅读的审美心理特点后指出，新闻报道必须注重新闻受众的阅读期待和阅读注意，才能和新闻受众形成有效的情感共鸣与心灵净化，达到新闻报道情感体验与共鸣的效果，达到新闻阅读中的心灵净化和审美超越。特别是对新闻作者审美创造能力的分析中，作者强调的"一见倾心"的直觉能力、"平中见奇"的发现能力、"小中见大"的开掘能力、"见点知面"的整合能力、"以线连珠"的串缀能力、"联类无穷"的想象能力等都是新闻工作者在新闻活动中实现人文精神回归应具有的综合素质和能力。在《新闻美学》的"构成论"中，作者在领悟新闻改革强调的"三贴近"精神的基础上，对新闻报道的主要成果——新闻作品提出了更高的要求。他指出：新闻作品要注意新闻事实和新闻形象，要充分认识新闻形象的审美意义，构筑好新闻作品的形象美。同时他又从新闻语言的角度，对新闻作品词语、句式、语篇的审美选择作了详细的分析，提出新闻作品不仅要体现语言的形象美、节奏美，还要体现语言的个性美。尤其是对新闻作品意境美、结构美、层次美的阐述，表明了作者对时代变迁中的新闻作品应具备的写作技巧有着充分的认识。时代在前进，新闻传媒在发展，时代赋予了新闻传媒更多更高的要求。新闻活动作为大众传媒活动的重要组成部分，在信息时代如要将新闻作品做得更精细一点，更贴近受众，更富有"人学"特色一点，就需要新闻作品有意境美、结构美、层次美，有受众喜闻乐见的表现形式。

概而言之，人类的整个历史，是自我塑造和自我完善的历史。在人类自我塑造和完善的过程中，所有活动的目标只有一个，那就是让人类最大限度过上幸福美好的生活。审美活动永远是人类追求幸福、追求和谐的中介。新闻活动和其他社会生活一样，也离不开审美活动这个中介。季水河先生的《新闻美学》紧紧扣住了人类活动的审美中介，在"本体论""审美论""构成论"三篇之中融进了"人文精神"的精髓，将整个新闻活动纳入人类审美实践的视野之中，较为系统和完整地阐述了新闻活动需要"人文精神"回归，新闻报道可以达到"人文精神"

回归等哲理。可以这样说,《新闻美学》不仅是新闻交叉学科研究领域里填补空白的专著,也是引导和启迪新闻工作者在具体的新闻实践中,如何运用新闻美学理论,体现人文精神的很好教材。

(原载《湖南经济管理干部学院学报》2002年第3期)

(周毅,男,湖南省武冈市人。现任湘潭大学文学与新闻学院副教授,硕士研究生导师)

美学研究领域中的新开拓

——读季水河先生的《新闻美学》

叶仁雄

20世纪帷幕缓缓落下，并不意味着20世纪人类所面对的问题也宣告完结，陷于所谓"困境"的中国美学就是如此。当解构冲动撞击其学科思路并使之表现出有别于西方美学的另类"繁荣"时，中国美学实已无法独守其学理上应有的平静而变得肤浅，危机与困境也就接踵而至。所以，如何走出"百年困境"，就成了中国美学新世纪首先面对的"遗留问题"。同以"解构""消解"实践美学为手段而建立的"后实践美学"不同，季水河先生的新著《新闻美学》（新华出版社2001年出版）以耕耘、开拓的姿态问世，并以实在的研究成果为实践美学开启了一扇希望之门。

实践美学的横向拓展：建构新闻美学体系

从学科史上说，"新闻美学"是一门有待从哲学本体的角度来完善和提升的交叉学科。因此，"新闻美学"必须在比较研究中融合新闻和美学二者的学科特性，寻找自身的存在根据，在新闻和美学的结合处构建自己的理论体系。这是该著的逻辑起点。

近年来，新闻理论迅速发展，但对新闻美学这一学科的基础理论建构的研究还是有所忽略。所以作者在清理新闻美学学科建设成就的时候，认为1993年邱海理同志的《新闻美学》"严格地说，它是一本操作性很强的新闻技术美学，而非具有哲学意味的新闻美学"，对新闻美学的研究具有"草创之功"。而其他的著作只是稍加涉猎，未作深层次的探讨。新著则明确地从学科本身出发进行哲学本体上的理论建设。作者大体作了以下三个层次的思索：从历史的维度看，作者认为新闻史是一部体现着人类审美观念和审美追求演化、发展的历史，"在新闻史中，人类的审美追求是得到了充分反映的"。从新闻活动本身说，新闻活动是人类审美实践活动之一，"新闻活动体现着人类的审美追求"，是"人也按照美的规律来建造"的展示，因此不管是新闻活动过程本身还是其结果，都具有审美价值。在新闻美学的具体内容上，作者在比较美学、哲学、伦理学的同时，提出了新闻的"真、善、美"的新闻美学实际内容，并指出新闻是以新颖性、典型性、简洁性为美学特征的。综上，作者以实践美学的原理为"新闻美学"的建构完成了本体论上的证明，也为"新闻美学"的建立找到了一个学科理论基点。

当然，本体论的证明仅仅是形而上的哲学思辨，学科的建立还需从实际操作层面的角度给予理论上的支撑。这方面的论述主要集中在该书中编"审美论"和下编"构成论"中。作者先从创造主体（新闻作者）和欣赏主体（新闻读者）两个方面分析了新闻美的审美心理和审美原则；后从感性感知的层次上研究了新闻美的构成，提出了新闻作品的形象、语言、意境、结构、层次美等美学命题，从而改变了"新闻美学"过去零散、感性的状态，使之上升到理论化、系统化、科学化的高度。新著通过本体论、审美论、构成论三个层面的论证，注重对新闻美进行哲学上的思考，并给新闻审美实践活动以理论上的指导。诚如作者所总结的"新闻美学理论，既是历史的理论，又是实践的理论，是对新闻历史发展与现实实践的总结与升华。新闻美学理论要成为一棵常青之树，就应贴近新闻实践，指导新闻实践"这样，新著建构学科理论体系，其目的并不仅仅是为了"体系"的本身，而是有意识地将实践美学在学科方面作了横向开拓的尝试，并使之更好地介入当代审美实践。

学理上的纵深发掘：探索新闻活动之美

"五帝殊时，不相沿乐；三王异世，不相袭礼。"（《礼记·乐记》）时代的变迁和发展必然会导致审美风尚和审美追求的不同，但无论人类有怎样的追求和设想，它的整个历史不外乎是追求理想的生存状态，即人与人、人与社会以及人与自然之间和谐关系的彻底实现，也就是审美界的达成。正因为如此，新著《新闻美学》在探索新闻美的时候，就没有停留在对新闻史、新闻内容和新闻形式的美学意蕴的静态挖掘上，而是将新闻活动纳入人类审美实践这一总体框架中来探索新闻活动本身所蕴含的美学意义，带来了美学学理的纵深层次的发掘。马克思认为，人类的特性在于人的自由、自觉的生命活动。这就决定了"人也按照美的规律来建造"的可能。所以，我们对人类社会最终走向和谐、自由的审美境界的憧憬，实际上与我们人类自身具有审美追求的天性有着必然的逻辑联系。新著《新闻美学》在回顾了人类整个社会发展的历史后，认为"我们完全可以肯定，忽视审美追求在历史前进中重要作用的历史观和发展观，是不科学的，至少是不完善的"。作者站在人类发展的高度，发现了新闻活动与人类审美追求之间的紧密联系，经过对比和分析，敏锐地捕捉到了新闻活动所表现出的"崇高精神"和"终极关怀"意识，从而在遵循"美的规律"基础上实现了美学与新闻的合流。不妨清理一下作者探索新闻美的思路。首先，它是建立在对马克思主义学说所作的整体美学理解的基础上，注意到审美追求在人类发展过程中的重要作用，并发掘人类实践活动中所蕴含的审美因子，结合新闻及新闻活动本身所具有的美学意味来进行的。这就为不断涌现的审美现象的研究提供了借鉴。其次，探索新闻美是落实到具体的新闻学科来进行的。20世纪80年代中期以来，我国的新闻出版、新闻理论研究都得到了迅速的发展，在诸如新闻写作、采访、编辑、画面设计等方面，虽都不同程度上注意到了美的追求，但都是从实际操作层面和纯技术层面而言的，缺乏美学上的自觉，未能将新闻美提升到理论化、体系化的高度来研究。新著《新闻美学》不同。作者坚持以美学视野观照新闻美现象，又注意新闻美学的学科特性，始终将新闻之"真"作为其立论的背景。譬如，在谈到新闻写作的审美化原则时，作者认为"新闻写作追求美的理想必须深深地植根于现实生活的土壤，在对客观事实的描绘中显现理想"，并"通过对真善美的肯定和假恶丑的否定而促进真善美的发展与前进""将大众引导到为人类的幸福而奋斗的总目标上去"。这里作者看到了新闻美理想与艺术美理想的共同处，也觉察到新闻美理想是建立在对客观事实的描绘和对善丑美恶的判断上的。鉴于此，作者得出了体现新闻美学价值的两种方式：以正面报道为直接体现和以负面报道为间接表达。这在学理层次上澄清了纯美学理想与新闻美学理想的区别，杜绝了那种虚构的和按"应该怎样"的设想来表现新闻美的做法，严守了新闻美学与艺术之间的学科界线。

李元授先生在该丛书总序中说："该著提出了诸多富于创见性的学术观点，在新闻交叉学科的研究领域里填补了空白。"但他总的来说是站在新闻美学这一学科的角度而言的，如果我们从作者对新闻活动本身的美学考察来看，这里其实隐含着向美学学理层次纵深发掘的启示。

研究方法的创新：视角多维与传统超越

20世纪的中国美学之所以陷于"困境"，不是说缺少理论体系的建立，而是许多新的理论体系缺乏与现实审美实践的沟通能力，从而在当代审美实践中丧失了话语威信。这也就是为什么实践美学依旧被大多数美学研究者采纳为阐释话语的真正原因。因此，与当前所谓"后实践美学"相较，新著《新闻美学》为整个美学研究表现出怎样的方法论意义就显得尤为重要。

新闻美是审美实践发展过程中新的审美现象。因此，介入这种新的审美实践的程度和能力如何，就是《新闻美学》学术水准的"试金石"。综观全书，凡三篇，分"本体论""审美论""构成论"，其中"本体论"和"构成论"两篇可对应于新闻审美对象研究，而"审美论"则为审美主体研究，前者着重于何为新闻美，后者着眼于创造、欣赏新闻美的原则和要求。这样，不管是欣赏新闻美，还是创造新闻美，都有了可供凭借的理论依据。例如，新闻写作，联系到新闻美创造的要求，就应该遵循"真实性、概括性、审美化"等美学原则，掌握阅读者的审美期待和加强自身审美能力的培养；而当自己作为一个欣赏新闻美的读者时，就必须注重自身知识的储备，力求在欣赏中达到心灵的净化与超越。就其研究视角而言，它多维研究视角的运用具有范式意义。作者结合"新闻美学"的"边缘性、综合性、实用性"的学科特点，在实践美学的基础上吸收和运用了文化人类学、社会学、心理学、接受美学等学科理论，始终以新闻文本为中心，比较和对照文学等艺术作品，对新闻美从形式、内容到创作，都作了明确而透彻的分析和论证。以新闻创作中的情感问题为例，一般认为，新闻创作应该保持"客观的无动于衷"，以便给读者一个全面而真实的事件真相，情感的倾注自然而然地被排斥在外了。但作者以为不然，认为"这是一种认识上的误差"。作者将新闻活动在人类审美实践活动中定位，暗示出，其实任何客观的新闻作者及其新闻报道都处在一个价值参照体系之中，这个参照体系实际上左右着情感的注入，即人类社会总有一个总的价值取向作为新闻的背景，影响着对新闻的价值判断。再者，"情感就是人们面对客观事物时所产生的一种主观态度"，所以，作为精神活动和审美活动的新闻写作，"根本无法拒斥审美情感的介入"。最后，作者结合《西行漫记》和《举报人的命运》等具体新闻作品，指出不是新闻中没有情感，只是它的表现形式跟艺术情感有所不同而已。在这个论述过程中，作者运用了新闻学、心理学、美学、社会学等学科理论，使新闻写作的情感问题得到简单明了的论证。这也说明美学研究的深入，除了学科思路的拓展和学理的纵深发掘外，还需要方法上的有力支撑，这样，才能使美学走出"困境"。

  新著的方法论意义，还表现在对传统美学理论的吸收和超越上。一个新的理论体系的建立，关键不在于它是否对传统采取了决裂的态度，因为"传统"已经形成，"现在"就是"传统"的合理延伸。造成中国美学"困境"的部分原因正是许多新理论、体系与传统血脉的断裂，从而使之成为无根之萍，缺少一种深厚的历史意识。在这方面，新著表现出对历史的冷静而又理性的态度。第一，作者没有对以前的美学理论作人为的、简单的分裂式理解，而是着眼于实际问题的解决，这主要体现在作者对马克思主义美学原理的创造性运用上。作者认为，马克思所谓"哲学的、艺术的、宗教的、实践—精神的"四种掌握世界的方式，"从美学角度去审视，不管这四种方式有多大的差异，但它们都在一定程度上蕴含着美学方面的内容，体现出美学方面的旨趣"。这种创造性的理解，就使得许多人类活动在新的历史前提下有了进行美学阐释的可能。第二，对中国传统思维与古代美学理论的融会与贯通。从全书而言，作者的思维带有典型的传统意味。这主要是形上（本体论证）与形下（实际操作理论的关注）的结合、各种研究方法的综合运用和以传统思维方式来浑融当代思想，使全书表现出打通理论与实际的努力。而在古代美学理论方面则带有现代阐释的取向，如意境，作者说："意境是中国美学中的一个独特概念，也是中华民族审美理想的集中体现。"新闻有没有意境呢？作者的回答是肯定而且理直气壮的，但并没有绝对化。他指出，作为新闻美的高级形态，它显然是受文学作品、绘画、诗歌等传统艺术的启发，是传统艺术对新闻作者潜移默化的产物，但它也有新闻自身品格的印记。所以，在表现形态上，新闻意境只是局部意境，更具有艺术意境所没有的客观性、真实性。不过，这种在研究方法上对传统的倾斜也带来没有完全涵盖当代新闻形态（如互联网等）的负面效应。但总的来说，新著经过这两个方面努力，保证了对新闻美从历史和现实层面的整体观照，也避免了一味的"宏论"和"倡导"，从而展示了实践美学"有容乃大"的当代品格。

"审美，是人类特有的一种精神活动，也是人类从精神上把握美的一种方式。"新闻美是人类在新的历史语境中新的把握美的一种方式。为了实践的需要，这种新的美学现象应该给予学理上、方法论上的正确引导。新著《新闻美学》从实践中来，又以理论的方式回到实践中去，体现了实践美学的一贯品格，并将实践美学引向了新的领域，为实践美学开辟了方法与学理上的新境界，因而《新闻美学》虽无意创新，但正是在这里禀受了"开拓之美"。

（原载《湖南大众传媒职业技术学院学报》2002年第2期）

（叶仁雄，男，湖南省攸县人，湘潭大学文学与新闻学院2000级比较文学与世界文学专业硕士研究生。现任湖南省人民政府办公厅副秘书长、办公厅主任）

新闻有学贵开拓，美学本质在实践
——评《新闻美学》

何国平

季水河教授历经五载写就的《新闻美学》，以人文关怀为理论出发点，将新闻学置于人类实践活动的整体框架和美学视野中予以观照，在学科经纬上对新闻美学进行了确切的定位，体现体系上的开创性，标志新闻美学的真正诞生。笔者不惴浅陋，拟对《新闻美学》谈三点心得。

拓展新闻学的研究领域

由于新闻媒介的进化，新闻学经历了最初用报学指代全部新闻活动，到广播、电视，直至作为第四媒体的网络的崛起都是新闻的载体，其研究领域一再拓展。同时，新闻学在同相关学科如心理学、社会学、政治学交叉研究中，不断诞生新的理论增长点。然而，学界对新闻实践活动中的审美现象和美学规律的研究，几乎成为"新闻理论的盲区"。作为从事美学理论和文学理论研究的季水河教授，愿做"冯妇"敢为人先，以深厚的美学根柢介入新闻学的研究，以"六经注我"的魄力在新闻学研究中开拓出一片新的领地——新闻美学，横向拓宽了新闻学的研究领域。

《新闻美学》，从一般新闻学对新闻定义"新近发生的事实的报道"或"新近变动的事实的传播"出发,对新闻从美学角度予以界定,新闻"是新闻作者审美意识的物化"或"具有审美价值的信息"。该著认为,从总体上说,新闻信息具有美的一般规定性,即形象性、客观性和社会性,从而打通了从美学视野来关注、解读新闻大千世界的理论通道。从创作论而言,新闻是信息事件的真实叙述,需要合理利用新闻表现的各种元素以生动准确地传播信息,此即新闻学教材中的"新闻写作技巧",《新闻美学》却不为定论所囿,直面作为研究对象的新闻作品,总结出"新闻作品的层次美"(第十三章)。它们是:标题的艺术美,导语的凝练美,主体的丰实美,背景的衬托美,结尾的余韵美。读到这些别开生面的表述,读者难道不对新闻学心生"潮平两岸阔"的浩瀚感吗?不管是"新闻的美学性质"(第二章)、"新闻写作的美学原则"(第七章)还是"新闻作品的意境美"(第十一章),都是从这一被拓宽的新闻学研究领域采撷到的可人的学术之花。

提升新闻学的研究境界

长期以来,新闻学研究受西方新闻名言"狗咬人不是新闻,人咬狗才是新闻"的影响,导致庸俗化或为国内正统知识精英所谓"新闻无学"流毒所害,导致新闻学研究相对表象和浅薄。

《新闻美学》以敏锐的学科自主意识,运用新闻学、传播学与美学原理,借鉴社会学、文化学、心理学和语言学的成果和研究方法,系统地论述了新闻的美学性质、美学内容、美学特征;新闻工作者的审美心理构成、审美创造能力、新闻写作的美学原则;新闻阅读的审美心理以及新闻作品的形象美、语言美、意境美、结构美、层次美等重要的新闻美学理论问题。它明确提出并论述了新闻史的审美意义,新闻信息的审美价值,新闻作品蕴含新闻工作者的审美意识、体现人类审美追求,新闻写作遵循的"美的规律",新闻题材"真"的美学品格,新闻主题"善"的美学取向,新闻价值"美"的美学表现,等等,使作为日常生活意识形态的新闻的理论质素升华。在该著看来，新闻活动从起源发展到今天的样态，无不体现人类的审美情操。由此，新闻学这门通常意义上的实用学科的理论境界遂豁然高远。

展现实践美学的生命力

作为哲学中一个门类的美学是一种形而上学的、感性的思问方式，但绝不是循虚蹈空的玄妙之学。新闻是社会进步的一面镜子，真实地记录、传播人类的生产实践活动，而记录、传播本身也是新闻人创造性活动的劳动成果，因而新闻活动至少在这两个层面具备实践品格。在派别林立的美学理论中，马克思主义美学无疑具有彻底的实践个性。作为全国马列文艺论著研究会理事、全国知名的美学理论家，季水河教授对实践美学的运用和阐发显得高屋建瓴、游刃有余。《新闻美学》从实践美学的理论立场关注新闻实践性质、构成和表现，相应形成新闻美学本体论、新闻美学构成论和新闻美学审美论。例如，第二章从"新闻作品蕴含着作者的审美意识""新闻活动体现着人类的审美追求""新闻写作遵循着美的规律"三方面论述新闻客体和新闻主体的实践本性，令人信服。可见，用马克思主义实践美学的观点来思考和建构新闻美学，是一个恰当的理论支撑点和视点。

在美学边缘化，实践美学遭遇冷落的美学语境下，季水河教授的《新闻美学》毅然以实践美学的观点考察新闻这一体现人的本质的人类实践活动，并以之作为全书的立论之基和理论灵魂，彰显实践美学的活力和魅力，同时显示作者一以贯之的学术操守和自主的学科意识。

综上所述，《新闻美学》从新闻活动与人类审美活动的联系中去认识新闻的美学本质，探讨新闻活动的美学规律，认识新闻的美学价值，在新闻学与美学的交叉研究中实现了二者的拓延与提升。同时，该著在探索中充分认识到新闻学与美学的实践本性，并以马克思主义实践美学对新闻美学从本体、构成到审美考察，使读者领略到实践美学的强大生命力与理论建构能力。

（原载《株洲工学院学报》2004年第4期）

（何国平，男，文学博士。现任广东外语外贸大学新闻与传播学院教授，副院长，硕士研究生导师）

用文化意识和美学观念引导生活实践
——季水河《现代装饰装潢美学》[①]序

徐恒醇

装饰是人的一种基本的心理需要。在周口店旧石器时代的遗存中已经发现,当史前人学会了打制各种石器谋生时,便也开始用钻孔砾石及穿孔兽牙穿缀成项链进行人体装饰了。从原始时代起,人便具有一种对于真空的恐惧感。人们难以忍受空间的空白和寂寞。当你注视着一面空白的墙壁时,目光很快就会转移到隐约显现的斑点上,而不会长时间停留在空白中。人们通过装饰和装潢把自己的精神世界与周围的生活空间连接起来。因此,装饰成了人们占有和把握空间的一种符号手段。

近年来在全国范围出现的装修热,反映了人们对于改善环境和提高生活质量的需求。然而从实际效果看,有许多场合并没有发挥装修所应达到的实用与审美相统一的要求。在建筑装潢和室内装饰上,过多的镜面反射和噪光,一些装饰手法的套用和罗列,使环境的宜人性和审美格调反而下降。某些装潢与其说是审美的,不如说是炫耀财富的,它给人一种商场暴发户和乡村小财东的浅薄感和闭塞感,造成对人的压抑。因此,在

---

① 季水河:《现代装饰装潢美学》,武汉大学出版社1995年版。

装修设计上迫切需要从现代文化意识和美学观念上加以引导，使人们明确科学的价值取向和获得开阔的文化视野。季水河先生的这本书便是应这种需要而产生的。

美学从艺术领域转向物质文化领域时，它的参照系必须有相应的变化。这反映在技术美学与文艺美学在视角和方法体系上的不同。技术美学所面对的审美对象是产品，也是人们物质消费的对象。因此在研究中首先需要建立一种复合的功能观，即生态文化观，由此才能找到审美的定位。一个产品，无论是装饰品或是日用品，它的功能都是多层次的，其中包括实用、认知和审美三方面。当然，这三种功能间的主从关系会随产品的不同用途而各异，但却缺一不可。美学正是要从这三种功能的依存和转化中，揭示出产品发挥审美功能的规律。

以现实的生活环境为例。室内空间或室外空间都可以看作是一个产品系统，它与人之间具有密切的生理的、心理的和社会的联系。不同的空间大小、形体、开阔度、质地和色彩都会产生各异的感官刺激，调节着人的生理状态，使人获得不同的方法、取向、场所、处境的识别和认知，形成不同的文化氛围和社会导向，激发着人的不同心理感受，并引起人的不同行为反应。正是在这些多层次要素的相互作用中，环境才实现了它对人的物质功能和精神功能。因此，在这里人的审美感受是在形象直观中的一种综合的价值体验。这便是对室内装饰或建筑装潢进行美学研究的出发点和参照系。

我与季水河先生原不相识，正是在天津"全国技术美学与设计文化研讨会"上才谋面。通过交谈发现，季先生在过去的研究和写作中具有一种独特的学术敏感，善于挖掘和捕捉引人入胜的选题。装饰与装潢便是当前的热点之一。这本书的特点是着重理论的可操作性，将美学原理融会于对材料的选择和设计方案的构思中。当然，理论仅是点燃人们创造之火的引信，唯有创造性实践才能使生活之树常青。是为序。

（徐恒醇，男，北京市人，天津社会科学院研究员。先后任中华美学学会和中国工业设计协会技术美学委员会主任，天津市美学学会会长。享受国务院政府特殊津贴）

装饰装潢审美实践的理性透视

——浅评《现代装饰装潢美学》

陈德智

人类进化到一定历史阶段后就产生审美意识,这种意识反映在起居方面,表现为对建筑形式美和装饰装潢美的追求。湘潭大学季水河教授的《现代装饰装潢美学》(武汉大学出版社1995年出版),从美学的角度,用美学理论去研究建筑装饰装潢,探讨人与建筑装饰装潢的审美关系,从而指导审美实践,成为我国第一部现代装饰装潢美学专著,也是季先生继《美学理论纲要》后的第二本美学理论著作。

首先,该书创建了完整的现代装饰美学理论体系。著者综合运用美学、文化学、历史学、心理科学、系统科学等多种研究方法,从线条、色彩、光线、节奏等不同角度探讨了现代装饰装潢中的色彩运用、材料选择、图案设计、艺术效果、审美情调、氛围制造、风格特性等美学问题,论述全面深刻,理论性强。我国曾出版过建筑设计、居室布置等方面的小册子,但没有阐述和运用美学原则,只是实用型的生活指南。季先生的这本书则阐明了审美理想、审美追求、形式美因素、形式美法则、审美意识等美学范畴,论述了它们与装饰装潢的关系。该书认为,现代装饰装潢美学研究对象是:由审美主体、审美客体及审美关系三者有机构成的人类装饰装潢审美实践的普遍规律,研究范围包括装饰装潢美学自身规律、历史及其与相邻学科的关系。现代装饰装潢美学，既要探讨理论规律，提高对装饰装潢作品的审美能力，又要总结装饰装潢设计的经验，提高设计水平，促进装饰装潢业健康发展。在此基础上，作者还提出了四条实用的研究方法。

其次，该书作者挖掘了装饰装潢的文化内涵和审美意蕴。作者通过对人类审美意识起源与装饰装潢产生发展的分析，发现并论证了装饰装潢随着人类自身的发展和完善而不断变革、不断完美，具有丰富的文化内涵和历史价值；认为自从人类审美意识产生后，装饰装潢就具有审美价值，以满足人们不断增多的审美需求。该书指出，最早的"建筑"是筑在树上的巢和掘于地下的穴，后来出现了建于地上的房屋，但茅茨不剪，仅仅为了对付野兽的进攻和风雨的侵袭，主要满足安全的实用性需要。当这种基本的需要得到满足后，人类建筑就成为人们审美意识的物化和人类审美对象，体现于茅屋的原始美感，成为一种自觉的审美追求。在西方，从古希腊到古罗马时期，建筑装饰装潢的主要部位和中心内容是对石柱的审美加工，主要形式是雕刻，使用材料单一。随着生产力的发展和科技的进步，建筑材料越来越丰富，装饰装潢类型和技法越来越复杂，技术水平越来越高，建筑风格越来越多样，雕刻、彩绘、壁画、马赛克镶嵌等一齐进入装饰领域，形成百花齐放的繁荣局面。哥特式、巴洛克、洛可可，异彩纷呈，用不同的艺术形式，尽善尽美地表达人类的心理和追求。到了现代，钢筋水泥混凝土结构出现，建筑材料更加丰富，装饰装潢产生了一次重要变革，主要以点、线、面等抽象装饰语言来美化建筑物。在中国，从秦代的阿房宫、汉代的未央宫、魏晋南北朝的寺庙石窟，到唐代的长安城、明清的紫禁城，直到当代的人民大会堂、毛主席纪念堂，审美意识和审美创造力不断发展突破。著者站在时代的高度，回顾历史，审视装饰装潢，发掘其内在意蕴，使"现代装饰装潢美学"洋溢着人文气息。

最后，该书作者坚持理论与实践相联系，美学与科学相沟通，艺术与技术相渗透的原则，运用装饰装潢美学理论，指导商场住宅、店面橱窗、车站旅馆的美学设计，可操作性强。作者把指导实践作为现代装饰装潢美学研究的根本任务和最终归宿，用主要篇幅介绍具体的装饰装潢方法，解决生活实际问题，把美学理论从象牙塔中解放出来。为了使装饰装潢设计得格调更高雅，更加赏心悦目，著者在下编讨论了材料选择、家具布置、饰物陈列等问题，这种实用性特征，使普通读者、装饰装潢工作者、研究人员都能做到开卷有益。

形式上，该著结构严密，上编阐述理论，解决工具问题和方法论原则；中编指导实践，是理论的旨归；下编讨论材料，是理论指导实践的中介。三编互相呼应，浑然一体。总之，《现代装饰装潢美学》是对装饰装潢实践的理性透视，内容和形式，都是美的。

（原载《湘潭大学学报》1997年第2期）

（陈德志，男，湖南省宁乡市人，湘潭大学文学与新闻学院1993级汉语言文学专业本科生。现任上海诚瑞光学有限公司人力资源部副总经理）

第 三 编 | 学术访谈

继往开来　辩证创新
——访著名马克思主义文艺理论家季水河教授

罗如春

罗如春（以下简称"罗"）：季老师您好！作为一位著名的马克思主义文论家，您从事文艺理论研究已逾四十年。四十年孜孜矻矻、筚路蓝缕，请问您是如何走上文艺理论研究这条不乏艰辛的学术道路的？

季水河（以下简称"季"）：我走上文艺理论研究这条道路，是社会需要和个人选择合力作用的结果。从社会需要看，1966年至1976年的"文革"十年，中国的大学几乎停止了正常的招生和人才培养，这十年中几乎没有补充过高校的师资队伍。1977年中国高校恢复正常的招生和人才培养。到70年代末80年代初，中国高校人才培养和师资队伍的不足形成了突出的矛盾，中国高等教育要发展，就急需补充师资队伍。在这个背景下，当时的大学毕业生中，就有相当一批人走进了高校任教。我就是这批人中的一员。当时，我所在的学校，只有一名文艺理论教师，校系领导都希望我成为一名文学理论教师。从个人选择看，我在1977年进入大学以前，已在中小学担任了5年教师，并利用课余时间，阅读了相当数量的中外文学名著。进入大学后，自感文学作品的基础不错，但文学理论底子较差。于是，我将学习的重心放到了文学理论上。读大学期间，星期天和节假日全泡在了市图书馆，阅读文学理论著作和文学理论论文，抄录相关资料，所做的文艺理论读书笔记就有8本，约100万字。进入高校任教后，也就将从事文艺理论教学与研究作为优先选择方向。

罗：我记得您在《文学评论》（1987年第2期）上发表的第一篇文章是《胡风现实主义理论中的"自我扩张"》，而在之前的1983年，您就在学术界广有影响的上海《学术月刊》上发表了《浅谈异化劳动与美的创造》，这些对于一位那时还在四川一个偏远高校的年轻学者来说殊为不易，这也是您学术之路上的奠基之作，可否谈谈这两篇文章的内容和发表机缘？

季：也许是命运之神特别垂青于我，使我的科研之路与一般学人有所不同。一般学人发表论文多是从地方性刊物到全国性刊物，从一般刊物再到权威刊物。而我一开始就在全国有影响的期刊，在国家级权威期刊发表论文。1983年，我在《学术月刊》上发表《浅谈异化劳动与美的创造》时，还不到29岁；1987年在《文学评论》上发表《胡风现实主义理论中的"自我扩张"》时，刚好33岁。在我那一代学人中，我是为数不多的起步早、起点高的青年学者之一。《浅谈异化劳动与美的创造》一文，主要有三个方面的内容：一是肯定了异化劳动条件下能够进行美的创造；二是指出了资本主义生产力促进和推动了审美关系的发展；三是揭示了异化劳动创造美的特殊表现形式，从而使异化劳动与美的创造之关系研究回到了马克思《1844年经济学哲学手稿》的本意。《胡风现实主义理论中的"自我扩张"》一文，论述了胡风现实主义理论中"自我扩张"命题的基本含义，"自我扩张"命题与艺术创作心理活动的内在一致性，"自我扩张"命题与马克思主义文学主体论的密切关联。肯定了胡风现实主义理论中的"自我扩张"命题对中国古代自魏晋南北朝以后所形成的艺术心理学的贡献，及其在中国现代文学理论发展史上的独特价值。这两篇文章的发表机缘，得益于三个方面：一是得益于当时的学术氛围。20世纪80年代，正是全国各个学科领域出现"《手稿》热"的时期，也是文艺理论界重新评价胡风文艺思想的时期，这两个问题既是学术研究的前沿，又是学术界关注的热点，我这两篇论文正好赶上了这个时机。二是得益于老一辈著名学者的欣赏与鼓励。蒋孔阳等著名学者对我的《浅淡异化劳动与美的创造》一文十分欣赏，给予好评。在1982年哈尔滨召开的全国马列文艺论著年会上，我被大会安排以此为题作了主题发言。《胡风现实主义理论中的"自我扩张"》是我长篇论文《胡风现实主义特色论》中的一部分，而《胡风现实主义特色论》则是我在武汉大学所修研究生课程"中国现当代文艺思潮"的课程论文，全文发表在《四川大学学报》上，先后被转载、摘录十余次。这篇文章也受到了著名学者、任课教师陆耀东先生等人的好评。三是论文本身的新意。我是当时最早提出"异化劳动能够创造美"的学人之一，也是新时期最早研究胡风文艺思想的学人之一，在这两个方面的研究上都有较大的创新性。

罗：重新阅读您年轻时候的著作，特别是20世纪八九十年代的相关篇什，毋庸讳言，尽管其中不乏片面甚至偏激之处，但是，其中文字干净洗练，思想敏锐，词气活泼，沉实中富有批判激情，满纸蹈厉奋发，朝气蓬勃，至今读来仍让人心潮起伏，跟当今的一些"佛系"青年形成了鲜明对比。比如批评寻根文学作家们的"玄秘倾向主要是作家们才气不足"；批评年轻作家不读书，作诗"非关书并非不读书，非关理并非不穷理，只是说作诗不像写理论文章那样说理掉书袋。诗的诗外功夫恰在读书穷理，积学以储宝，酌理以富才。唯此，悟性才高，才气方足"。这都是接地气的富有辩证学理的至论。您的批评文字也让我们油然而生对于那个时代的意想，感受那个时代的火热和历史主体性精神的昂扬。您也曾在一个访谈录中说过，"我对'时代'一词抱有深深的敬意""我常怀一颗感恩的心，感恩我所处的时代"。可否简要回顾一下那个对您自己、国家和民族来说都是青春勃发的时代？

季：有人说，19世纪是小说的时代，20世纪是批评的时代。我认为，20世纪八九十年代不仅是经济、社会发展阔步向前的时代，也是小说与批评共生共荣的时代。处于那个时代的青年学人们，精神昂扬奋发，情感积极向上。他们对社会有着强烈的责任感,对学术有着真诚的赤子心。我非常庆幸自己成为那个时代蓬勃景象的见证者,那个时代学术发展的参与者。我在那个时代的文学批评,既是让学术理论介入社会、介入文学的一种尝试,又是作为一位青年学者关注现实、关心文学发展的一种责任感。而且我认为,搞文学研究的人,不仅需要严密的逻辑思维,而且应有敏锐的艺术感觉;不仅应该冷静理性,而且应有澎湃激情。这样,他的学术成果才有感染力,他的批评文章才有穿透性。这些,既是那个时代所要求的,也是那个时代能给予的。

罗:您运用马克思主义理论系统研究美学的专著《美学理论纲要》在1990年代初出版后深受好评,在21世纪初又作了大幅修订,随之,对于美的本质界说也作了完善与深化,从第一版的"美是人的本质力量对象化"到"美是人的本质力量丰富性的多样化显现"。您总体上依循蒋孔阳先生实践美学的框架,但坚持以开放的眼光看待实践美学。那么,您如何看待形形色色的后实践美学的兴起,以及朱立元先生综合实践与存在论而提出的实践存在论美学?

季:《美学理论纲要》是我出版的第一部学术著作,出版后所产生的学术反响是我没有预料到的。我之所以在21世纪初进行修订,出于两点考虑:一方面,即使到了21世纪,《美学理论纲要》中的一些基本理论和重要观点都没有过时,还呈现出蓬勃的生命力;另一方面,《美学理论纲要》出版于20世纪90年代初期,其中的部分内容与21世纪的审美实践和美学理论发展不相适应,需要加以完善。于是,我对《美学理论纲要》进行了如下修改完善。一是对该著的核心观点进行了完善与发展。第一版将"美"定义为"美是人的本质力量对象化",从美与人类审美实践的总体关系看,这一定义是正确的,但从人的本质力量丰富、审美实践多样化的角度看,这一定义又显得有些笼统。所以,在修订版中,我将美界定为"美是人的本质力量丰富性的多样化显现"。这一定义具有两个方面的重要意义,其一,强调了人的本质力量的无限丰富性,是一个包括了人的情感、意志、理性、本能、欲望、非理性的多元化、多层次的系统结构;其二,强调了审美创造的无限多样性,突出了人的本质力量丰富性在美的创造中的全方位、多侧面的展开。二是对该著的体例进行了补充与丰富。增加了"悲剧与喜剧"一章和"艺术与美的不等式""自然美的生态观"两节。三是该著修订版的内容更加时代化。它及时吸收了当代世界学术前沿研究的一些理论成果和学术观点,使之更具有当代性。一句话,《美学理论纲要》修订版是对21世纪审美新实践和审美新发展的主动适应。20世纪末至21世纪初,实践美学研究走向了开放性和多元化时代,出现了形形色色的后实践美学及实践存在论美学。从总体上看,这些美学现象的出现,是世纪之交学术自由竞争、美学繁荣发展的标志,在中国当代美学发展史上有着积极的意义。就与实践美学的关系而言,这些美学现象与实践美学都有着不同程度的联系。后实践美学与实践美学是发展与偏离的关系:它从审美的主体性、个体性、精神性、超越性等方面发展了实践美学,但从理论基础上偏离了马克思主义实践观。实践生存论美学与实践美学是发展与坚持的关系:从发展方面看,它以人类审美活动为逻辑起点,将生存论引入实践美学,用生存论取代现存论,更加突出了人的生存,特别是个体感性生命在审美创造和审美欣赏中的地位,拓展了实践美学研究的视野,丰富了实践美学的理论资源;从坚持方面看,它在理论基础上始终坚持马克思主义的实践观,将人类审美活动的根基牢牢地建立在"物质生产、革命实践和个体生存实践的总体关联"的实践基础之上。

罗:您的研究视域宽广,从文学到美学,从人文科学到自然科学,从新闻美学到现代装饰装潢美学,从原始审美意识的发生到1990年代实践美学的兴盛及生存论美学的挑战,从诺贝尔文学奖的百年史到20世纪八九十年代的文学与批评,从文学创作论到文学生产论,等等。如此包容古今中西、门类杂多的内容,是如何统一在您的"多维视野"之中的?

季:正如你所言,我的学术研究重要特点之一是视域宽广,涉及学科门类多样,但我自认为是宽广而有边界,多样而不杂乱。我所研究的文学理论、文学批评、新闻传播、美学原理、审美实践、自然科学等不同领域或多维视野,都是"人的本质力量丰富的多样化显现"的具体成果，边界一直都限定在文学与美学之内，最终都统一到了"人类审美实践"这一基点上。我所研究的这些领域，主要属于人文科学，各学科之间有很强的互通性。研究它们，不是为了四处出击，遍地开花，而是为我的文学理论与美学研究打下坚实而广阔的基础，从而有利于我更深入地认识文学，更准确地把握美学。同时，研究它们也可以让我们从不同学科、不同视野看待文学与其他学科的异同，从而更加全面地看待文学、美学的独特性。

罗：您的学术研究中有一个鲜明的方法论特色，那就是浓墨重彩的比较法的运用，并取得了丰硕的成果。其中，主题比较有"崇高"与"壮美"、中西审美教育理论（"从道德教化到人格完善"VS"从灵魂净化到人性解放"）的比较、"相同历史原型的相反艺术形象"与"同一社会背景下不同的现实主义理论"分析等；人物思想比较则有毛泽东与列宁、毛泽东与胡风、李泽厚和蒋孔阳文艺思想比较研究等。诸多研究堪称相关研究的典范之作。连蒋孔阳先生都在您的著作《美学理论纲要》的序言中强调了该书的这一特色："随时引证中西美学的例子，并在可能的范围内，对它们进行比较的研究。"这固然和您后来长期在比较文学做学科带头人的学科建设和建制有关，但其实比较方法的自觉运用，在您学术生涯的早期就已经开始了，可否谈谈这方面的深刻体会？

季：你说我的学术研究的鲜明方法论特色是浓墨重彩地运用了比较研究方法，我认为你是认真地研究了我的学术成果和治学方法的。虽然我对研究方法的使用，同我的学术研究视野与学术研究领域一样，也是多种方法并用，从不拘泥于一种研究方法。早在20世纪80年代初期，我研究马克思《1844年经济学哲学手稿》中美学思想的论文《浅谈异化劳动与美的创造》，就运用了社会历史学方法和文本分析法；我研究文学欣赏情感体验的论文《观文者披文以入情》就运用了心理学方法和美学方法；我研究周谷城美学思想的论文《时代精神的整体视透——周谷城美学思想初论》《艺术情感的系统考察》，就运用了系统论方法和马克思主义唯物辩证法。1990年代初期，我出版的《美学理论纲要》一书，更是综合运用了历史与逻辑一致、理论与实践统一、本质与现象结合、心理学与社会学交融等多种方法。但是运用时间最长、范围最广、贯穿于我学术研究始终的却是比较的研究方法。不仅我比较文学与比较美学的研究成果，如《崇高与壮美：两个不同的美学范畴》《"品性"塑造与"人性"解放：中西不同的美育观念》《发展与偏离——论西方马克思主义美学与马克思主义美学的关系》《毛泽东与列宁文艺思想比较研究》等运用了比较研究的方法，而且我的非比较文学与美学研究成果，如《胡风现实主义特色论》《论20世纪中国马克思主义美学发展的三个阶段》《论马克思、恩格斯文学批评的多维向度》《论新中国70年马克思主义文艺理论研究话语模式的转换》等，其中也贯穿了比较视野，运用了比较研究方法。我之所以对比较研究方法格外看重，一方面是全球化时代学术研究的必然选择。在全球化时代，不仅历史进程与文学发展打破了国别界限，形成了世界历史与世界文学，而且不同国家之间的文化交往更加频繁，不同学科之间的融合渗透更加突出。在这种背景下，孤立的、单一的研究方法显然不够用了，而比较研究方法在全球化时代更具有适应性。另一方面是比较研究方法有其他方法不可比的优越性：一是在比较中才能更好地把握研究对象。俗话说有比较才有鉴别，有比较才见差异。一个事物、一个对象的特点，往往是在与另一事物、另一对象的比较中凸显出来的。同样，要准确认识一个作家、批评家，一种文学观点、文学现象，往往需要在纵向历时比较中才能对其进行历史定位，在横向比较中才能突出其个性特点，从而更为准确地认识和把握研究对象。二是比较有利于拓宽学术视野。所有的比较研究，至少要在两个乃至多个研究对象中才能展开。而比较文学、比较美学中的比较研究，则需要跨越不同的国别、不同的文化背景、不同的学科边界。视野狭窄、知识单一的人，是不能从事比较研究的。比较研究的前提条件是宽广的学术视野、丰富的学科知识、坚实的国学基础、较高的外语水平。同时，在比较研究中又进一步拓宽了学术视野。三是更有利于综合创新。20世纪以来的学术创新，不同于传统学术创新的重要标志之一是由替代式创新转向了综合性创新。所谓替代式创新，即用一种新方法、新观点、新学科去取代旧方法、旧观点、旧学科。所谓综合性创新，即综合各种不同方法、观点、学科，在其交叉地带生长出一种新方法、新观点、新学科。20世纪以来，许多新的学科，如生物社会学、计量历史学、数量经济学等，都是不同学科交叉融合的产物；许多新的科学方法，如系统方法、协同方法等，都是多学科方法综合的产物；许多新的学术主张，如比较文学中的影响研究、平行研究、跨学科研究、文化批评等，也是在世界文学背景下不同国别文学、不同学科知识的互识互鉴中提出来的。在这个意义上，比较方法本身就是综合创新的产物，也是最有利于综合创新的研究方法。

罗：我曾在十年前发表在《文艺理论与批评》上的一篇书评中提到，您的著作《回顾与前瞻——论新中国马克思主义文艺理论研究及其未来走向》"说理透彻，持论中正平和，在平实的论述中透出新意和创见。作者常常从故纸堆里'考古'出许多罕见的史料，拨开历史烟云，清理出条条林中小道，使埋没于历史烟尘中的档案重新朗然于人们的眼前。当然，作者的劳绩不仅仅在于复活了这段历史，更在于以他平和中正的学术眼光去加以打量、衡鉴。作者凭着在马克思主义文论研究领域浸淫多年的丰厚功底，充分发挥解释者的后发优势，以历史主义的方式贴近阐发对象，并进行超越性的评判，富有新意和创见，真实可信"。您的著作大多结构大开大阖、气势恢弘，逻辑层次清晰，内容完整周详，将20世纪中国文学理论的历史进程、概念范畴和体系建构等融为一炉，构成历时共时相互勾连、历史逻辑交错共生的论述网络。这可以说是您学术研究的一大特色，在历史主义的路径之中，运用比较方法，继往开来，辩证创新，立论中正平和。如果我的概括所言不虚的话，可否谈谈您是如何形成了这样的研究风格的？

季：在平实的论述中透出新意和创见，结构大开大阖而气势恢宏，贴近阐发对象并进行超越性的评判，在故纸堆里"考古"出新的资料，这是你对我学术著作特点的概括，也是对我学术研究的鼓励。在平实的论述中透出新意和创见，这是我对学术研究境界的一种追求，也是前辈学者对我影响的结果。我认为，学术研究应该将艰深的道理、陌生的术语，用平实的语言加以论述，能让同行一看就懂，也能让外行努力能懂，这是学术研究的一种境界。在这一点上，我深受蒋孔阳、朱光潜等老一代学者的启发。他们不管是对一般美学原理的论述，如朱光潜的《谈美书简》、蒋孔阳的《美学新论》，还是对西方美学史的研究，如朱光潜的《西方美学史》、蒋孔阳的《德国古典美学》，都用平实的语言阐发了他们的美学创见，解释了西方美学史上许多深奥的术语，让搞美学研究的学者一看就懂，让不搞美学研究的外行经过努力也能够懂。当然，这种境界看似简单，做到很难。一是要对研究对象了然于心，二是要对深奥术语理解透彻，三是要用中外话语平等互释。结构大开大阖而气势恢宏，这是我对学术著作结构的一种努力，也是我对学术研究的一种目标。司马迁为《史记》确立的目标是"究天人之际，通古今之变，成一家之言"。这不仅是历史研究的理想追求，也是所有学术研究都应追求的理想。这种理想追求，既能保证学术著作内容宏富、意蕴丰赡，也能形成学术著作结构的开阖自如、气势恢宏。我的学术著作，一般都会定位在一个三维时空：立足现实、回溯历史、面向未来，从而将历史与现实、现实与未来贯通起来思考。所以，我的学术著作，不管是《回顾与前瞻——论新中国马克思主义文艺理论研究及其未来走向》，还是《美学理论纲要》（修订版），抑或是《多维视野中的文学与美学》，都包括了三大重要版块：一是对研究对象的历史回顾，二是对主要理论范畴的深度分析，三是对研究对象未来走势的前瞻。这样的形式结构，具有大开大阖、气势恢宏的特点，但也不可避免地出现了结构模式化的倾向。

贴近研究对象并进行超越性评判，这是学术研究中研究者与研究对象应保持的一种相互关系。这种关系可以用王国维《人间词话》中的"入乎其内，出乎其外"的观点加以解释。贴近研究对象即"入乎其内"，走近研究对象，进入研究对象，对研究对象有充分的熟悉和深入的了解，这样的研究才能言之有物，言之有据；超越性评判即"出乎其外"，走出研究对象，与研究对象保持适度距离，才能对研究对象进行理性思考，批判性审视，这样的研究才能言之有理，言之有信。在故纸堆里"考古"出新材料，这是学术研究应该具备的一种眼光，也是一项重要的基本功。桐城派提出"义理、辞章、考据"三者的统一，是对学术研究的基本要求，同时也是一种很高的要求。搞理论研究的人，逻辑思维能力强，擅长推理，但往往不太注重考据功夫，这是一种不足。理论研究的创新，提出新观点、建构新体系固然重要，但运用新材料也不可或缺，有些新观点的提出，其前提是新材料的发现。因此，我的学术研究，很注重对历史资料的搜集、考辨、选择，会将研究对象的文本、传记、年谱、回忆录、学术编年对比参照，然后择新而用，择优而用，尽量使新观点与新材料达到统一。

罗：当代中国马克思主义文论研究在方法上，似乎比较注重采用内部研究范式，从价值中立的角度对马克思主义文论进行静态的事实判断与科学主义的分析，结果往往会忽略或者遮蔽其强烈意识形态功能与文化政治的批判性品质。您的相关研究贯穿了百余年中国马克思主义文论发展历程，您是如何看待并超越这一研究模式的缺憾，从而深入挖掘并厘清马克思主义文论一个多世纪以来在中国历史大背景下的学术与政治、科学与社会、话语与权力之间纠结缠绕、相互建构的动态复杂的历史脉络？

季：当代中国马克思主义文学理论研究，的确比较注重内部研究范式，突出从价值中立的角度对马克思主义文学理论进行静态的事实判断与科学主义的分析。应该说，这种研究范式有利有弊。从利的方面说，它对马克思主义文学理论的基本内容、重要范畴分析细致、论述深刻，如对马克思主义文学理论中的现实主义、典型观、人学思想、艺术生产论等方面的研究就是如此。这对准确理解和把握马克思主义文学理论的基本内容、重要范畴具有很大的帮助。这种研究是必要的，也是有益的。从弊的方面说，这种研究忽略或遮蔽了马克思主义文学理论的意识形态功能和文化政治的批判本质。而这正是马克思主义文学理论区别于其他文学理论的独特之处。马克思主义文学理论，并不像20世纪的形式主义、结构主义等文学理论那样，是一种就文学论文学的文学理论。它本身就是马克思主义社会批判理论的一个重要组成部分，具有强烈的意识形态属性。我的马克思主义文学理论研究，贯穿了20世纪至今百余年中国马克思主义文学理论的发展历程。我始终坚持内部范式研究与外部规律探讨的结合，马克思主义文学理论学科发展研究与中国社会变革探讨的结合，中国马克思主义文学理论话语模式研究与20世纪中国文化领导权争夺探讨的结合。这种"三结合"的研究范式，既看到了中国马克思主义文学理论内部范式、话语模式、发展规律的相对独立性，突出了其自律的一面；又强调了中国马克思主义文学理论与中国百余年社会变革、政治需要、文化领导权争夺的重要联系及互动关系，注重了其他律的一面，从而在超越内部研究范式局限性的同时，又避免了外部研究范式忽略内部研究的不足。

罗：在中国研究马克思主义面临着如何处理与正统意识形态的复杂关系这一问题上，您经历过怎样的困难，又是如何解决此难题的？

季：马克思主义文学理论同马克思主义一样，是为无产者服务并为无产阶级争取解放的学说，带有鲜明的阶级性。而中国马克思主义文学理论是现代中国社会的必然选择，它改变了中国现代文艺的性质，指明了中国文学的发展方向，其意识形态性也是十分突出的。特别是新中国成立以后，马克思主义不仅成为中国共产党的指导思想，而且成为中国的国家意识形态，马克思主义文学理论与正统意识形态的关系就更为紧密。我同中国所有马克思主义文学理论研究者一样，在研究中都面临着如何处理马克思主义文学理论与正统意识形态的复杂关系。我认为，面对这一问题，最重要的是明确自我身份，找准自我定位。作为一位马克思主义文学理论研究的学者，首先应以学术的视野去看待马克思主义文学理论，将马克思主义文学理论放到中外文学理论谱系中去加以审视，从这一角度去研究它的价值、贡献与不足，而不是简单地将其视为一种意识形态；其次，我们应该正视中国马克思主义文学理论的意识形态性质，研究意识形态在马克思主义文学理论中的地位、作用及影响，而不是简单地去意识形态化。一句话，马克思主义文学理论是一种意识形态鲜明的学术思想，我们应该从学术的立场去看待它、研究它，而不是以意识形态的立场去肯定它、宣传它。这样，既能正确处理马克思主义文学理论与意识形态的关系，也明确了马克思主义文学理论研究者和党的宣传部门领导的不同职责。

罗：您刚刚主持完成了国家社会科学基金重点项目"马克思主义文学批评的中国形态研究"的研究，可否谈谈这项成果的主要内容？去年您又获得了一项国家社会科学基金重点项目"马克思主义文艺理想论研究"，可否透露一下预期研究内容？

季：我刚刚主持完成了国家社会科学基金重点项目"马克思主义文学批评的中国形态研究"，主要内容包括三大部分，共10章。第1至3章为历史研究，探讨马克思主义文学批评中国形态的发展历史，论述了发生、自觉、成熟三个阶段的不同特点、主要贡献及存在的问题。第4至6章为范式研究，探讨马克思主义文学批评中国形态的三种范式，论述了政治范式、批评范式、理论范式的主要内容、形成背景，审视了其利弊得失。第7至10章为范畴研究，探讨了马克思主义文学批评中国形态的四大范畴，论述了阶级性范畴、人民性范畴、现实主义范畴、艺术生产范畴的基本含义、理论渊源、独特作用及其在新世纪、新时代所面临的挑战与自我调适。我去年获批主持的国家社会科学基金重点项目"马克思主义文艺理想论研究"现正在进行中。研究的主要内容包括：马克思主义诞生前文艺对社会理想的描绘及其研究，马克思主义对历史上文艺理想论的批判性继承和创造性转化，马克思主义论文艺的理想与理想的文艺，马克思主义理想论中文艺与人的完善，马克思主义文艺理想论中文艺与社会的进步，马克思主义文艺理想论的当代发展。当然，这些内容主要是一种基本框架，在研究的过程中，随着研究的深入与认识的全面，还会对研究内容进行调整与完善。每个课题的研究过程，也都是对研究对象和研究者的完善过程。

罗：作为老一辈卓有所成的文艺理论家，您是如何在中国马克思主义文艺理论家的代际分野和传承之中进行自我定位的？您对自己已经取得的成就有何总体评价与反思，对于未来评论百家的理论研究有何理想愿景？您对后辈学者有何期望或寄语？

　　季：新中国成立至今的马克思主义文学理论研究队伍，我将其分为四代：第一代学者，20世纪30年代以前出生，五六十年代就进入马克思主义文学理论研究领域。他们对新中国马克思主义文学理论研究有开拓之功，大多数学者都是集译、编、研于一体，他们或翻译过马克思主义文艺论著，或编选过马克思、恩格斯、列宁、毛泽东等论文艺的选本，并都发表过马克思主义文学理论研究成果。第二代学者，20世纪三四十年代出生，七八十年代进入马克思主义文学理论研究领域。他们的特点是对马克思主义原著非常熟悉，对马克思主义文学理论经典著作有深入研究，对马克思主义文学理论体系的建构十分热情，在新中国马克思主义文学理论研究史上发挥了承前启后、继往开来的作用。第三代学者，20世纪五六十年代出生，多数人于90年代开始活跃于学术界，至今仍是马克思主义文学理论研究的主力军。他们的特点是视野开阔、包容性强，对经典马克思主义文学理论、中国马克思主义文学理论、西方马克思主义文学理论不仅都有研究，而且也都承认它们在马克思主义文学理论发展史上的地位与作用。第四代学者，20世纪七八十年代出生，21世纪第二个十年开始崛起于马克思主义文学理论研究领域。他们中的大多数人都侧重于当代西方马克思主义文学理论研究，具有追赶学术潮流、追求标新立异的特点。我属于新中国马克思主义文学理论研究队伍中的第三代学者，也具有这个群体视野开阔、包容性强的特点。我对经典马克思主义文学理论、中国马克思主义文学理论、西方马克思主义文学理论都有所涉及，也取得了较多成果。但也存在一定局限，对经典马克思主义文学理论研究，没有第一、二代学者全面深入，对当代世界新马克思主义文学理论的热情，没有第四代学者高，也没有他们了解迅速。这也就决定了未来的理论研究愿景是：深入研究经典马克思主义文学理论，总体把握中国马克思主义文学理论，全面了解当代世界新马克思主义文学理论，打通经典、中国、当代的边界，将其作为一个整体进行研究，并将这一愿景落实到我主持的国家社会科学基金重点项目"马克思主义文艺理想论研究"中。我对后辈学人的寄语是：在深厚历史意识的前提下追赶学术潮流，在立足经典的基础上追求标新立异。

罗：下边我们聊聊您更私人化的学术生活。您嗜书如命，每到一个城市都是先要去当地的书店淘书，以至您藏书盈箧，湘大东坡村的那套旧房都用来装书都嫌不够了。1980年代在四川工作时，在那个高等师范专科学校里就常常听到您家里满屋子的书和一个破旧黑白电视机共存的佳话。除了繁忙的行政领导工作，您的休息时间差不多都献给书了，假期还比平日忙，基本是在读书写书、改论文写论文之中度过的。特别是有一年春节，您是在中国国家图书馆里度过的，真可谓学术界的"拼命三郎"。做学者这行，看来不仅仅要有智性慧根，要有家国情怀，更重要的还是要几十年如一日的持之以恒与书为伴的研读和如您书屋名字一样的"静泊"心境。

季：我于1972年1月进入教师行列，开始了从教生涯，到今年快50年了。总结近50年的从教经历，"书"是关键概念，"买书—读书—教书—写书"是我的生活轨迹。买书是个人兴趣，也是在储备生产资料和精神财富；读书是人生乐趣，也是在积累知识理论和提升素质能力；教书是职业理想，也是重要的知识传承和人才培养；写书是创新追求，也是一种知识生产和学术创造。人文科学是一种历史科学和理论科学，不读书无法进入其学术领域，少读书也难以进行学术创造。所以先贤们才告诫人文学者要耐得住寂寞，坐得住冷板凳。再聪明的天才神童，再多的智性慧根，不想读书和想少读书者，最好远离人文科学。我之所以几十年以书为伴，嗜书如命，也许与自己的智性慧根无关，更主要的是我视其为一种人生境界追求。

罗：另外，作为"全国优秀教师"、国家级教学名师，您在文学理论教学上也取得了丰硕的成果，可否谈谈教书育人方面的经验和成就？

季：我能获得"全国优秀教师"称号和"国家级教学名师奖"，主要是领导和师生们对我的关怀与鼓励。当然，我也可以将我的教书育人体会谈一下。我认为，高校教师的重要职责不同于科研院所研究人员，除科学研究外，应重视教书育人。我始终认为，教师，教师，因教成师；不从事教学，不成其为教师。一个大学教师，如果不站在讲台上，不从事教学工作，既对不起学生，也愧对教师称号。所以我几十年来，始终站在三尺讲台为学生授课，为学生传道、授业、解惑；始终站在教学第一线，思考、探索教学改革和人才培养模式创新；始终站在教材建设前沿，主编或参编适应新时代新要求的教材。几十年中，我为本科生、硕士生、博士生所开设的课程有15门之多，主持过国家级精品课程、国家级精品资源课程、国家级精品视频公开课，主持过国家级、省级教学改革项目多项；主编过国家规划教材、省际协作教材、省面向新世纪教材多部，并作为核心成员撰写过国家"马工程"教材，获省部级教学成果奖5项，其中一等奖3项。我可以无愧地说，我将一腔赤诚之情奉献给了教学工作。同时，我始终坚持一个观点，作为一名教师，教书是光荣的职业，育人是神圣的职责。我将思想政治工作贯穿到了自己所有工作包括教学工作的全过程。我担任过多届学生的班主任，曾为多个学生社团的指导教师，指导过多个代表队参加全校和全省的辩论赛。在各门课程的教学中，结合课程特点，选择贴切案例，适当融入思想教育，让学生在获取专业知识与创新能力的同时，潜移默化地学会做人，成长为德才兼备的人才。我的育人工作也获得了学校和社会的好评，先后获得过湘潭大学"优秀班主任""湘潭大学建校以来'教书育人、管理育人、服务育人'标兵""湖南省优秀研究生导师""宝钢优秀教师奖"等荣誉。将仁爱之心奉献给学生，这既是我的自愿，也是我的自豪。

（原载《文艺论坛》2020年第4期）

（罗如春，男，四川省巴中市人。湘潭大学文学与新闻学院2001级比较文学与世界文学专业硕士研究生，文学博士。现任南京审计大学教授，博士生导师）

经典与当代　回顾与前瞻
——湘潭大学教授季水河访谈录

提问：万　娜　余聪聪
文字整理：季水河

万娜（以下简称万）：季老师，您好，非常感谢您接受"学人访谈"的采访。您是全国马列文艺论著研究会的资深成员，马列文论会成立时间比较长，新近入会的会员很希望能从您这儿了解更多有关学会历史的鲜活面貌。您还记得您第一次参加学会的年会大约是在什么时候吗？当时有哪些研究者参会，他们讨论问题时的情形是怎样的呢？当时有没有令您印象深刻的事情？

季水河（以下简称季）：我第一次参加马列文艺论著年会是1981年。1981年11月，全国马列文艺论著研究会第三届年会在安徽省黄山市黄山宾馆举行，我应邀参加了这次会议。虽然已经过去了36年，但由于这次会议在我的学术生涯中有多个"第一次"，所以记忆犹新。它是我"第一次"行路最远，在路途中耗时最多，最辛苦的学术之旅。从四川达州出发，历时五天三夜才到达开会地点；它是我"第一次"参加的全国性学术会议，在这次会议之前，虽然也参加过两次学术会议，但都在四川；它是我"第一次"参加全国性的学术组织，在这次会上，我经四川大学王克华先生介绍，加入了全国马列文艺论著研究会。

这次会议，给我留下最深刻、最难忘的印象是：第一，规模宏大，盛况空前。20世纪80年代初期，既是科学的春天，也是文艺的春天，更是马列文论研究与发展的春天。全国马列文论教学与研究，出现了人气兴旺、生机勃勃的景象。这次会议有近200人参加，不管是大会，还是小会，会场都是坐得满满的，充满了生气与活力。第二，会风良好，专注学术。这次会议是在全国著名的黄山风景区召开，会议期间，代表们都心无旁骛，一心一意地开会，几乎没有人逃会去旅游、看风景。第三，畅所欲言，直抒己见。这次会议的主题是艺术规律的讨论，涉及艺术规律、典型环境、典型环境中的典型人物、文艺的真实性与倾向性、文学的党性、创作个性与"自我表现"、文艺批评的标准问题等多个子课题。代表们畅所欲言，直抒己见，会上有不同观点面对面的交锋，会下有不同见解的碰撞，气氛非常热烈。第四，平等相待，鼓励后学。这次会议少长咸集，群贤毕至。参加会议的代表，既有何洛、陆梅林、程代熙、徐俊西、王克华等著名的中老年学者，也有刚进入学术界的青年学人。据当时会议的主持者说，代表中年龄最大的是何洛先生，70多岁，最小的是季水河，20多岁，他们相差40多岁。但会议主持者对所有与会代表都能平等相待，都能给予表达学术见解的机会和平台。会议期间，我利用休息时间，分别拜访了何洛、程代熙、徐俊西、王克华等学者，得到了他们的热情接待和精心指导，获益匪浅。这对我30多年来一直从事马克思主义文艺理论研究有着重要影响。

万：您长期以来密切关注马克思主义文论的当代发展，比如您对艺术生产论就做了持续思考，从考察接受美学和西方马克思主义对艺术生产论的继承和发展关系（2005年），到提出当代艺术生产的多维度展开（2015年）这一判断，您是出于怎样的考虑将艺术生产作为您关注马克思主义文论的抓手之一？您提出当代艺术生产可划分为审美创造中的艺术生产、意识形态中的艺术生产和艺术产业中的艺术生产，这三者之间的关系在中国当代的文化语境中主要呈现为并列的？

层级性的？抑或是交叉的？

季：马克思主义文艺理论研究，就个人兴趣而言，可以选择马克思主义文艺理论发展中的任何一个阶段，任何一个范畴，任何一个学人进行探讨。但从总体看，马克思主义文艺理论研究，既应关注它的经典形态，研究马克思主义创始人的经典文本和经典命题；也应关注它的当代发展，研究它在当代社会的创新与特点；还应关注它的未来趋势，研究它在未来社会的价值与走向。只有在历史—现实—未来的交叉汇合点上，才能正确评价马克思主义文艺理论在世界文艺理论发展史上的贡献与价值。在这方面，前辈学者陆贵山、王元骧、董学文等人做了开拓性的工作。

我密切关注马克思主义文论的当代发展，一方面是受到了前辈学者的启发与鼓励，另一方面是主动适应马克思主义文艺理论研究的发展趋势。我选择了马克思主义艺术生产论做持续思考和研究抓手，主要有三个方面的考虑：一是马克思主义艺术生产论的独特价值。在马克思主义产生之前，虽然黑格尔等人提及过"精神生产"概念，但基本没人将艺术作为一种生产活动来进行考察，艺术生产是马克思主义创始人提出的一个崭新的文艺理论命题，无论是在马克思主义文艺理论体系中，还是在西方文艺理论发展史上，都具有很强的原创性和独特的学术价值。二是马克思主义艺术生产论的重大影响。马克思主义艺术生产论，对20世纪的学术发展产生了重大影响，接受美学中的主要观点，直接受到马克思主义艺术生产论的启发；西方马克思主义的艺术生产观，是马克思主义艺术生产论的发展，中国当代对艺术生产的研究，是对马克思主义艺术生产论的重构。三是马克思主义艺术生产论的当代意义。艺术生产是人类生产活动的一个永恒领域，更是当代生产活动中的一个主要领域，其地位越来越重要；而马克思主义艺术生产论中所探讨的理论话题，仍是当代艺术生产面临的主要问题，对当代艺术生产的指导意义越来越突出。

我提出中国当代艺术生产，可以划分为审美创造中的艺术生产，意识形态中的艺术生产，艺术产业中的艺术生产。这三者之间的关系在中国当代的文化语境中，既是一种并列关系，又是一种层级关系，还是一种交叉关系。从艺术类型上讲，审美创造中的艺术生产，意识形态中的艺术生产，艺术产业中的艺术生产，是三种不同形态的艺术生产，各自的特点很明显，三者是一种并列关系；从审美程度上讲，审美创造中的艺术生产，意识形态中的艺术生产，艺术产业中的艺术生产，是三种不同要求的艺术生产，存在着审美程度的差异，三者是一种层级关系；从本质属性上讲，审美创造中的艺术生产，意识形态中的艺术生产，艺术产业中的艺术生产，是三种不同范畴的艺术生产，但都必须统一于审美属性上，三者是一种交叉关系。

万：您对当代马克思主义文论的发展走向用了"过程思维"这一说法，就我个人理解来看，您这一提法意在强调以开放的心态推进马克思主义文论的当代发展，例如您曾特意强调过马克思艺术生产论有别于马克思主义艺术生产论，后者显然是在理论发展谱系中看待艺术生产。那么可以请您谈谈我们该如何把握"回到马克思"与"过程思维"之间的尺度问题吗？

季：从过程思维看马克思主义文论，其主要目的在于以开放的心态看待马克思主义文论的历史演变与当代发展。从过程思维看马克思主义文论的历史演变，自19世纪诞生的经典马克思主义文论，到20世纪中期出现的西方马克思主义文论和正统马克思主义文论，再到20世纪后期兴起的后马克思主义文论，虽然它们具有不同形态与特征，但都属于马克思主义文论谱系。在这个意义上，当代学者可以喜欢、赞同其中的哪一种马克思主义文论，但不能说自己不喜欢、不赞同的那几种不是马克思主义文论，将它们排除在马克思主义文论谱系之外。从过程思维看马克思主义文论的当代发展，当代形态的马克思主义文论，绝不是马克思主义文论发展史上任何一种马克思主义文论的重复，而应该在经典马克思主义文论原则和方法指导下，整合新资源，拓展新领域，运用新方法，创造新形态。在过程思维看来，马克思的艺术生产论与马克思主义的艺术生产论是既有联系又有区别的两个范畴。其联系在于，无论是马克思的艺术生产论还是马克思主义的艺术生产论，首先都姓"马"，也都研究艺术生产；其区别在于，马克思的艺术生产论是马克思主义创始人关于艺术生产的论述，马克思主义的艺术生产论是马克思主义发展史上各个时代马克思主义者关于艺术生产的论述。这里就关系到一个"回到马克思"与"过程思维"之间的关系问题。我个人认为，"回到马克思"就是回到马克思的经典文本，回到马克思文本产生的时代背景，回到马克思的基本精神，重点解决"源"的问题；而"过程思维"，就是探讨经典马克思主义在不同地域、不同时代语境下的流向、流变问题，重点解决"流"的问题。二者的关系是一源多流的关系，相互照应的关系回到源头，是为了观照流变；研究流变，应紧扣理论源头。

万：您还开辟了一个紧贴中国当代马克思主义文论发展现状及未来走向的研究阵地。在2009年出版的《回顾与前瞻——论新中国马克思主义文艺理论研究及其未来走向》一书中，您提出马克思主义文论的三个走向："走向多元对话思维""走向多重资源整合""走向多种方法综合"。就目前来看，您认为这三个走向在近十年内的发展情况大致如何，是齐头并进的还是程度不一的？

季：我在2009年出版的《回顾与前瞻——论新中国马克思主义文艺理论研究及其未来走向》一书中，预测未来中国马克思主义文艺理论研究的基本走向主要有三个方面："走向多元对话思维""走向多重资源整合""走向多种方法综合"。近十年来的中国马克思主义文艺理论研究，基本证明了我的预测。近十年来，马克思主义文艺理论研究者们大多注重和强调中、西、马的对话，在对话中发展中国马克思主义文艺理论；注重和强调整合人类一切优秀文化资源，用多重资源丰富马克思主义文艺理论；注重和强调综合利用多种研究方法，用先进方法推动马克思主义文艺理论研究的创新。就目前来看，这三个走向在近十年的中国马克思主义文艺理论研究实践中，虽然不能说是齐头并进，但也基本平衡。如果说还有什么不平衡的话，在"多元对话思维"方面略有不足。

万：是否可以将您所做的"马克思主义文学理论与20世纪中国文学理论的变迁"研究视为此前您对新中国马克思主义文艺理论研究的延伸？如果是的话，那么在您看来，20世纪早期初级形态的中国马克思主义文学理论中，蛰伏着哪些日后得以进一步生长的、专属中国马克思主义文论的DNA？这些DNA在马克思主义文论的谱系中处于什么样的位置呢？

季：我所做的"马克思主义文学理论与20世纪中国文学理论的变迁"研究，是对新中国马克思主义文艺理论研究的延伸和深化。从延伸方面看，新中国马克思主义文艺理论研究只做了新中国成立至21世纪初期近60年，而"马克思主义文学理论与20世纪中国文学理论的变迁"，向前延伸了50年以上，研究了19世纪末至20世纪40年代马克思主义文艺理论在中国的接受基础、接受过程、影响体现。向后也延伸了近10年，研究了马克思主义文艺理论在近10年的发展变化。从深化方面看，新中国马克思主义文艺理论研究，只是对新中国成立至21世纪初期中国马克思主义文艺理论研究本身进行了历史性的梳理和阐述。而"马克思主义文学理论与20世纪中国文学理论的变迁"，则深入考察了马克思主义文学理论对20世纪中国文学理论历史进程、体系建构、概念范畴的重要影响，阐明了二者之间的内在关联。

我认为，20世纪早期中国初级形态的马克思主义文学理论，虽然存在着思想的浅泛性、认识的模糊性、态度的情绪性等问题，但它对21世纪中国马克思主义文学理论的影响却是不可低估的。在它的内部蛰伏着一些日后得以进一步生长的、专属中国马克思主义文论的DNA，如文学与生活、文学与政治、文学的阶级性、文学的服务对象、文学的内容与形式、文学的继承与发展等理论命题；社会生活、意识形态、继承革新、形象、典型、创作方法等范畴概念；唯物辩证法为代表的思维方法等。这些DNA在马克思主义文论谱系中处于基础性、支撑性的位置，对21世纪中国文学理论的发展影响巨大。

万：在经典马克思主义学说的发展过程中，对人的关注一直都贯穿其中，但是在对"人"的理解上存在着一个从抽象到具体的演进，而且在批判视野上也具有 19 世纪欧洲资本主义生产关系的历史特性。21 世纪呈现出由消费主导的经济学语境，文学艺术的生产和消费也出现复杂的变化，您认为该如何援用马克思主义的人学眼光看待 21 世纪被视作"人学"的文学？这其中有哪些是马克思主义人学眼光中的新生问题？对于人的理解而言，当下中国的马克思主义文论贡献了哪些独到的见解？

季：的确，人一直是马克思主义创始人所关注的对象，人学思想一直贯穿于经典马克思主义发展的全过程，成为马克思主义的一个重要组成部分。就整个人类思想史看，对人的理解经历了从抽象到具体的演变过程，在马克思主义的发展过程中，对人的理解也同样经历了从相对抽象到具体现实的过程。尽管马克思主义创始人在《1844 年经济学哲学手稿》《关于费尔巴哈的提纲》等著作中，申明了自己对人的理解与费尔巴哈对人的理解的区别，强调了人的社会关系性。但是，综观马克思主义创始人早期的人学思想，对人的理解仍具有相对的抽象性，对"类"的关注还相当突出，多少带有点儿费尔巴哈人本主义的人学思想痕迹。到《共产党宣言》《资本论》等著作中，对人的理解已经非常具体，对人的关怀已经非常现实。当然，马克思主义创始人的人学视野、批判目光，无疑是 19 世纪的产物，带有 19 世纪欧洲资本主义生产关系的历史特性。

与 19 世纪相比，21 世纪的人学语境虽然已发生了巨大变化，但我认为同样可以援用马克思主义创始人的人性观点、异化理论、人道主义思想看待 21 世纪被视作"人学"的文学。21 世纪的人同样是处于社会关系中的人，"人学"的文学同样是反映社会关系变革、促进人性变化的文学，只是这种社会关系的构成发生了变化，然而"人是一切社会关系的总和"的命题却是适用的。21 世纪人的异化与 19 世纪人的异化是相近的。如果说 19 世纪人的异化主要是劳动异化的话，那么，21 世纪人的异化主要体现为消费异化。过度消费、符号化消费远远超出了人生存与发展本身的需求。消费异化同样可以用马克思的异化理论去看待。

21世纪，同样需要用马克思主义的人道主义思想去解放被消费主义异化的人及处于消费语境的文学。这其中，消费经济、消费异化、过度消费等是马克思主义人学眼光中的新生问题。对于人的理解而言，当代中国马克思主义文论贡献了"新人本主义"（以人为本的科学发展观）、"人民中心"（社会主义文艺是人民的文艺）、"人文精神"（文艺以人文精神为主导）等新的观念及对这些观念的独到阐释。

万：再次感谢您接受《全国马列文艺论著研究会通讯》"学人访谈"的采访！

（原载《全国马列文艺论著研究会通讯》2017年第4期）

（万娜，女，湖北省武汉市人，文学博士。现任华中师范大学文学院副教授，硕士研究生导师，全国马列文艺论著研究会副秘书长。余聪聪，女，华中师范大学2017级文艺学专业硕士研究生）

以马克思主义文论教学为中心整体推进马克思主义文论建设

——湘潭大学季水河教授访谈

采访人：刘中望

采访时间：2022年9月12日

马克思主义文艺理论的教学工作、教材建设、科学研究，一直是全国马列文艺论著研究会的三项重要工作。坚持三项工作的相互促进与协同发展，一直是全国马列文艺论著研究会的一种指导思想。40多年来，这方面的工作取得了显著成效，也涌现出了一批代表性单位和个人。湘潭大学和季水河教授在"以马克思主义文论教学为中心，整体推进马克思主义文论建设"方面，工作做得很好，也很有特色。今天，我们就这方面的问题采访季水河教授。

问：季老师，您好！您从20世纪80年代初期就开始了马克思主义文艺理论教学与研究工作，至今已有40余年的历史，谈谈您从事马克思主义文艺理论教学的具体情况好吗？

答：我从1982年开始从事马克思主义文艺理论教学，先后为专科生、本科生、硕士研究生、博士研究生等不同层次的学生主讲过马克思主义文艺理论。针对不同层次学生课程的名称与内容也有所不同。专科生、本科生层次的课程名称为"马克思主义文艺论著选讲"，主要讲解马克思主义文艺理论发展史上经典作家的代表性论著，目的是让他们熟读、理解、把握马克思主义文艺理论经典文本基本内容，研究方法，产生背景，历史意义；硕士研究生层次的课程名称为"马克思主义文艺理论专题研究"，主要讲述马克思主义文艺理论发展过程中的重要理论问题，如现实主义、典型理论、艺术生产、人学思想、批评标准等，从而使他们掌握马克思主义文艺理论的思想体系、内在联系、核心范畴；博士生层次的课程名称为"马克思主义文艺理论与20世纪中国文艺理论的变革"，主要讲授马克思主义文艺理论对20世纪中国文艺理论的影响，如马克思主义文艺理论如何影响中国文艺理论的历史发展、思维方式、话语体系，使他们在宏阔的学术背景上、在多维的比较视野中来审视马克思主义文艺理论与20世纪中国文艺理论的关系，来把握中国马克思主义文艺理论家对马克思主义文艺理论接受、影响与创新的规律。

问：季老师，您在40余年的马克思主义文艺理论教学工作中，一定有许多宝贵经验与深刻体会吧。那么，如何才能做好马克思主义文艺理论的教学工作、当一个优秀的马克思主义文艺理论教师呢？

答：做好马克思主义文艺理论教学，当一个优秀的马克思主义文艺理论教师，应该是每一个马克思主义文艺理论教师的追求。但如何实现这一追求，可能不同的人有不同的路径，也有不同的体会。就我个人的经历和体会而言，最重要的有三个方面：第一，深度耕犁马克思主义文艺理论的经典文本。对于马克思主义文艺理论的经典文本，要反复阅读、深入分析、准确把握。从词句到概念，从段落到篇章，从表面意义到深层含义，都要逐层分析，透切理解，在点与面的结合中，准确、全面地把握每一个经典文本。第二，全面了解马克思主义文艺理论的背景知识。从微观角度说，马克思主义文艺理论的每一个经典文本，都有其具体的针对性、特殊的写作背景；从宏观角度说，不同时期的马克思主义文艺理论，都有其解决的时代命题、产生的特殊条件。因此，既要了解每一部马克思主义文艺理论经典文本针对的具体问题，产生的历史背景，又要把握每一代马克思主义文艺理论家所面对的时代命题、所处的历史境遇。第三，紧密结合文艺发展的当代实践。马克思主义文艺理论是历史形态与当代发展的统一。我们不仅要了解它回答了哪些历史问题，具有什么历史意义；而且要揭示它能回应哪些当代命题，具有什么当代价值。这样，我们就应当紧密结合中外当代文艺发展，社会需要来理解、来阐释马克思主义文艺理论，运用马克思主义文艺理论来说明、来分析当代文艺思潮和社会问题。

问：季老师，您来湘潭大学任教近30年了，您认为湘潭大学在马克思主义文艺理论教学方面有哪些特点？

答：湘潭大学的马克思主义文艺理论教学，我认为有三个明显的特点：一是时间较长。湘潭大学开展马克思主义文艺理论教学的时间几乎与全国马列文艺论著研究会的成立同步。改革开放伊始，曾簇林老师就在湘潭大学开设了"马列文艺论著选读"，开始为77级的汉语言文学专业学生讲授马克思主义文艺理论。从这方面看，曾簇林老师是湘潭大学马克思主义文艺理论教学当之无愧的开拓者。二是长期坚守。40多年来，湘潭大学的马克思主义文学理论教学从未中断过，从77级至今的汉语言文学专业，每个班级都开设了马克思主义文艺理论课。即使在苏联解体，东欧剧变，西方世界宣称社会主义走向失败、马克思主义已经过时的特殊时期，湘潭大学也未中断过马克思主义文艺理论课程的开设。从对马克思主义文艺理论课的连续不断、长期坚守来看，湘潭大学应该是值得称道的。三是系统性强。湘潭大学的马克思主义文艺理论课，在40多年的时间里，形成了一个系统性结构。在开设层次上，汉语言文学专业从本科生、硕士研究生、博士研究生都有马克思主义文艺理论类的课程，具有系统性的层次结构。在课程内容上，有着重突出文本内容，返回马克思主义文艺理论原初立场的经典论著选讲；有重点阐述马克思主义文艺理论基本原理，把握马克思主义文艺理论关键范畴的专题研究；有叙述马克思主义文艺理论在世界传播，特别是在中国传播、接受、影响的译介传播分析，具有系统性的内容构成。在时间维度上，有19世纪的马克思主义创始人马克思恩格斯的经典马克思主义文艺理论,有 20 世纪苏俄与中国以列宁和毛泽东为代表的正统马克思主义文艺理论,欧美以卢卡奇、本雅明、阿多诺、马歇雷、哈贝马斯等为代表的西方马克思主义文艺理论,有活跃在 21 世纪的以伊格尔顿、詹姆逊、齐泽克、拉克劳、墨菲等为代表的后马克思主义文艺理论,涵盖了马克思主义文艺理论诞生至今整个历史阶段。

问:季老师,许多人都认为,教学是以教材为本的。一个好的马克思主义文艺理论教师,不仅表现在课堂上能讲课、会讲课、讲好课,而且还表现在参与到教材建设之中,编写相关的教材;搞好马克思主义文艺理论的课程建设,不仅表现在开设了该门课程,而且还表现在建设了马克思主义文艺理论教材。您同意这个观点吗?如果同意,能谈谈您的看法和做法吗?

答:我不仅赞成这种观点,而且本身就持这种看法。我认为,一个优秀的大学教师,在教学工作方面,应是课堂教学、教学改革、教材建设三个方面的统一。站在讲台为学生授课,进行传道、授业、解惑,是一个教师的本职工作,没有课堂教学,就不是一个教师;站在教学第一线,思考教学改革,优化教学方法,创新人才培养模式,是一个好教师的基本要求,达不到这一点,就难算是一个好教师;站在教材建设前沿,主编或参编适应新时代、新要求的教材,是成为一个优秀教师的积极追求,没有编写过一本好教材,就很难成为一个优秀教师。课堂教学、教学改革、教材建设三途并进,三者统一,也是我在马克思主义文艺理论教学中的一种追求。我在从事马克思主义文艺理论教学工作的 40 多年中始终站在三尺讲台,为本科生、硕士生、博士生分别讲授了"马克思主义文艺论著选读""马克思主义文艺理论专题研究""马克思主义文艺理论与 20 世纪中国文艺理论的变迁"等课程;始终站在教学第一线,思考如何讲透、讲活、讲好马克思主义文艺理论,探索如何对学生进行马克思主义文艺观教育,用马克思主义文艺理论的思想、观点、方法去看待当代文艺现象,分析当代作家作品,解答当代文艺问题;始终站在教材建设前沿,主编或参编了多部以马克思主义为指导思想的文艺理论、美学教材、马克思主义文艺理论教材。其中，作为主要成员，参与了马克思主义理论和建设工程教材《马克思主义文艺理论》。这些教材中，有的获得过省级高等教育教学成果一等奖，有的获得过省级高等教育教材二等奖，有的获得过中南五省大学出版社著作、教材一等奖。

问：季老师，有人强调说，教学与科研是高校教师的两项中心工作。只搞教学不搞科研，只是一个教书匠，不是一个好教师；只搞科研，不搞教学，只是一个科研人员，也不是一个好教师。一个优秀大学教师的标志，应该是教学与科研二者相结合的、教学与科研同发展的。您认为高等学校教师应该如何处理教学与科研关系？您自己在马克思主义文艺理论教学与科研工作中，又是如何处理二者之间的关系呢？

答：如何处理教学与科研的关系，既是每个大学教师都会碰到的问题，摆不正这二者的关系，直接影响个人的发展前途；也是每个大学管理者都要妥善处理的问题，处理不好这两者的关系，会直接影响这所大学的发展导向。从人才自身差异性、多样性的角度来看，并非每一个大学教师都具有多种类的禀赋，多方面的才能，都能同时搞好教学与科研。有些人善于口头表达，有些人长于书面叙写，有些人二者皆能。大学应允许每个人根据自己所长，发挥自己所能。长于口头表达短于书面叙写者，可以选择做一个教学型教师，评高级讲师职称；长于书面叙写短于口头表达者，可以选择做一个研究型人才，评研究员职称；口头表达与书面叙写俱佳者，可以选择做教学研究型人才，评教授职称。目前，大学职称设置系列过于简单，待遇过于模式化，不能适应人才多样化，待遇差别化的需要。从大学追求的目标性、共同性来说，高等学校的管理者应该要求高校教师，特别是双一流高校的教师，追求教学与科研的协同发展，培养和造就一大批站在讲台会讲课，走下讲台能搞研究的高素质教师，从而更好地担负起高校人才培养、科学研究、社会服务等多方面的重任。

我在马克思主义文艺理论的教学与科研工作中，是这样处理二者之间关系的。以教学促科研，以科研带教学，力争做到二者的良性互动，协调发展。我从20世纪80年代开始从事马克思主义文艺理论的教学工作，也同时开展了马克思主义文艺理论的研究工作。我所研究的问题几乎都与教学工作有关。我最初发表的几篇马克思主义文艺理论的研究论文，也都来自于教学中遇到的具体问题，是对这些具体问题追问、探讨的成果。如我发表的第一篇马克思主义文艺理论论文《浅谈异化劳动与美的创造》，就来自于我讲授《1844年经济学哲学手稿》中的美学思想。我将原著阅读了5遍，进行了反复的思考。同时，在我阅读过的几篇研究《1844年经济学哲学手稿》美学思想的论文中，有两位学者明确主张"异化劳动不能创造美"，理由是"异化劳动否定了人的自由自觉性，而美却是人自由自觉创造的成果"。然而，"异化劳动能创造美"正是马克思在《1844年经济学哲学手稿》"异化劳动"一节里所论及的命题。马克思在这一节里，不仅提出了"人也按照美的规律来建造"的"美的规律"问题，而且还提出了"劳动创造了宫殿，但是给工人创造了贫民窟。劳动创造了美，但是使工人变成畸形"。从这些论述看，马克思是肯定异化劳动可以创造美的。我研究的结论是：异化劳动与自由自觉劳动都能创造美，异化劳动是以主体的牺牲为代价创造了美，自由自觉劳动是在对主体的肯定中创造了美；异化劳动创造的美在给他人和社会带来享受时却不能为创造者带来幸福，自由自觉劳动创造的美在给他人和社会带来美感时也使自己体验到快乐。《恩格斯悲剧冲突论的适用范围和指导意义》一文，也来自于我讲授马克思与恩格斯《致斐迪南·拉萨尔》中的马克思主义悲剧观。我在备课中阅读参考文献时发现，当时的一些研究成果都程度不同地夸大了恩格斯悲剧冲突论即"历史的必然要求和这个要求的实际上不可能实现之间的悲剧性的冲突"这段话的适用范围和指导意义。说它是有"普遍的重要的指导意义的，悲剧的一系列理论问题都可由此生发开去，得到科学的解决"；说它"不仅是革命悲剧的原则，而且适用于所有的悲剧"。我认为，悲剧有多种形态：历史上的英雄悲剧，个人的性格悲剧，小人物的生活悲剧。而恩格斯悲剧冲突论主要针对的是拉萨尔《济金根》及其相似的历史上的政治悲剧，并不适用于所有的悲剧。它只适合于解释那种和历史发展有着必然联系、有强烈政治性悲剧的矛盾冲突，对社会主义时期的政治悲剧也比较适用，而不能解释所有类型的悲剧；它的指导意义不在于拿恩格斯的悲剧冲突论去套用所有的悲剧，而在于恩格斯悲剧冲突论所表现出的历史感和针对性。不仅是我开始发表的几篇马克思主义文艺理论论文与教学有关联，而且是我所有关于马克思主义文艺理论的立项课题和研究成果都与教学、教研、教材有着或直接、或间接的联系。

同时，我的马克思主义文艺理论研究成果又及时地反馈到了马克思主义文艺理论的教学活动之中。我或将研究成果中的某些篇章补充到了讲义中，或将某些观点和材料运用到了课堂上，使教学内容不断充实，讲述观点不断出新，研究方法不断变革。从而使马克思主义文艺理论教学处于动态变化中，保持了课程的生机与活力，增强了课堂对学生的吸引力，真正实现了教学与科研的互动互促，协同发展。

问：季老师，现在国家社科基金项目立项数越来越多，马克思主义文艺理论的立项不少，但研究成果与高校教学、人才培养存在脱节现象，向教学活动与人才培养的转化率不高。您在这方面有自己的思考，还做过讲座，能和我们分享吗？

答：我曾就"国家社会科学基金项目研究成果向教学育人的转化"做过认真的思考，也进行过一些实践。我有以下几点体会与大家分享：

第一，高校科研与育人有着目标的一致性。高校的科研工作与教学工作一样，都承担着人才培养的任务，科研成果向教学转化，融入教学内容之中，带动教学内容更新，有助于创新型人才的培养；国家社会科学基金项目成果与高校教学育人，具有目标的一致性。国家社会科学基金项目成果向教学与育人的转化，是高校每个国家社会科学基金项目承担者的应尽之责。这样，突出了科研育人的功能，构建起一个"教书育人、科研育人、管理育人、服务育人"四位一体的育人模式。

第二，国家社会科学基金项目成果向教学与育人转化的方式。一是可以将成果中的观点与方法，运用于不同课程的教学内容之中，指导不同课程的教学；二是开设与国家社会科学基金项目研究成果相关的选修课，丰富学生的选课内容，满足学生个性化与多样化的需求；三是在高校开展学术报告，让更多的学生受益，在扩大研究成果的影响面和影响力的同时也扩大了研究者及其所在单位的知名度与美誉度；四是将国家社会科学基金项目成果融入教材编写之中，增加教材的学术性与前沿性。

第三，马克思主义文艺理论国家社会科学基金项目成果向教学与育人转化的实践。我先后主持了4项马克思主义文艺理论研究的国家社会科学基金项目，对这些项目的成果，我都尽量运用于教学与育人活动中，将科研成果转化为教学成果，使其成为了人才培养的一个有机组成部分。一是针对不同性质的课程在不同程度和范围上，将马克思主义文艺理论国家社会科学基金项目成果加以转化，对在学生中普及马克思主义文艺观发挥了积极作用；二是将国家社会科学基金项目成果转化到文学类不同专业学生的教学育人中，使不同专业的学生在自己的科研中，特别是在学术论文的写作中，都能运用马克思主义文艺方法去分析文艺现象，评价作家作品；三是将国家社会科学基金项目成果转化到不同层次文学专业学生的教学育人中，使不同层次的学生了解了马克思主义文艺理论的不同内容，而且形成了连续性与系统化的马克思主义文艺理论教学。

第四，国家社会科学基金项目成果向教学育人转化的机制构建。中国的高等学校，特别是双一流高校，不仅每年都会获得一批国家社会科学基金项目，还会推出一批国家社会科学基金项目成果，这是一笔丰富的教学育人资源。为了更好地利用这笔资源，充分发挥其在教学育人中的作用，应该构建相应的转化机制。一是国家社会科学基金项目主持人要通过多种方式主动转化自己的研究成果，形成一种自觉转化的风气；二是各高校管理部门应出台国家社会科学基金项目成果向教学育人的转化措施，形成转化机制，提供转化保障，充分发挥国家社会科学基金项目成果在人才培养中的重要作用，进而克服教学与科研相脱离的现象；三是国家社会科学工作部门应总结宣传国家社会科学基金项目成果向教学育人转化的经验，扩大国家社会科学项目成果转化的影响，发挥国家社会科学基金项目成果的多方面功能，充分体现国家社会科学基金项目成果多层次的价值。

问：季老师，一直以来，国家社会科学基金项目管理部门和各个高校，都主张通过国家社会科学基金项目培养研究人才，形成研究梯队。您从2000年以来的20多年中，先后主持了4个马克思主义文艺理论方面的国家社会科学基金项目，在湘潭大学马克思主义文艺理论教师队伍与研究人才的培养、马克思主义文艺理论教学与研究人才梯队的形成中发挥了什么作用，有什么样的收获？

答：我20余年所主持的4个国家社会科学基金项目，对湘潭大学马克思主义文艺理论教学与研究人才的培养、梯队的建设，应该是起到了较大的影响和一定的推动作用的。通过这4个国家社会科学基金项目的研究过程和成果转化，对参加课题研究的年轻教师起到了直接的培养作用，不仅培养了他们的学术观点和研究能力，而且影响了他们科研方向和发展走势；对这4个国家社会科学基金项目成果在转化过程中的听众，也起到了间接的影响作用，影响了部分年轻学人对马克思主义文艺理论的兴趣，吸引他们向马克思主义文艺理论靠近，甚至加入马克思主义文艺理论的研究队伍之中。2000年时湘潭大学仅有曾簇林和我两位教师从事马克思主义文艺理论教学与研究工作。今天，湘潭大学除我之外，有刘中望教授、李志雄教授、王洁群教授、黄宗喜副教授、季念副教授等多位教师从事马克思主义文艺理论及其相关领域的教学与研究工作，形成了一支年龄、职称、学历结构合理的研究梯队。其研究领域涉及马克思主义创始人的经典文艺理论，20世纪的中国马克思主义文艺理论，20世纪的西方马克思主义文艺理论，21世纪的后马克思主义文艺理论。同时，在湘潭大学比较文学与世界文学、文艺学博士学位点，历年来都有人选择马克思主义文艺理论方面的题目做博士学位论文，从而也使湘潭大学的马克思主义文艺理论研究传统得到了延续，影响力得到了扩大。

（载《全国马列文艺论著研究会通讯》2022年第4期）

优秀传统文化入心出彩问答
——湘潭大学季水河教授访谈

新华社《瞭望》新闻周刊记者　徐欧露　张昕怡　张玉洁

记者：近年来，传统文化出圈出彩已经成为一种现象，"国潮"成了市场宠儿，汉服被年轻人穿在身上，博物馆、非遗频频出圈，穿越时空隧道，进入大众谈资，融入百姓生活。《2021抖音数据报告》显示，该年度非遗相关视频数量同比增长149%。今年4月，京东消费及产业发展研究院发布的报告显示，2022年以来，"95后"购买"中国红"元素商品的销量同比增长326%——优秀传统文化成为风尚潮流。优秀传统文化火了起来，这背后的原因是什么？

季水河：近年来，传统文化出圈出彩火了起来，是多种因素形成一种平行四边形的合力对传统文化施加影响的结果。

首先，是传统文化教育的重要影响。新世纪以来，特别是党的十八大以来，中国传统文化教育得到了空前的重视，其主要标志是传统文化进校园。在中小学，许多学校开设了中国传统文化基础知识课程，开展了传统文化知识竞赛活动，让中小学生初步了解了中国传统文化，认识了中国传统文化；在高等学校，许多大学不仅开设了中国传统文化概论、国学课程，而且还成立了国学院，开设了与传统文化相关的专业，招收了中国传统文化方面的学生。在传统文化教育方面，初步形成了从基础教育到高等教育的完整体系。这为年轻一代接受传统文化、热爱传统文化打下了基础。

其次，是传统文化自身优越性的体现。中国传统文化中一个非常重要的主张是兼收并蓄，和而不同。在中国历史上，虽有短暂时期出现过自我中心、自我封闭现象，但在更长时期、更广领域内是坚持兼收并蓄、和而不同的。这种兼收并蓄、和而不同的主张，既有利于国家的发展，也有利于个人的完善。对国家而言，能够以开放的姿态对待域外文化，吸收"他者"文化来丰富中国文化、发展中国文化。季羡林在谈到中国文化发展与外国文化的关系时说："倘若拿河流来作比，中华文化这条长河，有水满的时候，也有水少的时候，但从未枯竭。原因是有新水注入。注入的次数大大小小是颇多的。最大的有两次，一次是从印度来的水，一次是从西方来的水。"[①] 正是对"他者"文化的吸收与利用，保持了中国传统文化长河之水永不枯竭，滚滚向前。对个人而言，能够以开放的心态对待他人，取他人之长，补自己之短，从而使自己得到丰富与发展。这种兼收并蓄，和而不同的主张，体现在对传统文化产品的开发上，就是不同开发者之间形成了一种竞争与合作关系。不同开发者根据自己对传统文化的不同理解，形成不同的创意，生产出不同的产品，使文化产品具有了丰富性与多样性，进而提高了文化产品的质量。

再次，是传统文化产品开发定位目标准确。有句俗话叫做：老年人喜欢旧的，年轻人喜欢新的。对于喜欢怀旧的老年人来说，他们在心理上离传统文化更近；而对于喜欢时尚的年轻人来说，他们在心理上离传统文化更远。这对传统文化产品开发者来说，如何吸引年轻人的眼球、如何赢得年轻人的喜爱，是一个严峻的考验。近年来传统文化产品的开发，重点面向年轻人，以年轻人作为市场主体，将年轻人这个群体作为传统文化产品的支撑群体。具体表现为：以现代人的生活

[①] 季羡林：《我看翻译》，许钧主编：《翻译思考录》，湖北教育出版社1998年版，第5页。

需要表现传统文化意义，将现代社会的生活元素融入传统文化节目，借助现代科技手段展示传统文化场景。在这方面，故宫博物院的传统文化产品开发与利用为我们树立了榜样，提供了启示。故宫博物院在"文化＋科技"方面开展了一系列探索：戴上VR（虚拟现实）眼镜，实现了体验者与传统文化的零距离接触；"玩转故宫"小程序，引起了公众对故宫文创的浓厚兴趣；与腾讯等互联网公司的深度合作，拓展了传统文化互动体验形式，将传统文化更好地呈现给了普通消费者。从而使传统文化呈现出了年轻化，迈出陈列馆走向生活化，深受广大消费者，尤其是年轻人群体的欢迎。

记者：改革开放初期，随着西方文化的涌入，部分年轻人痴迷于西方文化并逐渐疏远中国传统文化，个别人甚至将中国传统文化视为保守、落后的文化。近年来，伴随中国传统优秀文化入心出彩，我们看待传统文化的心态有何变化？

季水河：近年来，我们看待传统文化心态的最大变化之一是既看到了中国传统文化的双重属性，又看到了中西传统文化差异互补性。

传统文化不仅仅代表逝去的历史，它也是我们现在生活的一部分，并在向着未来延伸。

首先，传统文化作为中国古代人社会生活与社会实践的产物具有双重属性。一方面，它是中国古代人智慧的结晶，包含着中国古代文化精华；另一方面，一切时代占统治地位的思想都是统治阶级的思想，其中也有着一定的封建思想意识。对待传统文化的态度，从马克思、恩格斯、列宁到毛泽东、习近平都已为我们提供了典范。吸收传统文化精华，发扬优秀传统美德，不仅是今天社会发展的需要，而且是塑造新的中国文化精神前提。

其次，近年来中国人，特别是青年人对待中国传统文化的态度也发生了较大的转变，认为中国文化和西方文化各有所长，中国传统文化也有西方传统文化不可相比之处。如中国传统文化中的辩证思维、和谐观念，比起西方的形式思维、斗争观念，更适合于现代社会，更有利于解决中国的现实问题。当今中国提出的人类命运共同体的核心理念,互利共赢的国际交往原则,都是中国优秀传统文化的现代转换。

记者:爱国主义是中国优质传统文化的重要组成部分,爱国主义教育是当代教育的一项重要内容。但有一段时间,个别人对爱国主义有所非议。在您看来,今天我们应当怎样看待爱国主义传统,特别是爱土、爱乡、爱国?

季水河:中国古代形成的爱国主义思想传统,在当今社会仍是值得提倡和发扬的。爱国主义由三个层面的内容组成:一是爱自己脚下的这片土地。土地是中国人的立身之根本,作为农业大国的中国,土地为中国人的生存与发展提供了空间,爱自己脚下这片土地是爱国主义起点。二是爱生我养我的故乡。故乡既是中国人的出生之地,又是中国人的魂归之所,中国人对故乡有着深厚的眷恋情结,爱故乡成为爱国主义中最重要的体现之一。三是爱作为一个民族共同体的国家。国家这个共同体中人们所拥有的共同语言、文化、领土、政府及历史,都是爱国主义不可或缺的内容。

记者:我们如何更好地将传统文化与现代生活结合起来,在传统文化与现代生活的结合中,已经有哪些好的创造性转化、创新性发展的重要案例与成功经验?请您联系实际进行分析并与我们分享。

季水河:传统文化只有与现代生活的结合并向现代生活转化才能获得蓬勃发展的生命力。传统文化,就其产生的时间段而言,是属于古代的、历史的;就其与现代人的生活关联而言,它应该是属于现代的、现实的。传统文化的价值就体现在它能够与现代生活相结合并向现代社会延伸与转化。新世纪以来,特别是党的十八大以来,在传统文化向现代社会的创造性转化与创新性发展方面,取得了显著的成效。

首先是中华美学精神的创造性转化与创新性发展。习近平在关于文艺问题的几次讲话中,都强调了中华美学精神中美善统一思想的重要意义,将这一思想创新性转化为当代美学的信仰之美、崇高之美,并要求中国当代的文艺工作者通过文艺作品传递真善美，传递向上向善的价值观，引导人们增强道德判断力和道德荣誉感，向往和追求讲道德、尊道德、守道德的生活。从而使中华美学精神中美善统一思想获得了新的意义，成为中国当代马克思主义文艺观的一个重要组成部分。

其次是中国传统文化题材的创造性改编与创新性表现。新世纪以来，文艺创作的繁荣和发展，除了密切关注现实社会发展，反映现实生活画卷的现实题材作品强势崛起外，就是对与传统文化密切相关的历史题材创造性改编和创新性表现。如颇受观众欢迎和喜爱的历史题材电视剧《觉醒年代》《大秦帝国之裂变》等就很有代表性。创作者们站在历史与现实的交汇点上审视历史，关注现实，在还原历史真实的前提下融入现代生活元素，反映时代精神，使历史获得了现实感。

再次是非物质文化遗产的传承与开发。如果从广义的角度来说，文化即人化自然的成果，包括人类所创造的所有物质文化和精神文化，在这个意义上，非物质文化遗产小于传统文化；如果从狭义的角度来看，文化特指人类所创造的精神文明成果，那么，非物质文化遗产就大于传统文化。非物质文化遗产作为各族人民世代相传文化遗产中的表现形式及其相关的实物和场所，既存在于传统文化中，又表现于现实生活中。新世纪以来，我国的许多非物质文化遗产在保护中利用，在开发中发展。其中，贵州西江千户苗寨、鄂西土家族摆手舞，凤凰古城的钢火烧龙表演等，不仅得到了很好的传承与保护，而且还得到了很好的开发与利用，激活了传统，活化了文化，使非物质文化遗产成为当代文化生产的一部分。

记者：中国优秀传统文化火起来、活起来、强起来，其背后有着怎样的体制、机制作为支撑并助力其发展？

季水河：传统文化强起来、火起来有着系统的文化机制体制作支撑并助力其发展。

首先是有国家方针政策的大力支持。中华民族文化的伟大复兴，是中国梦的重要组成部分。任何一个民族文化的复兴，一般来说都是对传统文化的再次利用和创新发展，中华文化的伟大复兴也不例外。进入新世纪以来，党和国家出台了一系列方针政策保护、利用和发展传统文化，通过各种方式和渠道促进传统文化的创造性转化和创新性发展，这为传统文化火起来、强起来提供了政策保障。

其次是传播媒介的舆论引导。新世纪以来，几乎所有的媒体都在通过不同的方式传播中国传统文化，有的以"讲坛"的形式向大众普及传统文化，有的以"论辩"的形式讨论传统文化，有的以"竞赛"的形式吸引青少年关注传统文化……它们为传统文化的火起来、强起来做好了舆论引导。

再次是专家学者的宣传指导。新世纪以来，不少专家教授走出书斋面向大众传播传统文化。他们或以人文社会科学普及者的身份，撰写关于传统文化的普及性著作；或以节目嘉宾身份，在文化娱乐节目比赛的评点中融入传统文化；或以文化专栏主持人与参与者的身份，向大众宣传传统文化……为传统文化的火起来、强起来提供指导，贡献智慧。

记者：传统文化火起来的背后，反映了社会特别是青年人怎样的文化自觉和社会心态？他们是否对外能平视世界？对内能以做好自己、做好中国人为自豪？

季水河：传统文化火起来的背后不仅反映了中国社会尤其是青年人心态变化与文化自觉，而且也会对中国人的文化自信水平提升产生重要的作用。传统文化火起来的背后，是中国社会心态的变化和文化自觉的表现。1840年以来，两次鸦片战争的失败，打破了中国统治阶级"天朝上国"的美梦，也在社会上逐渐形成了一种文化自卑心理。不少人认为，中国的一切都不如外国，外国的月亮比中国的圆，外国的文化比中国的先进，中国的传统文化是一种保守落后的文化。这种文化自卑心理到20世纪末期仍然存在。进入新世纪以来，随着中国经济实力的增强，国际影响力的提升，传统文化得到了空前的重视，传统文化的生命力重新焕发出来。特别是面对当代世界的矛盾冲突和生态危机，中国传统文化中的"和合"思想与生态智慧更具解释力，更有针对性，更有利于解决世界的矛盾冲突和生态危机。习近平提出的"人类命运共同体"思想和解决世界问题的"中国方案"，在继承发展中国传统文化的同时又为世界贡献了中国智慧，受到了许多国家的重视与好评。中国社会心态，特别是青年人的文化心理发生了根本的改变，走出了文化自卑心理的阴影，呈现出普遍的文化自信。过去，许多青年人出国留学的目的是在外国工作、定居，甚至成为外国人，迷信和仰视外国人。今天，许多青年人出国留学时，能够用平视的眼光审视外国和外国文化，与外国人平等交流和对话。他们中的多数人学成后毅然回国，做独立的自己、做自豪的中国人，在国内创新创业，成就自我。

记者：传统文化火起来的背后，反映了中国人尤其是中国青年人怎样的文化自信？

季水河：传统文化火起来的背后，是中国人文化自信的反映与民族性格成熟的标志。有意抬高外国文化或蓄意贬低本民族文化，都意味着缺少文化自信和民族性格不成熟。今天的中国人，尤其是青年人，他们中的大多数认为，中国传统文化作为中国人民智慧的结晶，不仅历史悠久，而且博大精深；与外国文化相比较，不仅各有特色，而且更加适应中国国情。体现在行动中，他们主动阅读中国传统文化经典著作，反思中国传统文化观念，充分肯定和积极践行中国传统文化价值观。

记者：传统文化火起来，是否有助于中国人特别是青年人文化自信水平的提升？为什么？

季水河：中国传统文化火起来，能够助力中国文化自信水平的提升。中国传统文化火起来，一方面是中国人文化自信的结果，另一方面也能助力中国人文化自信水平的不断提升。这是因为，中国传统文化精神深深影响了中国人的现实生活，特别是文化生活与精神生活。在美学精神上，在文艺作品中，在非物质文化遗产展演里，都有中国传统文化的融入、转化与创新性表现。这种在各个领域中火起来的中国传统文化，也充分证明了中国传统文化不仅属于过去，而且属于现在，更是属于未来，从而还能更进一步助力中国文化自信水平的提升。

记者：谢谢您接受我们的访谈！

（2022年8月中旬）

（《瞭望》周刊2022年第35期发表了本访谈的部分内容。）

"史诗"意蕴的现代阐释与历史流变
——湘潭大学文学与新闻学院季水河教授访谈

汤林峄

新世纪以来,大众媒体的勃兴深刻改变了整个人类社会结构。就文学艺术创作与批评而言,传统诗学的经典阐释与现代意义的叙事重构并行不悖,文学文本的体裁形式也开始从诗歌、小说、戏曲向电影、电视、网络视频拓展,典型代表如"史诗",在影视传播的背景下就被赋予了新的意蕴与内涵。

从表面上来看,作为一个诗歌发达、史学发达的文明古国,"史诗"一词仿佛天生就是为泱泱中华所设,二十四史中数不清的风流人物,留下了太多千古绝唱。于是,时至今日当我们用影视与文学作品来回首往事时,总喜欢用"史诗"二字。从易中天走上百家讲坛开始,三国故事重新回暖,如今这段分裂的历史又被搬上了大银幕,即将上映的吴宇森导演的《赤壁》,因预告片中的宏大场面,马上被媒体冠以"史诗"电影的称呼,而近期已上映的三国电影《见龙卸甲》则更夸张,影视公司在推荐影片的时候,就给自己定了性——史诗。

当我们已经习惯将历史故事影视化时冠以"史诗"称谓,殊不知,这个词本身就是一个舶来品。"史诗"到底是什么?我们中国有"史诗"吗?这是一个有意思的问题。我们特地走访了湘潭大学文学与新闻学院院长,比较文学与世界文学专业博士生导师季水河教授，帮我们解惑。

什么是"史诗"

汤林峰：什么样的作品才能称之为"史诗"？

季水河："史诗"是一个特定的概念，就其本身而言，是指人类社会早期"叙述英雄传说或重大历史事件的叙事长诗"。它出现在人类社会早期的英雄时代，内容主要是歌颂远古的英雄，通过对英雄的歌颂，全景式地反映当时的社会面貌。比如古希腊时期的《荷马史诗》，中世纪的《尼伯龙根之歌》等。

早期的史诗都有一些共同的特点：从主人公的方面来说，歌颂的主角当然是人类早期传说中的英雄人物；从反映生活的角度来说，史诗都有一个相当长的时间跨度，它反映了一个时代，或者说一个早期国家、民族的历史演变；所追求的风格带有一种崇高的精神。

汤林峰：可是在文学体裁的划分中，"史诗"首先必须是诗歌。

季水河："史诗"诞生于英雄时代或者野蛮时代，在这个时期，世界各种文明是没有文字记载的，没有一个物质载体，这也和当时的科学技术有关，所以"史诗"是艺人之间的口耳相传，一代一代的传唱，甚至是通过师徒关系的传承，或者把"史诗"当作一个民族的象征，代代相传下去。这也是最开始的时候，"史诗"选择的载体是诗歌，因为只有诗歌适合艺人吟唱与记忆，这是适合早期流传需要的。直到后来有了文字和印刷术，"史诗"才有了文本。

到了现在，"史诗"的传承已经不需要诗歌这种特定的体裁来实现了，电子媒体的兴起已经把作品完全形象化，"史诗"的演变——从诗歌转变为其他体裁，可以说与科学技术的发展相辅相成。比如印刷术普及以后，"史诗"的流传就很少由从前那种行吟诗人来传唱，诗歌也就不再是最适合"史诗"的载体，戏剧和小说成为"史诗"的主要表现形式，更有利于人们阅读。

这样，"史诗"的表现形式就开始呈现出多样化的趋势，可以变成剧本来演出，可以写成小说供人阅读。

我们如何判断"史诗"

汤林峄：现在有许多作品动辄冠以"史诗"之名，这样做恰当吗？

季水河：现代的许多文学作品，甚至影视作品都冠以"史诗"的名称，这样做并不是很恰当。"史诗"在早期是属于特定的题材，这和悲剧一样，随着时间的流逝，"史诗"和悲剧都没有局限于当时歌颂的对象。但是，"史诗"这种题材的内在精神要求还是必须存在的。所以，我认为现在的小说、电影和戏剧如果要冠以史诗之名的话，首要条件应该是作品本身具有叙事性以及气势恢弘的特征。

另外，凡是冠以"史诗"的作品，在时间跨度上不能够是短短几天或者几个月，应该具备一个较长的时间段。比如托尔斯泰的《战争与和平》，它就是一个大时代的叙事性作品。另一方面，"史诗"中的主人公必须具备一种英雄的精神。

从"史诗"的演变上来说，从用诗歌来叙事，歌颂英雄，描绘一个时代，这种纯粹意义上的史诗可能已经消失了。但后世的"史诗"应该是脱胎于此，形式已经改变了，但史诗精神依然应该得以延续，它应该具备古代史诗的几个要素：重大的题材，较长的时间跨度，主角是具有崇高精神的英雄人物，总体格调的庄严性。

汤林峄：您刚才说到了"史诗"作品中人物形象的崇高性，这是"史诗"的必要条件吗？

季水河：早期的"史诗"中所描写的人物基本上都是英雄，而现在不一定，但这些被歌颂的人物依然具备英雄精神与英雄气概，依然与命运进行着抗争，依然有着崇高的精神。

"史诗"作品中的人物形象的崇高精神，不是来自于他的身份，主人公既可以是王公贵族，也可以是普通民众，这种崇高精神可以说是来源于对命运的反抗，不管最后的结局是成功还是失败，但这种对命运的抗争精神还是一脉相承的。如果说这种与命运抗争的搏斗精神，或者说追求精神都没有的话，这种人物的崇高感也就不存在了。

这种崇高感让"史诗"本身表现出一种恢弘悲壮，从审美的角度来说，给人一种严肃而激昂的美感。

史诗大片的是与非

汤林峄：现在很多三国电影被称为"史诗"，在电影中赵云的形象被英雄化到了极致，您怎么看？

季水河：如今的"史诗"已经演化成为一个母题，比如《三国演义》，在中国可以说是家喻户晓，通过戏剧、说书、讲故事等传播途径，人们通过三国故事了解到了一种精神，如刘、关、张三结义的忠义精神，可以了解到称为英雄的是些什么人，哪些人可以称之为英雄。在这种传播中，人们心目中形成了一个英雄的模式，也许他们并不能很好地解释崇高精神，但作为一种无意识的感觉，人们可以体会得到。

久而久之，一种如何评判英雄的机制在一个民族的意识中沉淀了下来，也许很多人不能清楚地说出构成"史诗"的要素有哪些，但他们通过自身的感觉依然能够很好地理解"史诗"，每个民族的欣赏传统帮助人们很好地解读了"史诗"。

各个国家都延续着自己的文学传统，一个文学题材一旦发展成熟以后，后世如果还冠之以它的名字，就必须符合过去的规范。拿赵云来说，除了《三国演义》之外，过去有许多戏曲都已经把他神化了，在中国古代戏曲当中，基本上都是片段式地演出，如京剧《长坂坡》，这样就能够更加突出主人公某一方面的性格特征，以达到舞台化的效果。这是一种典型的英雄化现象，而且是将这种英雄化的现象发展到了极致。

汤林峄：还有马上就要上映的三国大片《赤壁》，它能够称之为"史诗"吗？

季水河：如果说《赤壁》具备"史诗"性的话，它有几个前提：其一，场面恢弘，这是我国历史上最著名的战役之一，一战决定了三分天下。其二，背景为人们所熟识。它来源于三国故事，而这一故事在中国可谓是家喻户晓，特别是这几年《百家讲坛》易中天对三国的再度普及，使得人们对《赤壁》的整体背景了解得更加深刻。其三，可以说《赤壁》取材于一部"史诗"，而且是这部"史诗"中最精彩的一个片段。

因此，《赤壁》中"史诗"的基本要素还是具备的。由于观众对三国的了解，在观看《赤壁》之前，观众的心中就有了一个投影，一个基本的概念。从接受的角度上来说，《赤壁》是一个有"底色"的屏幕，观众是在熟识的基础上去欣赏《赤壁》的画面。

当然，对这种名著的改编往往是吃力不讨好的。就是因为观众心中已经形成了基本的英雄形象，在观看之前都会有一种心理期待和阅读期待，"本来应该是什么样子的"。一旦观赏后的形象差距太大，观众会认为不成功；如果完全一致，观众又会觉得没有突破。所以，阅读期待既要求"既在意料之中"，又要求"出乎意料之外"。

这种名著的改编相当于二次创作，不能脱离传统，又要有所突破。我们需要的是"熟悉的陌生人"，用别林斯基的这句话来表述观众对电影《赤壁》的要求最为恰当。同样，这句话也可以用来要求"史诗"，"熟悉"是指对"史诗"的基本品格要求，"陌生人"是不同时代会出现不同的"史诗"，会呈现出不同的英雄人物和崇高感。

（原载《今日女报顶级 TOP》2008 年第 5 期）

（汤林峄，男，湖南省湘潭市人，湘潭大学文学与新闻学院 2008 级比较文学与世界文学专业博士研究生，文学博士。现为湘潭大学文学与新闻学院副教授、硕士研究生导师）

红色经典不仅仅属于历史
——与季水河教授谈红色经典

喻 乐 尹东洋 郑松松

特定的历史时期会出现特定的文学现象。特殊的时代催生了大量的红色文学作品。本期面对面，我们与湘潭大学文学与新闻学院季水河教授一起重温那些牵系着几代人记忆、震撼了几代人心灵的红色经典文学作品。

记者：季老师，您好。今年是建党90周年。回顾历史，我们很容易联想到当时的文艺作品如红歌、红色经典小说等，那么，您眼中的红色经典小说有哪些？在您看来，它们具备哪些特征和精神内涵？

季水河：我是50年代中期出生的。我们当年读的红色经典小说主要有《青春之歌》《林海雪原》，还有"三红"《红岩》《红日》《红旗谱》以及描写抗日战争的《战斗的青春》等。当然，创作于革命时期、新中国建设时期的红色经典小说还有很多，比如湖南著名作家周立波的《暴风骤雨》等。

首先，从小说的角度来说，这些红色经典小说必须是描绘当时社会生活的壮丽画卷，塑造出个性鲜明、时代特点突出的典型人物形象；要有比较深刻的思想内涵，能体现作家对那个时代的独特发现和深刻见解。其次，红色经典小说是特殊时期出现的，大多是描写革命战争年代和社会主义建设时期的生活，其内容必须表现一种革命性。再次，从主要人物形象的精神品格来看，他们都有一种英雄主义品格和主动献身精神，所有红色经典小说都必须具备这种精神。如果主人公不具备这种精神，即使是那个时代的作品，也称不上红色经典小说。

记者：在您成长的过程中，您读过哪些红色经典小说，能说说当时的阅读感受吗？有没有对您产生过很大影响的作品？

季水河：我们那个年代可读的文学作品大多是红色经典，像《林海雪原》《青春之歌》《红岩》《红旗谱》等，都是当时影响比较大的红色经典小说。当时觉得这些小说人物形象鲜活，情节生动感人，令人热血沸腾，具有鼓舞人心的力量。通过阅读这些红色经典小说，心灵受到了很大的震撼，很多小说的内容到现在还记忆犹新。中学时读的《红岩》，至今仍清楚地记得江姐、许云峰这些个性鲜明的人物形象。

对我影响较大的红色经典小说有《青春之歌》《林海雪原》《红岩》等。这和生活地域的接近性，个人情感的相似性有关。比如《红岩》描写的是发生在重庆的事情，我是四川人，所以地理上比较接近。更重要的是，我们那个年代的人大都有英雄情结和红色基因，都喜欢看革命题材的作品。我当时年龄比较小，对生活的理解还不是很深刻，但看过后确实很感动。作品中英雄人物那种不怕苦、不怕累、不怕死的坚强意志，特别是那种奉献精神对我们那一代人影响深远。我们那个年代的人不会先谈待遇，后做工作，做事都兢兢业业，这与革命时期所形成的精神沉淀是分不开的。现在，我则更多地把那种精神和态度，放在学习和工作上，以追求更高的目标。这种精神可能在面对不同的任务时有不同的表现形式，但确实存在，这与当时的革命教育和红色经典小说的熏陶是分不开的。

记者：一个特定历史时期会产生特定的文艺现象，无论是延安时期，还是十七年文学时期，红色经典小说承载了当时历史和时代的使命，可以说是文以载道，它产生了很多正面的影响，但从文学角度来说，也存在很多缺陷，例如人物形象过于高大全、二元对立思维等问题充斥于很多红色小说中，使这些小说受到诟病，那么您是怎么看待这些缺陷的？

季水河：任何时代的文学恐怕都是有缺陷的，即使是外国文学经典，在当时也有人指出它们的不足，到今天也能看出它们的局限，只是这种不足与局限有多与少的问题。我们用今天的思想和艺术的标准、历史和美学观点来综合衡量红色经典小说的话，这些作品确实存在很多局限。但是，这种局限更多的是时代的局限，因为这些文学作品确实承载了当时的历史使命。我认为，这种局限的出现主要有三个方面的原因。

第一，文以载道是中国文学的传统。从孔子提出"兴观群怨"到白居易的"文章合为时而著，歌诗合为事而作"，中国文人的文艺思想主要是以儒家为代表的文以载道思想。当然道家文学传统有更多的出世思想，审美性要浓厚一点。红色文学就是文以载道思想的一个延续。任何作家同时也是读者，都要受到古代文化的影响。那一代作家受中国古代传统文以载道和文学为时为事而作思想的影响比较大，这种影响作为一种精神积淀在写作时就表现出来了。当时，这种局限主要来自过分突出、过分宣传思想或者说过分强调文以载道。

第二，五四以来，中国形成了一种文学为人生而艺术而写作的观念，红色文学实际上也是五四新文学以来这种为人生而艺术观念的延续和发展。人生是社会的人生、时代的人生，为人生而艺术的观念中，本身就包括了为社会、为时代而艺术的因素。表现在红色小说中，过分突出了社会与时代因素，弱化了个人的情感特点与内心世界。

第三，阶级斗争的扩大化更赋予了文学沉重的政治任务。在中国革命时期和社会主义建设时期，文学是为革命战争、为政治服务的，也是阶级斗争的工具。在当时的历史背景下，文以载道被发挥到了极致，文学的社会功能与政治功能被片面地扩大了。这些文学作品在发挥正面作用的同时，艺术性和人的情感就自觉或者不自觉地被牺牲掉了。

为什么会有"高大全"的形象？其一，"高大全"是时代的呼唤，因为阶级斗争是反对人性和人情的,"高大全"形象就是舍弃人性人情,而突出理想忽视现实,突出精神忽视情感,阶级斗争的时代需要这种形象。其二,当时的社会生活存在着这种人物原型,他们不计个人得失,牺牲自己的利益而为集体无私奉献。其三,艺术家通过进一步把这种形象简单化,"高大全"的人物就出现了。"高大全"最大的问题在于人物的矛盾心态和复杂性格没有得到呈现。理解一种文学现象一定要回到历史中去看。时代发展了,文学人物的性格只有具有丰富性和复杂性,才能全面正确地反映生活。从文学本性来说,这种"高大全"形象是有局限的,但我觉得应该以理解为前提,在理解的基础上来探讨这种局限。

记者:现在的年轻一代越来越远离那段历史,谈到红色经典小说,可能大部分年轻人流于表面一些浮光掠影的印象,个别年轻人甚至乐于颠覆英雄人物,从中得到娱乐的消遣,那么,您是如何看待这种现象的?

季水河:任何一个时代都存在重写已有作品和题材的现象。在娱乐化和消费主义时代,恶搞英雄、颠覆经典现象的出现,首先是因为时代氛围提供了这样一个恶搞环境:娱乐至上,躲避崇高,缺少对英雄的尊崇感;其次,90后、00后这两个年代的人,从小在图像熏陶下长大,在娱乐引导下成长,他们追求刺激,崇拜娱乐明星,已经形成了快乐至上这样一种心理结构。要去娱乐要去消费要去恶搞,应该寻找更适合今天这个时代的东西,不应该建立在对那个时代的颠覆上,更不应该恶搞那些已经在过去一代人心中打下了烙印、产生了圣洁感情的东西。

记者:随着时代的变迁,对红色经典小说的解读也在不断地发生变化。20世纪末以来,文化市场上掀起了"红色经典"浪潮,不断涌现出翻拍自红色经典小说的影视作品,如《野火春风斗古城》《林海雪原》《平原枪声》等。而这些作品与原著有很大差距,大多趋于娱乐化,也添加了很多戏说成分,爱情甚至取代抗争与革命而成为叙事中心,针对这些影视剧的质疑声此起彼伏,您如何看待这种变迁?

季水河:改编主要是两种,把电影改成电视,将小说改成电影电视。改编是二度创造，这就容许有所改变，有所发展，有所补充，有所创新。如果原作没有多少阐释空间，偏离原作基本内容和价值取向的"发展"不是改编而是颠覆。所以，改编要把握住原作的基本精神和价值尺度。在原有思想价值的前提下，增加它的娱乐成分是可以的，这会使作品内容更丰富。但是，如果纯粹颠覆原著，把严肃的叙事改变成戏说的叙事，这是不对的。我认为可以增加某些成分，但不能改变叙述模式，不能改变原作人物的基本性格和理想追求。在原作基础之上，增加性格丰富性、生活的多彩性、还原文学典型的这一种基本要求我认为是可以的。

（原载《湘潭日报》2011年5月9日）

书香满屋　河水潺潺

——纪录片《老师的书房》第一季访谈

刘雨薇　整理

主持人：绕架藏书宿此楼，楼中人士数风流。在三湘大地上，坐落着这样一所大学。它毗邻湘水，坐对山麓，在一片原野上，开辟出生生不息的求学景象。在这校园之中，幽栖着一众老师。他们积书满架，朝习暮览，打造出了一方属于自己的琅嬛之地。《老师的书房》系列短片将带您走进湘大老师的书房，与您一同观其藏书之富，品其人生趣味。

这是一个和暖的春日午后，在湘潭大学松涛村的一栋老式住宅中，一位精神矍铄的老人正在伏案读书。这是他的书房，书盈四壁，芸香氤氲。

博览群书

主持人：季水河是湘潭大学文学与新闻学院教授，一位酷爱读书、藏书的学者，有关他藏书数量的猜测，一直在校园中悄然流传着。那么，他到底有多少册藏书呢？

季水河教授：我没有具体统计过，大致估算，应该是26000册书左右。我有好几间书房。如果松涛村这儿算三间，我在教师公寓住的地方和教授工作室加起来还有几间。根据这个计算出来，有26000册左右。我不是专门藏书，是把用和藏结合起来，为用而藏，以藏为用，藏用结合。

主持人：满架藏书是季老师的良师益友，它们包罗万象，涵盖了文、史、哲等诸多领域。季老师，能谈谈您的藏书经历吗？

季水河教授：我最早的藏书主要是文学、文学理论、美学。现在不仅比以前数量更多，门类也增加了不少，可以说是文、史、哲、经、管、法，包括宗教各类书都有。肯定越读拓展的知识面越宽；知识面越宽，你想了解的东西越多。如果说最早局限在专，那么现在是专与博的结合。因为早期把专的书已经读得差不多了，所以现在往博的方向发展了。

主持人：由专至博，专博结合，季老师的书愈读愈繁，越藏越多。浩繁卷帙中，有这样一套藏书，它对季老师的学术研究和人生走向，均产生了极为深远的影响，是他心中的"镇馆之宝"。

季水河教授：提起我藏书中的"镇馆之宝"，我自己认为，是关于不同时代、不同版本的《马克思恩格斯全集》《马克思恩格斯选集》。《马克思恩格斯选集》，我有1972年版、1995年版、2012年版。《马克思恩格斯全集》，我有从1950年代开始出版，一直到1980年代才出齐的第一版，从1990年代开始出版的第二版，我也有20多卷。

主持人：1974年，季老师用自己半个月的工资，买下了一套《马克思恩格斯选集》《列宁选集》。自此，他开启了一场几十年不曾中断的读书、藏书之旅。

治学育人

主持人：成为一名教师后，季老师很注重将读书与治学相结合。在这方面，有一位对其影响至深的人——复旦大学教授蒋孔阳先生。老先生已逝世20余年，但谈起蒋先生，季老师仍切切在心。

季水河教授：40多年前，我开始研究美学时，向蒋先生请教过如何学习美学，如何读美学书，他对我的影响是比较大的。影响在哪里？就是要把读、思、写三者结合起来。读一本书，要思考问题，思考了问题，要把它写下来。这也是我一直保持的一个习惯。比如我现在读书，书是我自己的，我会在书上面画重点，书的旁边会做批注，或者是总结这一段话的观点，或者就这段话提出问题。同时，我在书的旁边一定会放一个本子，这个本子就把读了书有什么收获，或者为我学术研究能够提供一个什么观点启示，我就把它们记在这个本子上。最后在写论文、写著作时用进去。

主持人：在治学育人上，季老师提倡学生们努力在阅读与研究的结合中寻找快乐，享受快乐。他说自己在给学生推荐书目时，往往以广泛的阅读为开端，以文学和美学为聚焦点和落脚点。

季水河教授：我跟我的学生推荐的书目，包括文、史、哲。我觉得学文学的人要读一点哲学。所以我就跟他们推荐了罗素的《西方哲学史》，冯友兰的《中国哲学简史》。美学方面我推荐两本书。一本是朱光潜的《西方美学史》，另一本是蒋孔阳的《美学新论》。《美学新论》这本书有三个鲜明特点：第一，几乎把美学应该有的知识都包括在内；第二，它是"新论"，有很多新的理论，新的观点；第三，它特别关注当代审美实践的发展。也就是说它是一部把知识性、理论性、当代性融为一体的学术著作。

时代情怀

主持人：数十年的求学、教学生涯催生了季老师心中的时代情怀。他说，他对"时代"一词抱有深深的敬意，因为是时代磨炼了他，亦是时代造就了他。

季水河教授：我们这一代人，对时代抱有深深的感谢。在改革开放以前，不管是物质生活和精神生活，那个时候应该说算是很艰难的。但是，就我自己而言，应该是这种艰难的时代，磨砺了我坚韧的品格和不屈的精神。从改革开放以来，无论从物质还是精神都是一个开放的时代，这个时代为我们这一代人的成人成才，提供了一个非常好的机遇。我们是改革开放以后读的大学，可以说是一个非常有益于人成长的时代，为我们学术视野的拓展，提供了很多的精神食粮，也就是各类不同的书籍，知识、理论。所以我说要感恩时代：前一个时代磨砺了我们的品格，后一个时代为我们的成长提供了良好机遇。

主持人：或许，是时代赋予了季老师数十年如一日的求学治学之志。而书籍，作为季老师攀登理想之峰的阶梯，曾在无数个日夜与其相伴，相依而眠。学者的治学之乐，正在于此：有书盈架，有书房可安放灵魂。

季水河教授：我买书藏书得到了家人的大力支持。我爱人杨力教授以前是中学教师，在达州市一所中学教书。那所中学旁边是达州市新华书店的一个很大的门市。她有时路过，也进书店看一看，她看到我需要的书，她也会给我买回来。

（2022年4月于湘潭大学图书馆录制）

（刘雨薇，女，湖南省湘潭市人。湘潭大学文学与新闻学院2021级比较文学与世界文学专业博士研究生）

第四编 | 交往忆叙

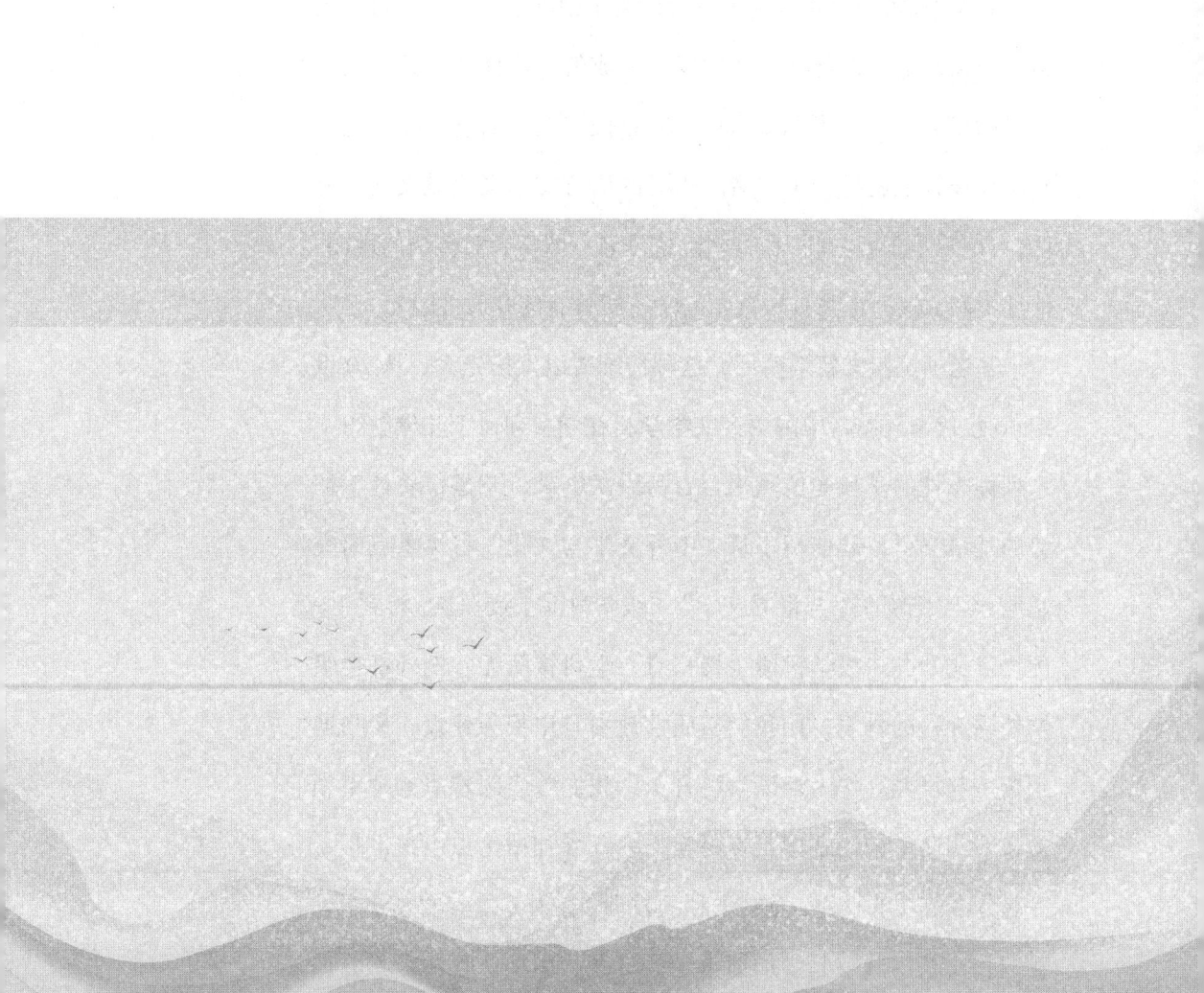

我们眼中的"水河先生"

文卫平 陈 琳 胡 强 熊 毅

湘大外语学科20多年来一直得益于中国语言文学学科的支持,中文外语和谐与共,协同发展,成就一段佳话。其实两个学科的融合可以追溯到20世纪70年代末期,当时学校的院系建制在设计上就糅合了二者。当时的语言文学系覆盖汉语与外语,可谓秉承了西南联大的理念。这是老一辈学者对传统的遵循,体现了湘大这所汇集百校资源的学校所具有的开放性眼光。

季老师接棒文新学院后,这种传统得以发扬光大。从20世纪90年代末开始,中国语言文学学科在学科建设上相继获得一系列标志性的学科学位点平台,每一次突破,总是带着处于弱势的外语学科一起前行。从"中外文学与文化"省级重点研究基地,到"比较文学与世界文学"二级学科博士授权点,再到"中国语言文学"一级学科博士授权点,学科梯队无一例外都会吸纳外语学科的骨干,让我们实质性地参与申报与建设,参与博士招生与培养。作为外语学科骨干,我们曾经跟着季老师率领的文新团队一起论证博士点材料,一起参加博士点申报汇报,一起分享成功的喜悦,总结失利的教训。在人才培养的过程中,我们和文新团队一起参加博士生的开题、中检、答辩,不分彼此,我们自己的学生接受团队老师毫无保留的指导,吃着百家饭成长。这种全程融合,给外语学科注入了活力,积蓄了能量,使外语学科在学位点建设的过程中也能够形成完整的本—硕—博贯通体系,为进一步发展奠定了良好的基础。

当然,外语学科也有单飞的时候,当我们单飞乏力时,中文学科便是我们可以依赖的后盾,季老师会在幕后推我们一把,运用自己的学术影响和学术资源全方位提升我们学科的竞争力,使我们得以在有限的学科资源竞争中脱颖而出,获得宝贵的发展空间。

虽然每一个学科都遵循其学术自身规律,具有相对独立性,但在当今时代,学科之间的交流、沟通、融合成为大势所趋。打破学科壁垒,积极推进学科之间的协同共生是新文科倡导的理念。作为湘大中国语言文学学科带头人,季老师以其胸怀与远见,承上启下,一直在自觉践行新文科精神,在成就中文学科的同时,不断成全外语学科,推动两个学科走向纵深发展。

作为外语人,我们非常珍惜与中文相向而行的这份情缘,感恩季老师20年如一日的支持与扶植。珍惜当下,把握未来,我们将继续与中文学科携手,一起走向未来。

——文卫平(湘潭大学外国语学院教授、博士生导师、国家级教学名师、全国模范教师)

我虽离开母校湘潭大学多年,但内心始终怀有对母校的深情眷恋,那里有我敬重、感觉非常亲切的师友。季老师就是一位让我非常钦佩、一直心存感念的师长。

季老师是一位热爱学术、治学严谨、博学精进的学术前辈。他对学术研究与教育事业有着真诚的热爱,感人至深。无论是讲课、讲座还是其他形式的交流,他总是激情澎湃、陈词犀利、逻辑严明、条理清晰、内涵丰富、引人深思。正因为有了这份真正的热爱与执着,季老师才能将他的全部精力与热情投入这份事业中,把平凡做到卓越。

季老师是一位高瞻远瞩、胸怀开阔、提携后学的学科建设专家。记得当年,外语学院的学科建设遇到瓶颈，寻求发展。在这关键时刻，季老师出手倾力扶植，耐心听取了我们的汇报，高度肯定了我们的想法，并认为该博士点的建设需要与汉语学科开展跨学科的研究，从而相得益彰。他的一席鼓励话语与支持肯定的态度，立刻让我们如释重负，非常感激。随后，汉语学科顺利地加入到了该博士点的建设工作中，启动了博士生的招生培养工作。这一切都是季老师对外语学科的倾力支持与提携的结果。

季老师，卓越而至纯：学术研究造诣深厚；对事业热爱执着；对同仁关爱提携。我，心向往之而不能至。

——陈琳（同济大学外国语学院教授、博士生导师）

认识季老师是在1998年，当时我是外语系的青年教师，留校不久，正准备考研。张铁夫老师叮嘱我去中文系旁听几门课程，提高一下文学基础和理论素养。我选的课程中就有季老师开设的美学课。当年上课的场景依然历历在目。季老师待人随和亲切，声音洪亮，走廊里都听得清清楚楚，他授课的内容系统而前沿，让我这个青年教师眼界大开。

完成硕士论文初稿，铁夫先生多番指导修改，之后又告诉我送一稿给季老师看看，提提意见。季老师从百忙之中抽出时间，通看全文，仔仔细细批注了二十几条，还提供了五本参考书目。现在回想起来，那时的导师关系和学术氛围真好，让年轻的一辈耳濡目染，受用终身。2002年，硕士毕业后，我去浙江大学攻读博士。其间也常回湘大上课，每每在校园中遇到季老师，他总会聊到这三类话题：一是学习紧不紧张，要注意锻炼身体，要保持节奏，也要关心支持自己的家人。二是要把眼界打开，多看主流期刊，追踪学术前沿，培育学术敏锐，挖好一口深井，在基础上多下苦功夫。三是光读不写不行，论文是写出来，修改好的，科研既是一种训练，也是学者的一种修行。博士毕业以后，我一直在外语学院工作，从讲师到副教授、教授，从系主任到副院长、书记、院长，无论是教学科研，还是行政管理，二十多年来，我得到了季老师无微不至的关心、帮助和扶持。

文科楼在外语楼的右首，我也记不清有多少次，站立在办公室的窗边，默默看着老师从楼下经过，那是一种很温暖的感觉。有老师在，我们心里踏实。他是湘大前辈学人的杰出代表，也是湘大精神的卓越体现。春风化雨是他留给青年人的温暖背影，坚韧前行是他留给自己的生命情怀。

——胡强（湘潭大学外国语学院教授、博士生导师，湘潭大学研究生院院长）

季老师很忙，但偶尔会在学校家属小区里遇见他。记得在春暖花开的一天，我远远看到一个朴素的身影出现在小区的马路上，匀称而坚毅的步伐里透着熟悉的感觉，是季老师。我赶紧三步并作两步走，加快了步伐跟上。季老师感觉到了紧跟身后的我，放慢了脚步，侧过身来，看着我，朝我微微一笑，笑容温暖而慈祥。我突然不知该说什么，蹦出了一句，"老师，您身体还好吗？"话刚出口，就感觉自己好笨，原本有好多的话想跟老师说，为何偏偏选了这么一句？

其实原因很简单，在湘潭大学学习和工作期间，季老师给我留下了很深的印象，其中有一个印象已内化于心，成为我的潜意识。读书时的我比较自卑，常常很努力地想给身边的人留下"完美"印象。因此，不敢太靠近老师，总担心自己的知识储备不够，面对老师的提问没法给出满意的答案。于是，我选择了在教室里静静地听着季老师讲授美学课，课后回想老师铿锵有力的声音和授课内容。后来，我努力钻研，想成为一名像季老师一样的好老师。我铆足了劲，写了一篇论文，去请季老师指点。那天，季老师看上去有些虚弱，但是还是很耐心地逐字逐段指出文章中所存在的问题。我后来才知道，那一段时间季老师身体很不好。那次以后，我再也不敢贸然去找季老师，担心我的讨教会加重老师的负担。

但是季老师的指点从来没有间断过。曾记得，季老师来到外国语学院给我们传授国家课题申报项目书的撰写技巧，他声音洪亮、语重心长。曾记得，季老师在学校社科处的邀请下给我们讲解科研选题、学术语言表达，以及论文的格局等，讲解详尽且高屋建瓴。

无人不称赞季老师的精彩的课堂、深邃的洞察力和严谨的学术思维。季老师在我们心中已经是一座灯塔，时刻照亮我们前行。他在学术上的执着追求，在研究上的高瞻远瞩不断地影响着我们。还记得在国家课题申报前，有一位前辈指点我，要学习季老师的写作思路和构思技巧方能成功。每当我进入学术倦怠状态时，也会想起季老师的坚持，他和师母杨老师一起在中国国家图书馆查阅资料，一待就是好几个月。

季老师是我们心中的一道光，让我们"年轻的眼眸里装着梦，更装着思想"，指引着我们去追寻诗与远方。

——熊毅（湘潭大学外国语学院教授、硕士生导师）

道德文章在　乾坤日月长

——畅聊湘潭大学季水河教授实录

曹　辉　杜　立

杜立：曹老师您好，今天访谈的主题是湘潭大学教授季水河先生的治学育才之道。和以往的受访者被动回答问题不同，这次是您主动想和读者朋友聊一聊季水河先生，请问是什么样的缘由促成了今天这次访谈？同时作为一名从湘潭大学中文系走出的新闻界知名人士，您能否谈谈对于这位母院老师的第一印象？

曹辉：我想大家谈起湘潭大学文学与新闻学院（后面简称"文新院"），都会绕不开季水河先生这块金字招牌。七年前我曾报道过他在马克思主义文艺理论研究上的突出贡献，现在时间已近2022年中，季老师已在湘大工作了三十个年头。三十年栉风沐雨，三十年春华秋实，除了在学术领域结出累累硕果，同时他也为文新院的薪火相传做出了不可磨灭的贡献。

上周二季老师告诉我，他在湘大的弟子正在筹备出版一本名为《静水河深：季水河先生治学育才之道》的书，以庆祝季老师从教50周年和来湘潭大学工作30周年。该书设有《序曲》《水河自述》《著述评论》《学术访谈》《交往忆叙》《报道精选》等栏目，编者认为我是文新院院友中与季老师交往多、关系好的朋友，建议我写一篇"心目中的季老师"，季老师便代编者向我约稿,我欣然应允。一是为这数十年来季老师在治学育人等各个领域取得的卓越成就而高兴,我作为文新院院友与有荣焉;二是为能够畅聊季老师而高兴,并且在第一时间想好了稿子的标题"道德文章在,乾坤日月长",季老师的德才两方面都值得好好谈一谈。至于出稿形式,我觉得其他文体都不及访谈来得亲切,所以我想畅快全面地谈一谈这位亦师亦友的学术大师。

说来惭愧,我对季老师的第一印象并不十分深刻。1992年我进入湘大中文系学习,1993年季老师从四川调来湘大,在校期间未曾上过他教授的课程,故而两人的交集并不算很多,反而是在参加工作后与季老师的联系日益紧密了起来,尤其是2013年我担任湖南日报社湘潭分社社长以后就更多了。应该说,我和季老师的师生名分在1993年就已定下,后面这种亦师亦友的关系是逐步培养起来的,我对季老师的印象也在这个过程中逐渐深化。我的印象里,他是一位秉节持重的长者,是一位笔耕不辍的学者,是一位诲人不倦的师者,随着岁月沉淀,这种大师风范就显得愈发厚重。在岁月的流逝中不仅不被侵蚀,反而越发精进,历久弥新的秘诀有两点:一是在某一领域持续不断地深度耕耘,二是在前进道路上不断进行自我鞭策、自我促进,季老师把这两点都做到了极致。季老师有着大师的"可敬",但并没有大师的"可畏",他并不是一位高山仰止难以接近的学者,他为人磊落大方,待人温和宽厚,每次和他相处我都觉得很亲切,这一点不光是我,他的弟子们也是深有体会。

杜立:在您刚才的谈话中不止一次提到了"大师"二字,足以见得您对这位母院老师的敬重与推崇,同时您也谈到了您对他的印象是随着时间的推移而越发深刻,在此想请您谈一谈,在最近与季老师相处的几年里,有哪些让您印象最为深刻的事情?

曹辉:有两件事我印象很深。第一件是2018年12月8日,我的新书《与名流面对面——曹辉新闻作品精选》在湘潭大学图书馆举行首发仪式,还有新闻讲座和签售活动。这本书是我二十多年新闻生涯的映射与小结,其中倾注的心血自不必说，而湘大就是我新闻梦的起点。当天的气氛很热烈，除了有湖南日报、湘大校领导及相关院系的负责人出席外，活动主办方还非常有心邀请母院两位老师出席发言。其中一位是王洁群老师，他是我大学四年的班主任，作了"'成就事业'是最好的礼物"讲话；另外一位便是季水河老师，作为专家学者代表对我的新书进行了细致精炼的分析与评论。他在讲话开篇便称赞我是一位勤奋敬业的新闻记者，20余年的新闻工作中发表了400余万字的新闻作品，让我十分感动，说明母院的这位老师在我离开湘大之后仍然时常关注我，关注我的作品，关注我的工作经历，既能看到我在新闻道路上取得的成绩，也能看到我这一路走来的艰辛。对于我的报道特点以及在新闻领域所作的种种探索，他都有所了解，他对我的评价并不是浅显的抑或是客套式的，而是一位母院老师对学生诚挚的关爱。同时，季老师也从专业化视角对我这本新书进行点评，他综合了本书的51篇人物报道，对我的人物报道的三个特点进行了深刻分析：第一个特点是平视的眼光，他在书评里谈道："无论高官还是百姓，是长者还是幼者，都是他的报道对象，也都用一个新闻人的眼光平视他们。"的确，在我对各个名流的报道里，不论是党政领导还是文化精英，抑或是科教雄才和社会贤达，我不会将他们塑造成一个人人敬而远之的形象，而是在同一维度的视域下向读者呈现一个可触碰可感知的新闻人物。第二个特点是对话的心态，季老师说："曹辉总是试图用一种对话的心态去接近他们，认识他们，理解他们，与他们进行心灵的对话，并在对话中达到了心与心的交流，情与情的感应。"这句话的评价很高，应该说是新闻记者在做人物报道时都想达到的一种状态，如此才能发掘出有价值有共鸣的新闻线索。第三个特点是生活化的题材，季老师说："曹辉不仅在'怎样写'上花了功夫，而且在'写什么'上也做足了功课。他的妙招是跳出报道对象的角色定位，侧重选择他们的日常生活题材，去表现他们作为普通人的一面。"确实，在人物报道中以日常生活为侧重点，可以展现名流们平日里不为人知的另一面，同时又可以拉近报道人物与新闻受众的距离。说实话，我自觉功力还远未达到他所说的高度，所以我把他的书评更多地作为一种勉励，常记在心时刻鞭策，以提醒我在新闻道路上不忘初心砥砺前行。

还有一件事是在今年3月15日，季老师与文新院雷磊院长、资义平书记一同来到长沙筹备湘潭大学长沙校友会文学与新闻学院分会的相关事宜。上午他们在程兴国师兄家里先行探讨了与之相关的具体工作，中午邀我一同吃饭，席间讨论湘大的人和事，在这个过程中我感受到了季老师对湘大的用情至深。季老师在湘大生活工作了三十年，在历史长河中，三十年足以让一个社会发生翻天覆地的变化，更遑论对一个人的影响。三十年间，季老师终成湘大文新院的一代大师，这里的一草一木，这里的每一个故事，都承载了他太多的回忆与情怀。人生能有多少个三十年，季老师谈论湘大的每一席话语包含了多少情感，可能只有他最清楚，要成为一所大学里、一个学院里的一面旗帜需要哪些特质？有人说是著作等身的学术成果，是奖章满墙的巨大荣誉，是世人皆知的斐然声望，是桃李满天的育人硕果，我认为这些并不全面，应当是一种坚守，是一种陪伴，留给学院的不仅是物质上的，更应该是精神上的、哲学上的。季老师能成为湘大的一面旗帜，是因为他对湘大倾注了满腔热忱与难以估量的辛劳付出，他认可湘大的精神，他参与湘大的建设发展，他是"博学笃行，盛德日新"的忠实践行者，他陪伴着湘大不断发展壮大，他见证着湘大的再次崛起，将自己融于湘大的发展之路中，这种精神，这份情怀，令我动容。饭后我邀请季老师一行到湖南日报社长沙分社指导，我领着他们参观了长沙分社的文化长廊，并且在办公室内向湘大的几位老师汇报了我这些年在湘潭分社和长沙分社的一些工作情况，其间的成果与挫折一并向他们讲述，季老师听后很高兴。季老师是马列文论研究以及文艺理论研究的专家，在新闻传播领域也有着很高的造诣，对我工作提出了很多有用的建议，让我受益匪浅。

杜立：回到您为这次访谈拟定的标题"道德文章在，乾坤日月长"。您将道德放在首位，现在您是湘潭大学的特聘教授，每年都在文新院带研究生，同为老师，想请您从一个育人者的角度来论述一下师德这个话题，同时请您结合自己的教育阅历来谈谈季老师的传道授业解惑之路。

曹辉：有一点还是要说清楚，虽然同为老师，但老师与老师也是有不同的。可能在刚入学的后辈看来我和季老师都是湘大的老师，但是我和季老师的师生辈分是不可能改变的，这种关系纽带在1993年季老师来到湘大时就已经定下了。尽管在新闻领域做出了一点成绩，也回了母院带研究生，但我每次见到季老师都是行弟子礼的，在我自己带的学生面前介绍季老师，我总说这是文新老祖，这不是调侃，是很严肃的，师生辈分乱了容易出大问题。

说回师德这个话题，并不是随便一个登上三尺讲台的人都可以一片赤诚地去传道授业解惑的。回看最近的新闻，时常有高校老师违背师德甚至是违纪违法的情况被通报，而且每一例事件都引发了极大的社会舆论，一时间对于师德的讨论甚嚣尘上。老师本应该是助力学生打开新世界的一把钥匙，但个别不守师德的老师却成了遮挡学生人生曙光的一块黑幕。季老师的师德是有目共睹的，在湘潭大学从教三十年，先后培养了150多名硕士和30余位博士，2004年获"全国优秀教师称号"，2006年获"宝钢优秀教师奖"以及首届"湖南省普通高等学校教学名师奖"，2009年获"第五届高等学校教学名师奖"，没有高尚的品德，没有超凡脱俗的人格魅力，没有对学生真诚的关爱与奉献是难以在教学领域取得这样的成绩的。季老师桃李满天下，到处都有季门子弟的身影，而且都是出类拔萃的那一档，季门在他的领导和塑造下已经成为中国文艺理论研究的一支不可忽视的力量。不少季老师曾经的弟子选择留在了湘大文新院继续任教，文新薪火代代相传，其中不少人与我交好，从他们身上也能隐隐感受到季老师的气质和风骨。他们和我谈论起季老师总说他是一位慈父严师："慈"体现在对学生的关心和爱护，特殊的时间节点也会师门聚餐，聊聊家长里短，谈谈人生规划；"严"体现在对学生的学术要求，逻辑是否严谨，用词是否准确，行文是否规范，这些都马虎不得。他们谈起季老师对自己影响更多的是一种浸润的效应，从学术上生活上向老师学习，这一点我深有体会，带学生除了教给他们课本上的知识，更多影响是无形的。学生在与老师的相处中，观老师一言一行，以正自身一言一行，做人做事的精妙不是一朝一夕可以领悟到的，老师的视野与格局是没法直接移植到学生身上的，这种无形的力量只有在老师日复一日的浸润下学生才能获得。宋朝时期朱光庭谈起在汝州听程颢讲学经历，说自己仿佛在春风里坐了一个月，这和季老师对学生的浸润是一个道理。

杜立：您说了季老师是一代大师，是湘大文新院的一面旗帜，在您看来，是什么样的品质铸就了这样一位大师？

曹辉：2008年3月31日，我国著名"七月派"诗人、湘大中文系教授彭燕郊先生去世那天，我在日记里面把彭先生的离世写作是湖南大师级人物的终结，现在看来写得有些绝对了。以季老师为代表的学者已经承担了新一代大师的重任，像季老师这样枯坐冷板凳潜心做学问的学者越来越少了。自湘大中文系创立以来，姜书阁、羊春秋、萧艾、彭燕郊等老师是湘大的第一代大师，张铁夫老师是第二代，季老师是第三代。在我看来成为一名学术大师需要做好三个方面的坚守，分别是求学、治学、工作，季老师在这三个方面都做到了不忘初心始终如一：在求学上，1977年季老师进入四川达县师范学院汉语言文学专业学习。其实在进入大学前，他就通过广泛的阅读把自身的文学基础打得很牢固，入学后更是把当地图书馆视为自己的根据地，写下了近百万字的读书笔记，始终保持这种求知若渴的精神。1983年他29岁时，在上海《学术月刊》上发表的《浅谈异化劳动与美的创造》这篇论文便是厚积薄发的体现；1987年他33岁时，便在中国社会科学院文学研究所主办的《文学评论》上发表了《胡风现实主义理论中的"自我扩张"》，登上了中国文学研究领域的权威期刊……在治学上，从四川到湖南，从学生到老师，季老师的学术理想与治学态度是从未褪色的。季老师有六七间书房，藏书约两万六千本，涵盖多个领域，从最初的文学、文学理论、美学到现如今的文、史、哲、经、管、法各个品类均有涉及，充分诠释了什么是专和博的结合。

我记得1993年我拜访羊春秋先生的时候，先生留给我一句诗："为学譬如金字塔，要能广大要能高"，与如今季老师的治学理念是相呼应的；在工作上，从1972年成为一名小学民办老师开始，季老师立足三尺讲台已有整整50年，教导的学生从小学至博士，完整地涵盖了一个学子的求学之路，这样传奇的从教经历对于现在的青年老师来说简直是不可思议。1993年他来到湘大任教，后担任湘大中文系主任与文新院院长，平衡教学与科研的矛盾，将教学立院与科研强院相结合，推动专业数量的增长，打破学科建设的桎梏，形成了稳定明确的研究方向，打造了一批有影响力的学术成果。作为湘大比较文学与世界文学博士点的负责人，季老师造就了一支在比较文学与马克思主义文艺理论研究领域极具战斗力的"湘军"，对学生的关爱，对后辈的提携，是这支"湘军"始终战旗高扬的重要缘由，一如三十多年前复旦大学蒋孔阳教授对他的帮助一样，他将蒋孔阳教授对后辈的关爱之心传承了下来。除了细致入微的学术指导，季老师还通过自己的学术影响力助力他们闯出更大的天地。三十年来，季老师也有机会去其他平台迎接新的挑战与发展，但他钟情于湘大，心系羊牯塘，三十年的倾力付出将文新院推上更高的台阶。

杜立：我们知道您对湖湘文化做过一些研究，也在平时的工作和生活中践行着湖湘文化。当您与季老师相处时，能否从这位在湖南生活工作了三十年的四川人身上感受到湖湘文化的映射？

曹辉：自古川湘是一家。两地人民地域相连，血脉相融，人文相亲，大到历史人文与地域品格，小到脾气本性与生活习惯，都有着很多相同的地方。2019年《四川日报》上刊载了一篇《24字人文精神浓缩川人品格品质品性，这是四川人的灵魂和旗帜》的文章，将四川人的品格品质概括为"开放包容、崇德尚实、吃苦耐劳、敢为人先、达观友善、巴适安逸"，那么我们再来回看那句湖湘大地上广为流传的土话"吃得苦，耐得烦，霸得蛮"，是不是有很多相似之处？川湘文化本身就有着很多互通互融之处，四川人民不怕辣，湖南人民怕不辣，四川人民敢于拼搏，湖南人民干劲冲天。应该说季老师从四川来湖南，对于湖湘文化的适应是不会面临太多困难的，加之他心怀青云之志，与"敢为天下先"的湖湘文化不谋而合。可以说季老师成为一位湖湘名家，成为湖湘精神的践行者，成为湖湘文脉的传承者，这些在他来到湘大任教后就已注定了。首先是吃得苦。季老师刚在高校任教的时候工资并不高，不少老师选择外出授课赚钱，但季老师能吃得了清贫之苦，将有限的工资与宝贵的时间投入到学术之中。担任湘大文新院院长之后能够忍受奔波劳累之苦，寒暑假除了做学术就是在外出差，甚至在腊月二十八出差，因为暴雪在大年三十才得以返回长沙。其次是耐得烦。学者也是人，人是感情动物，欲望很多的，但是季老师能够耐得住寂寞，不爱享乐，独爱学术。"板凳要坐十年冷，文章不写一句空。"他每一篇论文的发表，每一本专著的出版，背后耗费的是大量的时间，为此，他读大量的书，做大量的推演和总结。每次出差，他去得最多的地方是当地的图书馆。能够为了紧抓一个课题，他可以在北京国家图书馆度过大年三十，就是通过在旁人看来枯燥无味的探寻，季老师在马列文论、文艺理论、文学批评等多个领域开辟了一方世外桃源。还有便是霸得蛮。这句湖南方言意味"知其难为而勉力为之"，学术领域的探索是一山放过一山拦，只有锐意创新才能攀上学术之巅。八十年代初，他是最早提出"异化劳动能够创造美"的学人之一，也是新时期最早研究胡风文艺思想的学人之一，正是这种敢为人先的学术探索精神才让他跨过一山又一山。

杜立："道德文章在，乾坤日月长"，这个标题取得非常好。在历史的维度中，道德和文章是不是判断一个人能否实现人生价值的重要标准？两者的分量是否一致？孰轻孰重？季老师是不是两者的完美结合？

曹辉：先说文章吧。季老师是做学问的，要写学术论著，我是一名新闻工作者，要写新闻稿，那么写好文章对于季老师和我来说就是一条极其重要的标准。加之我们国家自古以来就是重视知识和教化的，纵观中华上下五千年，把文章写好一直都是实现人生价值的重要手段。有不少墨客骚人依仗着笔下的好文章流芳百世，比如唐代诗人张若虚，做官只做到兵曹，诗作存于后世的仅有两篇，但其中一篇《春江花月夜》被誉为"孤篇盖全唐"，让后世永远记住了他。再比如和他一个朝代的崔颢，仕途也是不顺，官位一直不显，但他的一首《黄鹤楼》让李白都为之搁笔，后人登上黄鹤楼就会想起那句"昔人已乘黄鹤去，此地空余黄鹤楼"。再来谈道德，前面我说了中国历来是重视知识和教化的，古人一直都很重视发挥道德榜样的模范作用和规训影响，因为品德而流芳后世的人也有很多，比如宣扬谦让友爱的"孔融让梨"，尊礼敬师的"曾子避席"，孝心感动上苍的"董永卖身葬父"。在古代，好文章就是才华的同义词，在现代，各类职业平等，才华就是在自己的岗位上发挥最大的价值，但从古至今，德是一直排在才前面的，有才无德最不可取。有些人未见得有什么才华，一生未做出什么伟大的事情，但他们活得一身正气无愧于心，这样的人生也很难说是不成功的。

有德无才，碌碌一生不失君子之心；有才无德，穷经皓首仍显小人之像。德才兼备方能显现大师风范。季老师内藏一颗君子之心，外握一杆生花妙笔，德敛于内而才发于外，是道德与文章完美结合的典范。他的治学之路，是殚思竭虑苦心钻研的路；他的育才之路，是一片赤诚无私奉献的路。在我看来，季老师不仅是大师，还是湘大文新院的男神，讲述好发掘好这位学术男神的故事是湘大人职责所在，也希望湘大能出现更多像季老师这样的男神女神。

（曹辉，男，湖南省双峰县人，湘潭大学文学与新闻学院1992级汉语言文学专业本科生。现任湖南日报社长沙分社社长、高级编辑，湘潭大学特聘教授、文学与新闻学院硕士生导师。杜立，湘潭大学文学与新闻学院2021级新闻学专业硕士生）

最好的指导老师

程志宏

回忆起与季水河老师的相交、相识,要特别感谢 1997 年湘潭大学举办的第三届"百灵鸟"杯辩论赛。

"既然是湘大校园文化的品牌活动,研究生作为高学历人才,就应该发出自己的声音",刚刚分管学生工作的研究生处副处长唐勇颇为激动地宣布研究生要单独组队参赛。而当年,全校三个年级的研究生加在一起不到百人,而且分散于文、理、工不同的专业,对于参加集体活动本就兴趣索然,更何况是这种对思维应变和表达能力要求极高的活动。

"我们行吗?"作为研究生会的团委书记,我直犯嘀咕,心里完全没底。

"研究生会负责发动,干部带头上,把辩论队组起来。我给你们请最好的指导老师。一定行的!"唐勇自信地鼓励着。就这样,包含 4 位研究生会干部在内的 5 名辩论队员到位,最好的指导老师季水河先生闪亮登场。

在那一个多月的时间里,从罗尔斯的"公共理性"到哈贝马斯的"有效沟通",从民主的观念基础到普遍人权理念的伦理前提,围绕一个个辩题,季老师带着我们纵横于哲学、历史、法律、文学等各个学科之间。一次次头脑风暴,不断地破题立论,从未有过在如此短暂而又紧张的时间里,汲取如此多样而又丰盈的知识养料。尤其是在那个"知书籍之多而吾所见者寡"的时代，更是弥足珍贵。

我记得，季老师有晨跑的习惯，许是晨跑更易激发灵感，每有好的点子和思路，就立马跑到我的宿舍，很快，宿舍就成了逻辑的辩论场。这是我至今，也可以断言是此生参加过的唯一的一次辩论赛，未曾想"出道即巅峰"，我们获得了冠军，我也荣获"最佳辩手"。

我记得，辩论赛结束后的一个夜晚，季老师请我们到他家喝了一顿酒，真实的喜悦弥漫席间。与其说季老师教会了我们辩论，不如说教会了我们在未来的工作和生活中如何"不辩"：辩论首先是表达观点，说服评委和观众的话语形式；辩论不是吵架，不要简单地把辩论定义为对抗；辩论是摊开的手掌，不是攥紧的拳头，不要不管对方说得对不对，都一律予以"反击"。这些平和、理性的教导让我终身受益，放到今天，更显真知灼见。

毕业后，我与季老师虽见面不多，但从未中断联系。我去湘潭甚少，季老师来深圳也不多，既便不多的去来，我们都会联络彼此，聚首畅聊。想起季老师在其专著《多维视野中的文学与美学》后记中所言：因为本人名字——"季水河"，三字中有两字带"水"，所以，我也最容易联想到与"水"相关的意象。其中，在脑海中闪现最多的是孔子站在河边感叹"逝者如斯"的形象。的确，时间过得太快，转眼间，我离开湘大已经20多年了，而季老师执教鞭也50年整。如果说，人与时间的关系，是生命中最本质的东西，那么，50年的职业生涯，对于个体生命而言，则是至高无上的荣耀。

桃李不言，下自成蹊。长河四季，静水流深。于我，与其用力不从心的文字去描摹和季老师这20多年时光不短而又相晤不多的交往，不如安安静静地沉淀这份亦师亦友的情怀，期盼我们把酒言欢！

（程志宏，男，江西省上饶市人，湘潭大学法学院1996级刑事诉讼法专业硕士研究生。现任深圳海关缉私局皇岗海关缉私分局局长）

学术无止境，探索无尽期
——记湘潭大学文学与新闻学院季水河教授

杨向荣

他生在四川，骨子里有着川人的儒雅和风趣；他扎根湖南，血液里浸染着湘人的质朴与刚强。他是同仁眼中的科研带头人，他是学生眼中的严师慈父，他是湘潭大学人人敬仰的学术大师。不管身处哪一个领域，他总在勤勤恳恳地苦干和孜孜不倦地求索，不断拓展人生的宽度与深度，也因此收获了一段丰富的人生传奇。他就是湘潭大学文学与新闻学院原院长，中国语言文学一级学科负责人，博士生导师季水河教授。

潜心书海的淘金者

每一朵花开的背后都是辛勤汗水的浇灌，每一个成功，都是一个厚积薄发的过程。同样，在季水河教授的求知路上，留下的是一串串锲而不舍、坚实有力的脚印。

1954年，季水河出生在四川邻水县一个闭塞的小山村。尽管生在一个贫穷、封闭的年代，但"多读书、读好书，做个有用之人"的理想却深深扎根于他心中。于是，千方百计地寻书、借书、换书成为他幼年求学生涯的主要内容。"文革"初始，年仅12岁的他在"读书无用"的大环境下依然不改对书的热爱。"想读书，没书读，千方百计找书读"，简简单单的一句话，概括了他艰辛的求学之路。

1972年，尚不满18岁的季水河拿起了教鞭。在随后的岁月里，虽然他的人生角色一直在变，始终不变的却是对书的热爱。在广泛阅读的同时，他开始写一些新闻作品。渐渐地，他的稿件在市级、省级报刊上陆续发表。但他还不满足，继续攻读新闻书籍，参加新闻函授，又致信复旦大学，希望能读一读他们的新闻教材。这些努力为他后来的新闻美学研究打下了坚实的基础。

人们常说，书房是文人精神的巢穴，生命的禅堂。季水河教授是出了名的爱书之人，可到过他家的人却说，"季水河教学、科研、管理样样在行，可家中却没有书房"。此话不假，因为在他家的确找不到单独设置的书房——三间卧室的四周都立着大书柜，各科书籍分列其间，屋中间还增添了几架小书柜，有时为了找书还需在室中穿梭。整套居室俨然一家小型图书馆。"我不富，但把我所有的书加起来，并不算穷。"季水河教授说自己的全部家当就是这两万余册书，也是他大半辈子的苦心积累。他每次出差行李包内提的是书，回来时是更多的书，"我去过的城市，最熟悉的要数当地的书店了！"他不仅爱读书，还爱买书、藏书，刚开始工作时，常常因透支买书而饱了"精神"苦了"肚皮"。日常起居之外，季水河教授喜欢扎进书堆，往往一看就是几小时。他习惯于边读边记边思，凡重点篇章都自制书签予以标记，"每有会意，欣然忘食"，家人提醒才发现夜已深。由此，我们恍然领悟到所谓季水河教授"没有书房"，其实有着更深的寓意：书房有时不过是人们为装点生活刻意而设，而季水河教授却是时时爱学问、处处做学问，他的家虽然没有足够的空间特设"书房"，但是，这并不妨碍书成为他生活的全部和生命的皈依。

在季水河教授家中，几大盒子的读书卡片和几十本读书笔记成为他勤奋治学的最好旁注，而广泛的阅读也使他视野渐宽，心境渐丰，也因而在学术道路上迈得更稳更健。

勇攀学术的摘星者

"幽僻处可有人行，点苍苔白露泠泠。"学术研究是一条清苦艰难的跋涉之路。然而季水河教授却乐在其中、钻之弥深，也因此硕果累累、尽得风流。

"我们在学习一个专业的时候，千万不要画地为牢，应该把视野放得更广阔一点。"季水河教授是这样说的，也是这样做的。由于对人文科学、社会科学、文学艺术等方面都有广泛的涉猎和研究，他在初涉学术领域时便能"一鸣惊人"。1983年，季水河教授的第一篇论文《浅谈异化劳动与美的创造》在美学界产生很大反响，至今仍被人们引用。

学贵有恒，业精于勤。只有吃得苦，耐得住寂寞的人才能攀上学术研究的高峰。每次选定一个课题后，季水河教授都会埋头书堆，查阅相关资料，直到吃穿、啃透，才肯下笔。家里几大盒子的读书卡片和几十本读书笔记便是他勤奋治学的最好见证。正是凭着严谨的治学态度，踏实的治学精神，他每发表一篇论文、出版一本专著、攻破一个课题，都会引起不小的轰动。"自己不算聪明，但吃得苦，多少具备一点艰苦探求精神，长期以来很少休节假日，很少看电视，多数时间都用在了科研上，可以说，自己所取得的成果完全是苦出来的。"

这股拼劲正是源自季水河教授对科研事业的挚爱。美学家蒋孔阳先生在为季水河教授的著作《美学理论纲要》作序时曾写道："几年以前，季水河同志来信说，他正在编写一部《美学理论纲要》。现在，他写好了，把稿子寄给我，要我写篇序。我拆开包装得严严密密的包裹，取出装订得整整齐齐的三大叠稿子。我不禁想：只有一个热心于自己的事业的人，才会这样爱护自己的成果。正是出于这种爱护的心情，我翻阅的时候，不能不产生几分美感。"

正是这份对知识的热爱、对学术的追求，使季水河教授在长期的科研中敢于攻克前沿的、边缘性强、交叉性强的难题，以其洗练的文风、独特的见解影响着新时期的文艺理论者和新闻实践者。他学风严谨，求实创新，成果卓著。迄今已在《文学评论》等全国60多家刊物发表论文100多篇，出版个人著作10多部，主编、合著 20 多部，共 300 多万字。他主编的"比较文学与世界文学研究"丛书在国内学术界产生了重大反响，中国比较文学学会会长、北京大学乐黛云教授盛赞这套丛书"是中国比较文学界研究实力的体现，是中国比较文学界的一次丰收"，"为解决比较文学研究过程中存在的中外文学研究脱节的问题提供了很好的实例"，该丛书也荣获湖南省第七届哲学社会科学优秀成果一等奖。

季水河教授丰富的学识背后蕴藏的是高尚的人品。"学者无城府，季院长是一个不为名利、坦坦荡荡、清清爽爽的人"，湘潭大学文学与新闻学院副院长曾雨楼如此评价他。在当今社会，能保持一个知识分子的纯洁与操守，实属不易。"科学研究大致可分为两种境界，一曰器，二曰道。器为形而下，把学术当成一种手段，升职赚钱的工具；道为形而上，把学术当成一种事业，一种追求"，他在教师节讲话中如此诠释自己的治学态度。"老季是湘潭大学出了名的'拼命三郎'。"了解季水河教授的人都知道，他是一位为理想兴趣而追求事业的人，做起学问来，一定要"竭泽而渔"。"人总是需要有点奉献精神的"，这是他常说的一句话，也是始终在坚持着实践着的一句话。

桃李不言，下自成蹊。高贵的学品与人品使他获得了学术研究的极大成功，也赢得了师生同仁的尊重与欣赏，并因此而连续多年获得"湘潭大学优秀科技工作者""第三届湖南省优秀社会科学专家"等称号，享受国务院政府特殊津贴。

诲人不倦的搭梯者

季水河教授在高校任教 30 多年，在三尺讲台上挥洒着辛勤的汗水、抒写着无悔的青春。他先后为本科生开设了文学理论、比较文学、美学，为研究生开设了人文科学方法论、美学专题、马克思主义文学理论、比较文学专题研究等多门课程。他在教材建设和教学改革等方面付出了大量心血，主讲的"文学理论"被评为校级 A 类课程，《美学理论纲要》教材被蒋孔阳先生称之为"对我国美学界的繁荣，是尽了他自己的一份贡献的"著作，并曾被近 40 所高校作为美学教材。

在学生眼中，季水河教授是一位"治学态度严谨，温和而严厉"的老师。他为学生修改论文，小到标点推敲、词语斟酌，大到观点提炼、布局谋篇，无不严谨规范、精益求精。一个学生在论文中将引文出处"漓江出版社"误写为"漓江人民出版社"也没能逃过他的火眼金睛。"学术不规范，想偷懒，可不是小事，不防微杜渐，以后屡犯那还了得。"作为师长，季水河教授深知成功不仅靠灵活的大脑，更应有勤奋努力和严谨的作风，所以对学生必须严格要求，"错误允许犯，但不许再犯！"严谨的工作学习态度使学生们受益终生。

季水河教授常说："老师要为学生服务，不仅在学业上还要在思想上，不论我工作有多忙，学生永远是第一位的。"他对待学生，除了课堂上的授业解惑，更多的是生活中亲人般的鼓励与关怀。"从松涛山庄导师的寓所返回宿舍，老师的鼓励声总在耳际萦绕，脚下的步子越发轻盈，心头的愿望更加坚定。那份关怀，俨然比亲人更亲，一言一语，一笑一颦，总是令人回味，醉人品茗……"季水河教授的弟子刘中望在一篇文章中如是写到。可以说，"能做季老师的学生很幸福"是季水河教授所有弟子的共同心声。

生活中，季水河教授时时关心惦记着学生。中秋送月饼，元旦亲自下厨为学生张罗饭菜已成为每年的传统节目。他常说："美要带到生活中。"于是出自他手、独家冠名的"美学肉丝""美学蛋汤"等菜肴使众弟子在大饱口福之余，又感受到了几分诗意与温馨。季水河还经常深入学生寝室，与同学们促膝谈心，学习、生活、感情无所不包；曾因学生在长沙实习生活困难，亲自赶去探望……每年新生入学教育大会、考研动员大会和实习就业动员大会，他场场必到，坚持为同学们做好大学里的第一场和最后一场报告。学生常说："季老师什么都好，就是太容易感冒，而每次感冒他几乎都在为我们改论文。"对此，他淡淡一笑，"只要不是什么大病，只要思路还清晰，总得为学生多做点啊。"这种"化作春泥更护花"的精神潜移默化地感动着身边的每一个人。

"学生其实是老师知识的一种延伸和超越。我最希望的是，自己的学生能够研究、思考问题、提出自己的见解，最终超越我的知识水平。"简单朴实的一句话折射出了一位人民教师的崇高与伟大，而被授予"全国优秀教师"、"宝钢优秀教师"以及首届"湖南省普通高等学校教学名师奖""第五届高等学校教学名师奖"等光荣称号，作为"搭梯者"的季水河教授当之无愧。

从 1995 年开始，在繁重的科研和教学任务下，季水河教授历任湘潭大学中文系主任、人文学院副院长，文学与新闻学院院长，中国语言文学一级学科负责人等职，为学院的发展和建设付出了大量心血。兼顾行政、学术与教学对他来说既是一个难题，也是一个考验。季水河教授坦言："当初领导交给我这副重担的时候，我就掂出了它的分量，也确实考虑过要干就必须学会放弃，就必须得做出牺牲，必须得有点奉献精神。"

在季水河教授担任文学与新闻学院院长期间，学院新增加了新闻学、广播电视新闻学、广告三个专业，一级学科博士点获得了突破……这一串看似平常的数字后面有着季水河教授付出的辛劳与汗水。"办好教育需要有政治家的眼光、教育家的理念和企业家的经营，把学院当作生产人才的企业来经营。这其中很重要的一点就是自己的定位要准，扬长避短，生产自己的拳头产品，占领市场。"在这种办院理念的指导下，该院的本科教育和学科建设都有了很大进步，毕业生因具有扎实雄厚的人文社科功底和较强的动手实践能力而深受社会好评。

孟子曰："充实之谓美，充实而有光辉之谓大。"季水河教授的生活是忙碌的，也是充实的，是平凡的，也是绽放异彩的。很多年前，季水河教授被授予"第三届湖南省优秀社会科学专家"，享受国务院政府特殊津贴，他曾淡淡一笑："学术无止境，探索无尽期，自己一定在今后的学术生涯里努力努力再努力。"路漫漫其修远兮，如今的季水河教授，依然在仰望星空，坚定且执著地行走在林中路上。

善谋勇行树榜样　呵护信任带新人
——与季水河教授共事的三点体会

雷 磊

我于 2000 年到湘潭大学文学与新闻学院任教，与季水河教授共事 23 年。其中，季水河教授有 13 年担任文学与新闻学院院长，我也先后担任院长助理和副院长。与季水河教授在一起工作，我感到十分高兴，也十分荣幸。可以说，那段时间是我过得最愉快的日子。下面，我结合亲身经历和体会，谈三点作为季水河教授从教 50 年、到湘潭大学工作 30 年的祝贺之礼。

一位善于谋划、勤于开拓的好领导

在季水河教授担任院长的十几年，文学与新闻学院取得了一项又一项的突破，成绩斐然。我院在国家课题、科研奖励、教学成绩、师资培养等方面，居于全校文科领先位置，也居于全省中文学科领先位置，进入全面奋进的良好发展阶段，形势喜人。这一切都与季院长善于谋划、勤于开拓密切相关。我认为，季院长的领导素质和才能不是天生的，是由高尚的人格、勤勉的作风和学术的地位催生的。季院长的师德和人品永远是我学习的榜样。2004 年 6 月，我第一次协助季院长组织召开了巴赫金学术思想国际研讨会。前一天晚上，开完理事会后，季院长、王洁群副院长和我熬了一个通宵，安排和布置第二天会议的各项事宜。季院长勤勉的作风当时给了我强烈的震撼，至今记忆犹新。2006年，我院举办全国马列文论会议，我因为偶感风寒，"临阵脱逃"。第二天听王洁群副院长讲，季院长又熬了一个通宵。2010 年，院里申报中国语言文学一级学科博士点，季院长同院领导们一起进行了十余次论证，对申报书字斟句酌，反复修改，精益求精。季院长一丝不苟的勤勉作风让我自叹不如。季院长的学术研究做到了国内同行和省内文科一流的地位，正是因为有与一流的学术地位相适应的宏阔视野、创新意识和严谨作风，才能高瞻远瞩，指点江山，引领全院开拓进取，取得今天的斐然成绩。季院长就是这样一位在我的心目当中人品、作风、学术完美结合的领导。

一位信任下属、适时点拨的好导师

我个人在管理经验和能力上同季院长有太大的差距，但是，季院长用人不疑，对我充分信任、细心指导。2004 年，我刚任院长助理一职，季院长就让我担纲由我院承办的巴赫金学术思想国际学术研讨会前期筹备工作。以后，又全程参与组织了 2006 年全国马列文论会议、2007 年文学遗产论坛、2009 年明代文学国际学术研讨会等大型学术会议，这些学术会议的承办工作都得到了与会学者的高度评价，我个人的组织能力也得到了不断提高。2007 年，我担任副院长一职，分管研究生和科研工作。工作上，季院长有求必应，全力支持。院里每年需要召开数十次党政工作会议或学术委员会议、学位委员会议、学位点负责人会议等，商讨研究生、学科学位点或科研工作，每次我向季院长汇报，他总是在第一时间确定会议召开时间。有时他在外地出差，九点回就九点开会，三点回就三点开会，从不拖延。工作中出现问题，季院长总是维护我，替我担责，让我感到身后有一个强大的后盾，敢于放开手脚，专心工作。我在工作中出现的失误，季院长从不严厉批评，而是三言两语，适时点拨，看似轻描淡写，常常让我明白问题的症结。科研、研究生、学科学位点工作，经常需要撰写报告，每次我将报告初稿请示季院长，他必定一字一句审核、批改，修改后，必定向我详细解释修改的意见和理由。一来二往之间，我逐渐理清了工作思路，提高了工作效率。季院长就是我工作上的良师。

一位悉心呵护、语重心长的好"家长"

2000年，我调入文学与新闻学院；2003年，博士毕业，担任中文系副主任；2004年，担任院长助理，拿到第一个国家课题，被评为副教授；2005年，遴选为省青年骨干教师；2007年，博士后出站，被学校特聘为教授，担任副院长；2008年，被破格评为教授；2010年，被聘为博士生导师；2013年，拿到第二个国家课题。后来又主持国家社会科学基金重大项目。我的每一步成长，都凝结了季院长还有杨师母的心血。感激之意，千言万语，在此，我真诚地感谢季院长和杨师母一直以来对我的悉心培养和谆谆教诲。2008年，我评上教授后，在学术研究上有所怠惰。季院长心急如焚，语重心长地找我谈了多次，教导我学术才是立身之本，要兼顾行政工作和学术研究。这对我触动很大。现在，我可以向季水河教授汇报，除行政和教学之外，我每天（上午、下午、晚上）都待在教授工作室，同我的研究生一起学习和写作，还实行签到制度，已坚持了很长一段时间。我想，这样持之以恒地坚持下去，应该能在学术上做出一点成绩，希望不辜负季水河教授对我的厚爱。

季水河教授对我而言，是值得尊敬的好领导、好导师、好"家长"三重形象，我内心永远充满对他的感激、感恩之情。祝他身体健康，心情舒畅，学术长青，幸福永远！

（2022年5月26日）

（雷磊，男，湖南省衡阳市人，文学博士。现任湘潭大学教授，博士生导师，文学与新闻学院院长，中国韵文学会常务副会长，中国明代文学学会副会长，湖南省人民政府学位委员会学科评议组成员。获"湖南省芙蓉学者"特聘教授等荣誉称号）

季老师给我们当班主任的那些事

蔡雄文

1993年,季老师进入湘潭大学。

这一年,季老师虚岁四十,所谓四十不惑,季老师作出人生中一个重大决定——参与湘潭大学全国人才招聘,作为人才被引进到湘潭大学。

也正是这一年,湘潭大学中文系汉语言文学专业的第一届新闻班诞生,季老师是我们的班主任。

就这样,我们和季老师不期而遇,在湘潭,在湘潭大学。

从此,开启了我们的师生情缘。

一

季老师有一件他引以为骄傲的事。他说,除了没教过幼儿园,从小学老师干到中学老师,从专科院校的老师干到重点大学的老师。后来他成为湘潭大学、湖南省乃至全国的"名师",成为母校的一张名片。

世界真大,我想去"教教"。世界真奇妙,千里皆有因"缘"。

大学的班主任,好像也没啥特别的任务,一般的班主任吧,客客气气,打个招呼,然后基本相忘于江湖了,毕竟有别于初中、高中的班主任,大学的班主任往往跟大学的任课老师差不多,上完课就走,客客气气,不远不近。这种关系,文雅一点,叫君子之交，直白一点，寡淡如水罢了。

可季老师不一样，他特别有板有眼。刚进大学那会儿，季老师就到女生寝室给女生们做思想工作，要女生自尊、自爱、自强，好好学习，不要早恋！我们男同学记忆犹新的是，季老师经常来我们寝室串门、嘘寒问暖。追求个性、自命不凡的我们，面对季老师学习上的劝进，常常表现得有一搭没一搭，或许对于我们刚从高中的紧张生活中走出来的绝大多数人，有点累赘，不合时宜。季老师对我们的不咸不淡，似乎见怪不怪，也不以为意，一样地该串门串门，该说教说教，平和如水，波澜不惊。

有点儿奇葩的是，我们中文系共两个班，文艺理论、美学专业课，季老师教的却是文秘班。我后来想，当时中文系这样安排，是不是让季老师到另外一个班去培养学术弟子，到我们班教育几个跟班随从呢？

跟班随从待遇当然也不会差，既然没有了课堂上的教学相长，我们心中的季老师更加生活化了：你会看到很多这样的场景，凡是集体活动，季老师能参加的必定会参加，季老师会和我们一起游昭山，一起去杨梅洲野炊，一起去衡山看日出，一起去韶山瞻仰伟人。

季老师会指导班级间的篮球比赛，也会给辩论赛队员当顾问，我们班上还出现了两位伶牙俐齿的主力辩手杨敏健和谢颖，代表中文系成为颜值与才华的担当，成为学校辩论赛一景。

再如季老师和夫人也会邀请我们到他家里吃地道的四川菜，这个传统一直延续下来。季老师坚持得特别好的是，但凡我们班有结婚的，季老师都是有请必到，随礼自不必说，到必证婚，证完婚必喝点小酒，微醺之下，一派春和景明。想想，这样挺好，就当个跟班随从弟子吧。

二

大学四年里，我一直有点纳闷的是，季老师作为一个美学理论的学者，似乎很少见他给我们布道，比如，围绕学术问题，给我们阐释点啥。我当时的理解是：

学术沟通根本谈不上，因为不在一个频道。这个似乎解释得通，又感觉少了点啥。

《静水河深：季水河先生治学育才之道》这本书马上要交付出版了，作为季老师在湘潭大学最早当过班主任的班级，这段经历，隐隐然，差点要缺位了。说实话，我感到深深的不安。我和黄波、杨敏健等同学一起，分头给同学们打电话、发信息，做交流，一些同学草蛇灰线式的记忆逐步浮现。

有些记忆让我们陷入了沉思：季老师著作中的"道"是可以看见的，而从著作中走出的季老师，"道"又在哪里呢？

唐雄伟同学回忆说：大学期间，季老师让她多次誊抄过美学书稿，誊抄完后，季老师都是按字数计酬付费给她。这对于家境并不宽裕的她来说，也是一种帮助，她一直铭记于心！书出版后，季老师还特别细心地赠送给她誊抄过的美学书。这些书，她一直珍藏着。对于如今也在高校工作的唐雄伟同学而言，这份珍藏应是一种深深的感念，对学生的帮助不着痕迹，又不失艺术，充满着关切与尊重。

邓乾坤同学给同学们讲了两件特别的事：一件事是当时家境贫寒，上大学的第一个寒假回家时竟然囊中空空如也，没钱回家，无奈之下，他怀着忐忑的心情去季老师家想借100元钱买车票回家，季老师和师母说100元怎么够呢？春节到了，也应该给父母带点儿礼物，硬是借给他300元。另一件事是1994年上学期，邓同学扁桃体发炎比较厉害，吃不了食堂的饭菜，季老师知道后，买了豆腐脑亲自送到寝室；季老师还担心营养跟不上，嘱咐师母在家做了蒸鸡蛋送过来。这件事，至今仍让邓同学感念于心。

如今已成为《湖南日报》教科卫频道总监的刘文韬同学回忆说，他是体育保送生，当时成绩不如班上其他同学，但是学习还是很努力的。大一期末评奖学金时，文化成绩离评选资格差点，但季老师看到了刘同学的努力，特意到寝室找他出来散步谈心，肯定他在学习方面的努力，以及在校运会上为班级和系里争得的荣誉，还特别为他评了个特殊贡献奖。这件事令他深受感动，也激励他在学业上继续努力。后来终于凭借自己的学习成绩获得了一次奖学金，毕业论文也差点获得优等。

近30年了，这些微末小事，正如邓乾坤同学特别感慨的：对于季老师来说，这些都是平常生活中很小的事情，可能季老师和师母早已忘记，回想不起来还曾为学生做过这样的"小事"。但对于受季老师和师母恩惠的学生来说，却是人生经历中不能忘记的"大事"，逾20年记忆犹新。

……

当我把这些同学的回忆，一点点展开时，20多年前的校园生活，又历历如新，经岁月的沉淀，更加醇浓。

而当我把这些小事串成线，写就这篇迟到的文章时，深深感到"春风化雨"不仅仅是一个成语，深深敬仰之余，还有丝丝的歉意：也许我们习惯了季老师的岁月馈赠，习惯了季老师一贯的深沉与包容，平静如水，却很少波澜。

三

去过季老师家的同学印象最深的是，季老师的家就是一个超级图书馆。我去过季老师家几次，最为震撼的是整墙整墙的书，方方正正，布满周遭，丰盈又有序，庄严又神圣。这个场景一直深深地刻在我脑海里，以至于工作之后，家里所有能用的空间，大多留给了书柜书桌，随处可坐，随处可阅读。儿子上学时，因为家庭布置和阅读氛围，我家还被评为了学校的"书香家庭"，儿子觉得挺骄傲。

老师的代表著作，我是必看的。我一直认为，对老师的最大尊重，莫过于看老师写的书，比如季老师的《美学理论纲要》。母校名师辈出，教美学的老师，各有特色：季老师虽没教过我们的课，但《美学理论纲要》写得通俗易懂，语言也非常美，是我的美学启蒙书；潘泽宏教授，非常有表演天赋，讲的课特别生动；傅其三老师的"生活美学"课，讲得不少同学陶醉神往，我因此喜欢上了美学课。

毕业后，有一天我突发奇想，在美学的范式里能否找到新闻的位置，是不是有新闻美学的书？为此，我还托人到图书馆找过，但没找到类似的书。记得，我跟季老师还当面请教过。后面再见季老师时，季老师的《新闻美学》已经面世了，我当时非常激动。作为学者的季老师，更像是个劳模，他的很多工作，对于母校来说都是开创性的。因为工作的关系，我也关注过季老师写的《秘书心理学》《现代装饰装潢美学》等书。季老师这种对工作的虔诚态度，让我感慨莫名。

四

时光荏苒，一晃我们与季老师第一次相逢已近30年。想起毛主席他老人家的那首著名的《七律·到韶山》："别梦依稀咒逝川，故园三十二年前。"以前读此诗时，总觉得三十二年好漫长，而如今回首往事，经历世事，又真真切切是"别梦依稀"，真真切切是"子在川上曰"的感觉。

如今的我们，基本都为人父母，才知道作为父母的殷殷之情。季老师于我们，一直是那位时不时还在牵挂、还在嘘寒问暖的家长。

作为我们的班主任，用情之深，溢于言表。我常想，这或许远远超出那份责任感，在我们的人生长河中，那种善与美，都融入那些家长里短中了。

最近，我跟儿子一起背诵《道德经》。《道德经》第八章云："上善若水。水善利万物而不争，居众人之所恶，故几于道。居善地，心善渊，与善仁，言善信，政善治，事善能，动善时。夫唯不争，故无尤。"

亦如季老师的名字，诚然！信然！

（特别感谢邓乾坤、刘文韬、唐雄伟、季亚娅、黄波、杨敏健等同学提供相关素材）

（蔡雄文，男，湖南省岳阳市人。湘潭大学中文系1993级汉语言文学专业新闻班本科生。曾先后任职于中国电信、平安证券，现任某私募公司合伙人）

师恩难忘，唯有愧存
——记季水河先生

吴天宇

时间流逝之快，真是让人难以置信，昔时的莘莘学子，如今早已霜发两鬓。闲静之时，每每会想起年少时的轻狂飞扬，还有走进我青春岁月里的几位恩师——季水河先生便是其中的一位。但我一直不敢撰写关于他们的只言片语，因为我觉得，用浅俗粗鄙的文字来描述先生的巍巍风骨，于己，是不自知，于师，是大不敬。然诸位同门欲在季先生古稀即临之际编写一书，以彰显先生的道德文章，作为弟子，确有责任记述二三小事，以滴水之微，映射先生之汪洋。

季先生为我们讲授的是美学和比较文学，跨越二十余年时间的长河，先生所授的课业，早已遗忘得干净了，但先生的样子至今尚能清晰地记得。刚过不惑的他，很符合我对大学教授的想象。先生的个子不算很高，却永远挺得笔直，头发梳理得很整齐，衣着朴素但十分得体。先生的脸色平和而庄重，却不会使人感到苛厉局促。他的普通话并不标准，有淡淡的乡音夹杂其里，然谈吐之间，每一个音节都舒缓清亮，徐徐而来，虽在教室的后座，也能清晰可闻。

季先生的课并不多，到我们九三中文二班上课，一周也就两三个课时，他讲的学问很多很杂，诸子百家每有涉猎，中外文明常多鉴析。纲目重点，先生总会拿起粉笔在黑板上一丝不苟地书写下来，供我辈学生誊抄。

先生授业解惑的勤勉是公认的，但我却很少专心听课，少年的心性，容不下过于高深的学问，武侠小说之类是我当时的最爱。上课的时候，我总会在课桌的下面放一本小说，在怪力乱神的世界里恍惚游荡。每临期末考试，从同学那里借来笔记，把提纲抄记下来，稍加复习，聊以混个及格。至于先生传授的学问，是没有片言入心的。

先生是一个治学育人都很严肃的人，不求上进的我，从心底里对他有一丝敬畏，因此鲜有交流。但有限的几次交往，却让我感受到了先生胸襟的宏阔。

大二的时候，九三中文二班开办了手抄报《未名园》，其中的一个栏目是"名家访谈"，采访的主要对象是学校里学问高深的名师大家。不记得是第四期还是第五期了，我们采访的就是季水河先生。和先生约好的时间是周末的上午，我和万立刚、朱自强一起前往先生的家里。先生的家并不宽敞，从书房、卧室到客厅到处都堆放着书籍。看见我们来了，先生有些手忙脚乱地把散放在沙发和桌子上的书拾掇到一起，放在一个书架上，然后招呼我们坐下。在接下来一个多小时的访谈中，我们按照事先列好的采访提纲向先生提问，不记得当时问了些什么，但想必都是一些很浅薄幼稚的问题。季先生没有丝毫不悦的神情，侃侃而谈，向我们阐述了他对中外文学、哲学、美学的感悟和探索，尽管先生讲得很浅显，但其知识的深度和思想的厚度，远不是我们能够记录的，我们晕晕乎乎地告别先生，后来由朱自强执笔，写了一篇短短的采访新闻稿，抄写在《未名园》上。

如此草率而没有质量的稿子，是有愧于先生的，但收到《未名园》手抄报的先生，呵呵一笑，说了一句："写得不错，言简意赅。"现在想来，那是先生的大度，敢于尝试的弟子，虽然肤浅和冒失，也是值得嘉许的。

大三的时候，我们又创办了新闻学社，从人文学院的师弟师妹中发展了一百多名社员。创社的大会是在阶梯教室举行的，我们邀请了孟泽、演林、观宋、昌义等诸位先生，当然水河先生也在邀请之列。会上，除了班主任演林先生作了一个简短的讲话之外，其他诸位先生只是端然地坐着，算是为爱折腾的弟子们站了下台。

在此之后，新闻学社办了几期特刊，内容多是学生们的文学作品，也先后向诸位先生约了些稿，其中最多的就是季先生。每次约稿，他都会毫不犹豫地答应，然后过不了几天，就会把打印得整整齐齐的稿子送给我们。到了大四，就业的压力让我们从文学的梦境中骤然醒来，各自东奔西走，忙忙碌碌，新闻学社很快风流云散，不复存在。回首创社的初心和诸位先生的期许，至今还觉汗颜。

季先生诲人不倦，桃李天下，碌碌如我，也曾受过先生的勉励教诲。可能先生早已不记得了，但我却未敢稍忘。那是大四下学期的一个夜间，我在文科楼前遇见了先生，恭敬地叫了声老师后，擦肩之际，先生突然问道："你是文秘班的吴天宇吧？"我有些诧异先生能够记得我这个毫不出众的学生的姓名，便恭敬地回答道："是。"先生示意我和他走一会，问了我一些关于就业的事情，我告诉先生正在联系单位，目前还没有确切的消息。先生问道："你准备考研吗？"我想了一会，说："目前不准备考研，以后有机会也许会试一试。"先生的脸色很平和："我看了你的几篇文章，功底还不错，不要浪费了天赋啊。"我有些拘谨地应诺了一声，先生不再说什么，消失在校园的夜色中。

1997年大学毕业后，我走上了工作岗位，二十余年捉笔小吏的生涯，无可述说，在把一年过成一天的平凡与单调里，我努力地学习着人情世故，谦逊低调地做着分内的事情，于学问，却没有丝毫的进益。写到这里，突然想起《论语》里的一则故事。宰予大白天睡觉，孔子很生气，对自己的学生进行了一生中最严厉的批评："朽木不可雕也，粪土之墙不可圬也！"——不敢自比位列孔门十哲的宰予，然其情一也，仿佛眼前也有一位严厉的师长，正用一双明亮的眼睛，目光深邃地看着我。

我在湘潭大学从学之际，正是学校事业鼎盛之时，英才荟萃，鸿儒云集，近年来虽然诸位先生云痕浪迹、湖海漂泊，但笔耕不辍，建树斐然，已成为湖湘文化的圭臬巨擘，季先生无疑就是其中的一位。要了解季先生，必先读其文章。他的思想道德均在洋洋洒洒数百万言的著作里，而我，却没有拜读过其中的一册一页。似乎于我而言，他只是一个曾经给我上过几堂课，与我说过几句话的匆匆过客。每当回想起先生的翩翩风度和殷殷教诲，便深感岁月蹉跎、负尽师恩。

应该多看看季先生的文章了，希望于这些充满思辨和智慧的文字里，能够真正读懂我的老师，读懂这位虽年近古稀，依然发愤忘食、乐而忘忧，不知老之将至的水河先生。

（吴天宇，男，湖南泸溪县人，湘潭大学原中文系1993级汉语言文学专业本科生。现任湘西自治州政协文教卫体和文史委员会副主任）

我的季老师

孙丰国

1997年9月12日,我带着印有三道拱门的录取通知书,在父母亲的陪伴下,坐了18个小时的绿皮火车硬座,从陕西富平来到湖南湘潭,在这里开启了生活的新阶段,更重要的是,在这里和季水河老师相遇。

原本以为只待4年的大学,一晃眼已是25年。读书、就业、工作……25年来我生活工作的每一步,几乎都有季老师的操心和操持。

北斗村的那顿饭

报到时才知道,我们97级广告班不仅是湘大广告学专业的首届学生,也是湖南省广告学教育的"开路先锋",这让不少同学的心里既有"开天辟地"的豪迈,也有"小白鼠"的忐忑。或许正是出于这个原因,学院给我们配备了季老师这位重量级的班主任以稳定军心。彼时,40岁出头的季老师已是国内知名学者,同时也是人文学院的副院长,随后担任文学与新闻学院院长。97级广告班有了季老师的带领自然底气满满。

我们班33人,男生18人,女生15人。但是在生源地方面,因为是新专业,很不平衡,28人来自湖南"本土",只有我们5人来自"异地"陕西。9月16日,到校后的第5天,就是那年的中秋节，很多湖南同学回家过节团圆了，对比之下，之前从未远离家乡的5个陕西人更多了一份"独在异乡为异客"的滋味。

那天中午季老师找到我们，说晚上到他家里吃饭。这是我们万万没想到的，中秋节不应该是家人团圆的日子吗？几天时间，季老师已然对班里的情况非常了解，用这种方式让我们感受到远离父母也有家的味道。

1997年中秋节的晚上，季老师、杨老师（季老师夫人）、季念（季老师女儿），还有5位陕西学生，8人围坐一桌，在北斗村那个不算宽敞的房子里共度中秋。那桌既满足了味蕾又抚慰了心情的美味，到现在仍然清晰，而更清晰的是季老师的嘘寒问暖，是杨老师的忙前忙后。

2001年6月某天，我们班毕业聚会，提前联系季老师，他提议说："四年大学毕业了，喝点酒吧，少喝点，我带酒来。"结果那一天，是全班男生四年来喝最多的一次，季老师的酒酒好情浓，少喝点是做不到的。

毕业后，我们班有过三次比较大的聚会，分别是2007年入校十周年、2011年毕业十周年、2021年毕业二十周年。在我们的心里，评判聚会成功与否，最核心的"指标"就是季老师能否参加。是的，我们班的重要时刻，班主任季老师都和我们在一起，不管是读书时还是毕业后。

文科楼的那首歌

读书时一个初夏的晚上，是季老师的三节课，铃声响后不久季老师匆忙赶来，满脸歉意地给同学们解释说，接待了一个其他学校来访的团队，迟到了1分钟，并表示要以实际行动致歉——课间给大家唱一首歌。于是，在课间，响起了那首动听的《北国之春》。

季老师就是这样，尽管多年来科研任务重、行政事务多，但他始终把课堂和学生放在第一位，总是平等地和学生交流沟通，总是用尽全力上好每一堂课。不管是当时40多岁的中年人，还是现在步入老年，课堂上的季老师总是激情澎湃，声音响亮，再加上精彩的内容，经常是一种忘我的状态。学生们哪有开小差这回事，全都跟着季老师的节奏走。我工作后，讲课声音也比较大，现在想来应该也是受到了季老师的影响。

国家精品课程、国家精品资源共享课、国家精品视频公开课，季老师连续主持了三门国家级精品课，这在全省全国都不多见；国家级教学名师奖、全国优秀教师、宝钢优秀教师奖，同时拥有这些荣誉的，湘大唯季老师一人。但在学生心中，最珍贵和最享受的还是季老师那一节节饱含激情的课。

办公室的那次谈话

大四第一学期的某天，季老师把我喊到他的办公室，说他和院里考虑让我留校。大学那几年，我在广告类的报刊上发表了十来篇小文章，微小的成绩被老师看在眼里。当时还有企业、媒体等就业方向，老师耐心地从性格、环境、长期发展等角度，给我做了分析，帮助我做出了现在看来非常正确的选择。

工作后，在很多场合都会被老师"推介"，被冠以"很有些影响的广告评论家"，我愧不敢当之余也有几分得意，毕竟是老师亲口说的。我刚工作的第一个年头，当时，武汉大学新闻与传播学院的李元授教授准备主编一套广告学丛书，季老师得知后便主动联系，把我介绍给李教授，推荐我负责其中一本，随后李教授约我在武汉大学见面，交流了写作大纲。

由于我本科毕业就参加工作，学历学位低，这个问题被老师挂在心头，经常督促我。在我们院获批世界文学与比较文学博士点不久，老师又一次专门和我谈话，说"我们现在自己有了博士点，好好复习一下准备考试，我来带"。我知道，"季门"是要挤着甚至是要挤破头才能进的，最后却因为自己的惰性未能成为老师的博士生，这成为我人生的最大遗憾之一。后面评副教授、教授等每一个重要阶段，老师都帮我分析如何增长板补短板，给我指明努力方向，督促我不断前进。

在想这篇小文章标题的时候，我给学妹兼夫人报告说，用《我的季老师》。

她当即表示反对:"季老师不仅是你的季老师,也是我的季老师,是大家的季老师。"是的,季老师是大家的季老师——真诚善良、循循善诱、春风化雨。但同时,季老师就是我的季老师,那么多的指引、叮咛和一直的陪伴,珍贵到独一无二。

(孙丰国,男,陕西省富平县人,湘潭大学文学与新闻学院1997级广告学专业本科生。现任湘潭大学教授,文学与新闻学院广告学系主任,硕士研究生导师)

季老师二三事

易建国

要好好善待 97 广告班

1997年，来自全国各地的 33 名同学组成了湖南省第一个本科广告学班级——湘大 97 广告班。当时的湘潭大学文科专业中，鲜有应用型的新专业，老师和仪器设备都匮乏，怎么把这一届学生培养好是当时学院领导的重大课题，据说当时还没有老师敢接我们班。

季老师在一次会议上说："家长和孩子们满怀希望地来我们湘潭大学，希望遇到好老师，成为国家栋梁，我们要善待他们。"于是季老师亲自担任我们 97 广告班班主任，任课老师几乎囊括了文科院系所有的优秀教授——张铁夫、刘业超、李伯超、谢伯端、刘启良、李剑波都亲自给我们上课，专业课程则由沈国清、唐晓玲、王苑丞等年轻老师执教。

因为学术氛围浓厚，在季老师、沈国清等老师的悉心指导下，我们班硕果累累，不完全统计，我们 33 名同学绝大部分都在全国性报刊上发表过专业署名文章，一时间，《中国广告》《国际广告》《广告导报》《中国经营报》《销售与市场》成为我们施展才华的舞台。有专业人士统计，我们 97 广告班是当时全国本科广告学专业发表文章最多的班级。我们班也涌现出了大量广告行业的专业人才，目前毕业生中，担任各大院校广告学专业副教授以上的有 5 人，其中留校任广告学系主任的孙丰国教授已经是国家级一流课程的主讲人；在中央广播电视总台、湖南卫视等国内知名媒体广告部任职的同学多达 8 人，其中杨正良是央视广告中心的品牌负责人，龙艺鑫是湖南卫视广告部执行经理；还有杨随实、段志科、项立平、张青驰等同学也在各自领域熠熠生辉。

"如果季老师不给广告专业的培养方向定调，不调集优秀老师教授我们，我们班不可能有今天这么好。"我们聚会时经常感慨。

一个心怀学生的先生，总在不经意间改变一群人的命运。

几瓶老酒的毕业会

2001 年 6 月，我们即将离开校园，奔赴不确定的前程。

拍完毕业照，我们邀请老师们一起聚餐，由于班费有限，我们只安排了啤酒，季老师跟我们说有事出去一下，十几分钟后，见老师手拎着几瓶全兴大曲高兴地走进包厢，我拿起一看，应该是 90 年代的老酒。老师骄傲地说："季院长虽然没有钱，酒还是有几瓶的，毕业欢送会不能没有白酒。"

那天中午，本来依依不舍略有感伤的同学们喝得很是尽兴，季老师对同学敬酒来者不拒，甚是高兴。这一顿饭，季老师的老酒，让我们对校园满怀眷念，在我看来，这不是几瓶酒，而是一个大师对他培养的学生的爱和鼓励。

乐观豁达的生活态度

2021 年春天，我得知季老师来长沙开会，遂邀请师兄弟十几人请恩师小聚一下。

季老师早早就到了酒店，看到起身恭迎的众多弟子，高兴得很，全然没有了大教授的严肃，席间谈笑风生，回忆起老师教诲的点点滴滴，无不心怀感恩。酒过三巡，季老师风趣地说："现在工作没有以前那么忙了，以后会经常来找你们讨杯酒喝，你们就不能嫌麻烦啦！"大家纷纷表态，并把接下来几年的聚会都安排到人了。

聚会尾声，老师的研究生提议季老师唱一首歌，传闻季老师的抒情歌曲很有韵味，季老师腼腆地摆手示意年龄大了，我们掌声雷动，只见老师从容地站了起来，中气十足，来了一首《北国之春》，歌声悠扬动情，隐约听出老师对父母、家乡的怀念。

那一晚，我看到了季老师的另一面，一个来自四川的异乡游子，一位儒雅博学的先生，一位亦师亦友的长辈，同时他也是优秀的儿子，优雅的丈夫，称职的父亲。

记忆如涓涓流水，暂且叙述这些。祝季老师"福寿绵绵，学术长青"。

（易建国，男，湖南省南县人，湘潭大学文学与新闻学院1997级广告学专业本科生。现任湖南福天兴业集团副总裁）

一棵大树

龙艺鑫

漫天火烧云的湘潭大学校园里，金秋晚风中飘散着阵阵桂花香，一群背着书包的学生纷纷走进教室，继续晚间课程的知识探寻。人群中见一位教授夹着一叠讲义几本书，在树荫斑驳的校园里大步流星。教授身材高大，风度翩翩，穿一身西装，V领毛背心里打着领带，笑容可掬，与他擦身而过的学生大多低着头赶路，而中年以上的教师会打招呼：季院长好！这位谦谦君子是季水河先生，湘潭大学文学与新闻学院院长、比较文学与世界文学的大学者。他快步走进南苑的一间教室，教室里日光灯照射得四处通明，学生们已经翻开《美学理论纲要》等待上课。

"人，有三重意义，本我、自我、超我。"

——什么？是时空穿越的意思吗？

"美是人的本质力量丰富性的多样化显现……"

——什么？美不就是beautiful吗？美就是好看啊，美是什么力量？

"美的内容是感性形态中显现出来的人类追求真善美的本质力量……"

——什么？追求真善美的力量？

"人之初，到底是性本善，还是性本恶……"

——什么？当然是性本善啦~

…………

夜晚的教室，玻璃反射镜像，窗外也有一块黑板、一位老师、一排排的学生，窗外还有月亮，摇曳的树叶，还有夏虫的鸣叫，还有带着草香的悠悠晚风……

思绪就此飘扬，早已从美学课堂飞到九州四海。

这是1997年的秋天，我大学一年级，在班主任的课堂上神游。

过完春节早早回到校园，大多数同学还没到，校园里冷飕飕的。寝室里正好接到电话，季老师担心有同学来早了，食堂没营业，叫去家里吃火锅。那就拎着老家特产去拜年吧，原本打算泡面时煮的香肠，正好带上，正月里也不算空手进门了。老师家住在东坡村，路上经过一排梧桐树，挂着几片叶子，风里打着转儿地摇。开门的人一副温婉柔美的样子，这应该就是我的师母了吧，是想象中师母的样子。不算很大的老式套房里，已经来了几位师兄师姐，正在说说笑笑。透过一炉腾腾热气，见到餐桌边温文尔雅的季老师。老师今天一件灰色呢子西裤，一件V领羊毛衫，领口打着暗红色的领带。看见我后，老师赶紧招呼我坐下。和大家打过招呼后，我挨着一位师姐坐着，师母生怕我年纪小，拘谨吃不饱，不停地夹菜，让人一下子就温暖起来。从家里出来，师母还回赠两大盒四川灯影牛肉，叮嘱学习有问题可以来问，学习没问题也可以常来吃饭。我拎着牛肉，呼着热气，看着路边橘色灯影里摇曳的树叶，倍觉热闹。

这是1999年的春天，我大学二年级，认识了温柔的师母和钟情V领配领带的季老师。

两年后的毕业宴席上，一顿情深似海难分难舍后，一身西裤衬衣的季老师，笑着用他的四川普通话跟大家说，祝大家前程似锦，鹏程万里，我在这里等着各位回家。这是2001年，我从这里毕业，一年以后考取了厦门大学广告学研究生，继续广告学习。

22年以后，再次见到季老师，那是冬天里的师生聚会，班长易建国点了一桌子香辣美味。又是隔着一炉火，对面的老师虽然发丝斑白，但依旧满面笑容，温润如玉，师母也依然优雅大方，温婉可亲，见到两位老师，深深体会到"人生美好便是如此"，这不就是最经典的美学诠释吗？离开老师的二十多年里，我努力考学、北漂寻梦、找到心仪工作，组成小家庭，延续自己的后代，经历过人生十字路口，也经历过各种披荆斩棘，四十岁的此刻终于在人生历练里领悟到，什么是"美"。于当下的我而言，理解美，有了更多的角度：美，是佛家五蕴皆空的大光明；是道家的天人合一；是儒家的中庸之法；是阳明心学的知行合一；是身体、灵魂、生命相统一的和谐；是体验过生活，对生命有感知，对世界美好有贡献的生存状态。怀念大一那年的美学课，如果今日还能重返课堂，一定有不一样的理解，年少懵懂的不解，如今很多已有答案，很多也不追求答案了。

毕业二十周年相聚，才得知，原来是在季老师敏锐的眼光下，湘潭大学在1990年代改革开放蓬勃发展的时代，借鉴厦门大学创办广告学科的经验，创立了广告学科；从1997年开始，以湖湘文化为根基，培养了一拨拨广告学专业学子，为三湘大地创新发展输送人才，而我和我32位同学有幸成为湖南省第一批广告学专业大学生，才有了开头一幕幕的故事。这位老师，是帮助我编织人生命运的贵人，是触发我人生多米洛骨牌的法蒂玛之手，是无形中为我遮荫蔽日的大树，心念师恩，无限感激，又无以言表，唯愿用更"真"的力量更"善"的心，创造更"美"的世界，唯有如此，才可算得上是不负师门，获取真谛，一脉相承。

（龙艺鑫，女，湖南省吉首市人，湘潭大学文学与新闻学院1997级广告学专业本科生。现任湖南卫视广告部执行经理）

拳拳深情忆恩师,最是润物细无声

周小红

1996年的夏天,我考上了研究生,在湘潭大学北斗村,第一次见到了我的恩师季水河先生。转眼之间,将近三十年了。年前,远在北京的师妹宋蒙发来微信说:"师姐,季老师明年要过七十岁生日,你打算写点什么呢?你可是大师姐呀!"是的,我也一直在思考,身为大师姐,我该写点什么呢?

岁月的流逝是无言的,当我们对岁月有所感觉时,一定是在深深的回忆中。记得那年研究生复试之后,面临选方向和选导师的问题,当时还真有点迷茫。那时,湘大的美学是放在马哲硕士点的。后来听说美学方向的导师是中文系的主任,很年轻的一位教授,不仅学问做得好,为人也特别好。心想,要是能读中文系老师的研究生也挺好的,因为从小我对文学就有一种特别的情结。于是,决定去拜见老师。

第一次去老师家,心中难免有些忐忑。记得当时老师问了我一些基本的情况,也聊了一些专业方面的问题。临走时,老师送了他的一本新著——武汉大学出版社出版的《美学理论纲要》给我,答应我读他的研究生,并给我列了一些书目,指导我在美学的学习上要看哪些书,这让我欣喜不已。

成为老师的学生,是我人生之大幸。开学的时候,老师知道我家里条件不是很好,资助了我一年的学费。当时研究生一年的学费是1500元，这对我一个从农村家庭出来的学生来说，无疑是雪中送炭。1500元，在那个年代，至少花掉了老师大半个月工资。后来我也当了老师，也帮助过几位学生。老师的帮助，我一直感念在心；老师爱生如子的情怀，也深深地影响着我。

老师和师母都是四川人，师母美丽贤惠，气质优雅，他们特别恩爱，这在我们研究生当中已传为佳话。尽管工作很忙，晚上老师和师母经常会在校园一起散散步，有时也会一起来寝室看我。过节的时候，老师就会喊上我们三五个学生，一起去他家吃饭。印象中每次我们过去的时候，老师和师母在厨房里忙得不亦乐乎，却不肯让我们进去帮忙。没多久，一大桌色泽鲜艳、具有特殊风味的地道川菜就上来了。这种美好的待遇，让我们96级马哲专业的其他同学羡慕不已。

我和我的爱人是研究生同学，当时我们已经领了结婚证。学校研究生院很是人性化，给我们小两口安排在同一间寝室。研二的时候，我们研究生从北青楼搬到了南青楼，楼下是一个菜市场，每天都有周边村子的农民挑着担子来卖菜，地上摆满了各种各样的新鲜蔬菜。偶尔，周末的时候，我们也会去菜场买一点菜，自己在寝室走廊过道做点饭菜。师妹宋蒙就在我们隔壁寝室，有时候，她也会过来蹭点小菜吃。记得有一次，师母去外地出差了，快过中秋节了，我和爱人商量说："过节了，师母不在家，我们请老师来寝室一起吃个团圆饭吧。""这个提议好。"爱人说，于是我立马打电话，老师欣然答应了。我负责洗菜、切菜，爱人亲自掌勺，我们精心做了一道最拿手的豆腐鱼头汤，老师说很好吃。至今回想起来，在南青楼，和老师一起吃的那顿最简单的中秋团圆饭，依然觉得有家的温馨和美好。

1999年，我研究生毕业去了湘潭师院（现为湖南科技大学）中文系，学校给我安排了一个两室一厅的周转房。其时，也适逢老师快要搬家，师母说："季老师说家里的沙发和茶几都还很新，你们刚工作没什么积蓄，只要不嫌弃，拿去用还挺合适的。"我当然是很开心，更不用说嫌弃了，因为要买一套像样一点的家具，那时至少也得花上二三千块钱呢，而我记得我参加工作的第一个月的工资才七百多块钱。后来，老师还专门找车帮我把家具送到了湘潭师院。那套家具，伴随着我们好多年，直到我的孩子出生，直到我调来长沙，直到我在长沙搬了几次家，直到现在，我都一直保留着。因为，在我的心里，那不是一套普通的家具，它承载着太多的情怀和记忆。

老师在生活上给我很多关心和支持，在学习上则要求非常严格。研二的第二个学期，在老师的指导下，我完成了毕业论文的选题和开题，我的选题是关于马克思主义的美感论在当代中国美学中的发展，当时学界在这方面的研究并不多，老师说，这是一个值得研究的课题。为了查阅更多的文献，我拖着行李箱，坐上了去北京的火车。在中国国家图书馆，我待了整整一个星期，收获很多，回来的时候箱子塞满了沉甸甸的复印资料。我差不多花了一个月的时间完成了论文的初稿，老师三番五次不厌其烦地给我指导和修改，大到文中的思想观点、结构框架，小到标点符号，千锤百炼，论文终于得以定稿并顺利参加答辩。我的答辩主席是当时湖南教育学院的易健教授，答辩委员会老师说："你的论文还可以再充实修改，再写十来万字，就可以出一本专著了，可以考虑再读个博士。"只是后来，因为孩子出生了，爱人也去读博了，我没有继续考博，写书的事也搁浅了。后来，老师门下的硕士、博士越来越多，一个个都很优秀。每每见到老师，跟他谈起这个事，我都觉得有负老师的期望，觉得特别惭愧。而老师却说："没有关系，你也挺不错的，孩子也是你最大的事业。"那一刻，我忍不住泪眼婆娑，这不是老师一句简单的安慰，这就像一个父亲说给女儿的话，其中包含了太多的理解、宽容与慈爱。这么多年来，我已然读懂了老师那似乎不苟言笑的背后总藏着那么多的深情厚爱。我想，我的师弟师妹们也都能感受得到。

老师一生潜心于文学美学理论研究，每天乐在其中，不知疲惫；他对于学术的执着、追求和热爱，及其深厚的学术积累、学术思想和学术精神，都是值得我们敬仰和学习的。于老师而言，买书、读书、写书是他人生最大的乐趣。老师说，他的工资绝大部分开销都用来买书了，每到一个城市，图书馆是他必去的地方，曾经大年三十，他都是在北京中国国家图书馆度过的。老师研究文学和美的学问，他对美的追求，对美的世界的认识，对美的本质、美的规律的探寻，对中国当代马克思主义文艺理论的持续不断的深入研究、梳理和反思，其观点是独特的，其理论是深邃的，其思想是深刻的。已故复旦大学当代著名美学家蒋孔阳先生曾评价说："他对我国美学界的繁荣，是尽了他自己的一份贡献的。"老师在《文学评论》《文艺研究》等数十家刊物发表论文100多篇，出版学术专著14部，主编、合著《新编比较文学教程》等著作、教材20部，著述300多万字，主持国家社科基金项目4项（含重点项目2项），在他热爱的学术领域深耕不辍，乐此不疲；而老师身上特有的人格之美、精神之美，也有如他的名字，上善若水，宽厚为河，影响、激励并引领着我们在学术和人生的道路上不断成长。

2004年我调来长沙工作，回湘大的次数渐渐少了。有时得知老师来长沙开会或学术讲座，我便会和几个师兄弟妹一起邀请老师聚一聚，省社科院的向志柱、当时在长沙恒大地产的陈志斌，还有我们学校文新学院的朝晖、军利，党委宣传部的进文，他们虽然不是老师的嫡系弟子，但都是湘大中文系毕业的研究生，只要是听说季老师来了，再忙也都会过来，陪老师一起吃个饭，聊聊天，或唱唱歌。大家都知道，老师很会唱歌，也喜欢唱歌，音色好，声音宏亮，拿起麦唱起歌来，特有四川人的激情与豪迈。写得一篇好文章，唱得一首好歌，也是老师对我们学生的要求。诚然，老师对生活的态度，也是我们学习的榜样。记得当年在湘大文科楼，老师给我和文涛师兄（傅其三老师的研究生，也是96级的，那年美学方向也就我们两个）讲授西方美学课程，跟我们讲海德格尔的哲学美学思想"人诗意地栖居"时，激情飞扬，他教给我们的不仅仅是一种哲学思想，还有对生活的审美态度、豁达乐观，对人生的一种美学思考。

乐矣不知老，已忘天命年，不知不觉毕业已有二十多年。回首往事，一路走来，老师对我的关心一直都在，似乎从没缺席过，不仅仅是我，还有我的爱人，我的孩子。我和我的爱人结婚，我的儿子出生满月、考上大学，老师和师母即便不能亲自过来，也都一定会送上他们的心意和祝福，这让我们全家都很感动。我儿子的名字也是老师取的，南朝沈约云"汉魏名贤，高品间出，晋宋盛士，逸思争流"，李白诗云"俱怀逸兴壮思飞，欲上青天揽明月"。我跟儿子说："季爷爷给你取名为逸思，妈妈希望你能理解其中的期许和关爱。"

去年十一月，我们学校科研处请老师来做国家社科基金的讲座和指导，晚上我和爱人陪老师一起吃了个便餐，然后送他去酒店。一路上，他坚持不要我们再送，老师说，他对这里太熟悉了，每次来长沙，都会住在这，很方便，又不太贵。我很是惊讶，因为，这个酒店和我家的直线距离只有一百米左右，可我竟然都不知道老师来长沙经常会入住这里；同时，我的内心也深感愧疚和不安，相比老师，作为他的学生，我对老师的关心真是太少了。昏黄的路灯下，我分明看到了老师两鬓的白发，以及那略显疲惫的身躯，我不禁潸然泪下。老师就是这样，总是说我们工作很忙，还要照顾家庭，不想给学生添任何麻烦。

"桃李不言，下自成蹊。"湘潭大学中文系，创建于1976年，是湘潭大学最早建立的院系之一，如果说，当年姜书阁、羊春秋、彭燕郊、张铁夫等一代学人为湘大中文系做出了拓荒贡献，那么，从中文系古代文学硕士点到文新学院中国语言文学一级学科博士点的获批，以及汉语言文学、广告学国家级一流专业、比较文学国家精品课程、新闻学等省级一流专业的逐一突破、建设和发展，老师无疑倾注了他全部的努力与心血，做出了继往开来的重要贡献。1993年，老师和师母从四川来到湖南，来到湘大，如今已经整整三十年了，他的大半生，都奉献给了湘大，奉献给了湘大文新学院，为她添枝加叶，使她枝繁叶茂。

有一种记忆可以很久，有一种思念可以很长。关于老师，关于湘大，留在我记忆深处的都是满满的温馨与感动，无论多少年也挥之不去。此时的长沙，窗外正飘起了漫天雪花，静静地，就像老师无声无息的关怀……祝愿我的恩师季水河先生生日快乐，永远幸福安康！

（周小红，女，湖南省双峰县人，湘潭大学1996级马克思主义哲学专业硕士研究生。现任湖南工商大学副教授、《湖南工商大学学报》编辑）

潇湘夜读
——季门二三事

宋　蒙

上课了

　　1997年，季水河先生在湘潭大学人文学院里招收马克思主义哲学美学方向的研究生，我有幸成为季门弟子，门下有师姐周小红和我两个女弟子。当时哲学系里分中国哲学、西方哲学、马克思主义哲学、行政管理、美学、心理学等专业。读研究生一年级期间，我们需要去上满公共课和选修课的课程，沧南老师、范贤超老师等的课程都是哲学系的热门课程。除了这些老师，季老师的课程是哲学系研究生选修最多的。受到80年代美学思潮的影响，年轻的学子们都非常想了解美学，参与到美学的讨论中去。白天时段，季老师有很多给本科生和各个学院上的公共课、大课，给研究生们讲授的小课经常安排在下午或晚上，就在研究生楼里的教室里。上课之前我都很紧张，得尽量把书背得熟一点。可是老师的提问从不照本宣科，几个问题问下来，总是吓得一头汗，休想蒙混过关。面对老师给开的书单，常常长吁短叹，这么多书要何时能看完？

　　季老师对于学生的要求很严格，要求学生们按照他所开的书单，去读马恩经典原著。《1844年经济学哲学手稿》是一个重点，我反复读了很多遍，交了好几次作业才过关。老师还会定期与我们交流，讨论我们所撰写的学习心得。上课的形式也是启发式的，旁征博引，引导和激励同学们自己去寻找问题、解决问题。在他的课堂上，气氛热烈，大家畅所欲言，积极又踊跃的气氛推动大家一起学习和进步。美学并不是完全抽象的学科，它跨越了哲学、宗教、文学、艺术、心理学，统领了各个门类艺术，是建立在审美及其观念上的学科。季老师对学生的指导，要求尽可能扩大知识面，加深对于某一个领域的理解。因此，除了哲学美学之外，张铁夫老师的俄苏文学、王建章老师的民间文学、罗婷老师的女性主义文学，都是季老师要求我们去旁听的。

酸菜鱼

除了学习以外，上老师家蹭饭也是一件非常开心的事情。师母杨老师温婉贤良、耐心细致，无论家里家外都任劳任怨。头一次上老师家蹭饭，在东坡村那公寓楼的三层。老师和师母都不在家，是张师兄捧着一本书出来开的门。我和小红师姐、文涛师兄三人一起帮厨。季念还在上中学，顶着一头蓬松的短发，带点方言，低着头叫我们师兄师姐好，一扭头就躲进房间去了。老师和师母是四川人，都烧得一手好菜，亲手下厨做了一大份酸菜鱼，满满一大桌子菜，非常美味。中国人的审美是跟日常生活分不开的，吃饭、吃好饭，也是提高美学修养的一个条件。我和师姐都能吃辣，席间一直偷偷笑话被辣得滋滋歪歪的张师兄，腼腆的师兄还不好意思承认。去老师家蹭过饭的师兄弟们，应该对老师和师母的酸菜鱼都印象深刻吧。

老师家除了酸菜鱼好吃，还有一个非常特别的书房。书房里头满满一屋子的书架，放着足有一个阅览室那么多的书。每次蹭完饭，我们还会蹭书，看完再还回来，比学校图书馆里的书多多了，每本书，无论新旧，品相都很好，一看主人就是一个特别爱惜书本之人。

喝醉了

季老师待人亲和、视野广阔、谈吐幽默，是国内学者里头，著作很多、人缘很好、酒量也很好的先生之一。家父爱喝酒，为谢师恩，曾宴请老师，却不料与老师一见如故，只听得席间谈天说地，白酒喝了一瓶又一瓶。到底喝了多少酒不记得了，反正喝到最后都醉了。喝醉了的老师也不多话，看不出来醉酒，只是好像走路有点不太稳当。家父后来一直夸赞老师的好酒量，说没想到读书人也这么能喝酒的。工作以后，也多次与老师一道参加过国内的学术研讨会，遇到敬酒的，无论学生还是老师，熟人或者陌生人，季老师从不推诿，坦然接受，诚实以待。季老师非常注意锻炼，当年求学期间，几乎每天都能看到他和杨老师晚饭后在校园内携手散步的身影，风雨无阻。

老师的学生越来越多，桃李满天下，后来有黄金亮、谷丹、罗如春、刘中望、诸君，都是非常熟悉的同门师兄弟，还有其他很多很优秀的师兄弟们。大家陆续进入师门，都一样接受恩师季水河先生的谆谆教导，在各行各业里施展自己的抱负和才华。师者传道授业解惑也，而为学莫重于尊师，祝愿恩师和师母身体健康，桃李芬芳，继续教导我们不畏艰难、砥砺前行。

（宋蒙，女，湖南省湘潭市人，哲学博士。湘潭大学1997级马克思主义哲学专业硕士研究生。现任中国艺术研究院副研究员，副编审，文化和旅游部青联委员，文化和旅游部机关党委理论小组成员）

学高为师，身正为范
——我心目中的季老师

蔡朝辉

每每忆起湘大，心中总会荡漾着甜蜜和温馨。这里是我学术事业起步的地方，也是我人生启航的地方。这里有着我相亲相爱的同学，更有我可敬可亲的老师。正是他们，让我度过了充实的研究生生活，使我有了前进的勇气和信心。而在这之中，我最要感谢的是我的硕士研究生导师季水河先生，可以毫不夸张地说，没有季老师对我的辛勤培育，也就没有我今天的进步。

做季老师的学生是幸运的，我在学术上得到了提升。我是一个比较愚笨的人，学术功底并不是很好，刚入学时连学术论文的基本规范都不懂，但老师并不嫌弃，而是耐心地指导我，通过多次修改我的论文，让我在多次实践中体悟到了学术论文的写作规律，如标题如何做到凝练和对称，以及论文结构的逻辑性和严谨性等。可以说，这些基本功都奠定了我以后从事学术研究的基础。然而在这背后，季老师为我付出了很多，假期从来没有真正地休息过，春节放假还把我们几个叫到家中，指出论文的不足之处，虽然当时的心情忐忑不安，但经老师的点拨，看到自己的论文写作大有长进之时，也如沐春风。忘不了每篇论文及硕士学位论文都被老师改得面目全非，红色批注部分已超过原文，有些底稿我还保留至今。季老师是国内马克思主义文论方面的研究专家，作为他的学生，我选择了中国马克思主义文论家冯雪峰的研究，自己当时深感压力，但季老师却耐心地指导我、启发我，通过课后多次讨论，开拓了我的学术视野，使我对该研究对象有了深入研究。2010年我来浙江工作后，老师依然对我的学术给予指导和帮助，时刻督促鼓励。之后，我的专著《冯雪峰与俄国马克思主义文学理论关系研究》出版，季老师又亲自作序。著作能够及时出版也有老师的一份辛苦。可以说，正是由于季老师学术上耐心指导，我才迈入学术的殿堂，季老师是我学术上的引路人。

做季老师的学生是幸运的，我在生活上得到了亲人般的关怀。季老师并未把师生间的关系简单限定在传道授业解惑上，而是视学生为自己的孩子，通过日常生活中对他们的点滴关爱，让每一个学生体会到了情感的力量。导师经常请学生吃饭，即使在物质丰裕的今天也是不多见的，但季老师却一直如此，这也是不小的一笔开支。记得2002年刚入学时，我们的第一次聚餐是在东坡村的老师家里进行的，季老师亲自下厨烧制了满满一桌子菜，每一道菜都很精美，连最简单的土豆丝也做得很别致，师弟中望戏称为美学土豆丝。大家席间互相畅谈，师生间的距离感一下缩小了，更像一家人。事实上，2002年左右季老师的收入也并不宽裕，但就在那样的情况下，每逢节日季老师总是自掏腰包请我们这些穷学生大吃一顿，然而这不仅仅是一顿顿饭菜的问题，在其间让我们感受到的是亲人般的情感。记得每次去季老师家，师母杨力女士总是热情地把我们让进屋内，又是水果，又是茶水，从学习到生活无一不谈，关切之语充满心间，生活中的一切疲惫在此都得以消解。正是这种师生间的深情厚谊深深地打动着我，使我觉得有必要把这种师生情传递下去。自从我参加工作以来，在力所能及的情况下，也自掏腰包请我这些可爱的学生吃饭，去郊游，让师生间充满友爱。可以说，季老师让我明白了情义无价，情感是人与人之间沟通的桥梁。

做季老师的学生是幸运的，我在品格上得到了熏陶。季老师对自己是比较严格的，对学生是宽容的。我读研究生时，季老师做院长，行政工作很忙，出差较多，但他从来没有落过我们一次课，出差落掉的课都会一一补上。这种对学生认真负责的精神，每每想起也激励着我在教学工作上的态度，从不含糊对待学生，认真授课，积极回应学生的诉求。在日常的待人接物上，季老师也非常儒雅，没见他发过火，他从没把自己的意志强加于人，总持友善和宽容的态度，他尊重我们每一个人的判断和选择。我们学生的论文选题、从业道路乃至生活态度，季老师从未横加干涉，更多是支持我们的选择，鼓励我们在各自的工作岗位上做到最好。更让我难以忘怀的是，在浙江嘉兴成家以后，小女刚出生，季老师来绍兴讲学之余，顺便来嘉兴探望了我们全家，并带来了他与师母的祝福，期间我们同游了嘉兴南湖，师生畅谈，其乐融融。可以说，从季老师身上，我学到了很多为人处世的道理，季老师是我品格的锻造者。

回想起我与我导师季老师的师生情谊已有20年，在这20年中浓浓的师生情谊始终荡漾其间，仿佛还在昨天。我与老师的师生缘，已经化作浓浓的亲情，永远沉淀在我的内心深处。每每想起湘大，那些人，那些事，我永远无法忘怀。祝福湘大这片美丽的土地永葆生机！祝福我的恩师季老师永远年轻充满活力！

（蔡朝辉，男，河南省舞阳县人，文学博士，湘潭大学文学与新闻学院2002级比较文学与世界文学专业硕士研究生。现为浙江嘉兴学院文法学院副教授）

学时有限，师恩永恒

丁 亮

　　每个人的出身不一、经历万千、际遇各异，然关键点仅三五处、唯三五人。于我而言，在求学的最为关键阶段，有幸遇到了关键的人——我的硕士研究生导师季老师，何其幸也。

　　一位好老师可以让落后生成为先进生、可以让好学生成为优等生、也可以让优等生变得更为杰出。回想起自己二十多年的学生生涯，虽然不经常用愚昧自贬，但确实一直都是资质浅薄、学力甚低，在幸运之神的一路关照下，几次考研的我终于勉强上岸。记得入学后季老师第一次谈心时语重心长地告知，我的专业能力在这一届学生中有点差强人意，需要认真学习、迎头赶上。事后了解，当年班上几十号人，我的专业成绩应该是倒数第三左右。当时情景历历在目，刚开始的茫然、懵懂、无助有如排山倒海，完全是一片云山雾罩，不知道怎么学、不清楚学什么、更不明白怎样学好。读研期间，季老师谆谆教诲、耳提面命，开过不少小灶，也给予多次"敲打"，硬生生将一个落后生拉上了正轨。十几年前的记忆说近不近、说远不远，但轮廓与线条却日渐清晰，时至今日，季老师言传身教的浸润仍在潜移默化、层层深入，为人、求学、做事三者尤甚。

为人

　　印象中的季老师从来没有"高大上"的说教，每每都是春风化雨、润物无声，在一言一行中教育我们怀善心、存善念，做个善良的人、品德高尚的人。三年中没见老师红过脸，连高声语都没有，有时生气难忍就摇头苦笑，或是"恨铁不成钢"的一声长叹，我想一方面是多年的潜心修为才能做到如此吧，另一方面应该是对学生无条件的宽容和无私的爱护。每个学期的重要节日，季老师和杨老师都会亲自组织我们在校的同学们聚一聚，畅谈一下时政大事，海聊一些生活八卦，更多的是关切询问、帮助解决同学们的困难和烦心事，学习、工作、生活、家庭不一而足。

　　毕业后，老师也对学生们关爱有加，每次通电话都认真仔细地了解工作情况，叮嘱劳逸结合、注意锻炼，不厌其烦地反复告诫身体是革命的本钱。2010年我爱人在衡阳生产，我从南宁往回赶，在火车上与季老师通话，迫不及待地分享喜悦，没想到过了几天，季老师和杨老师在百忙之中，专程赶到衡阳来看我们，亲自送来祝福祝愿，那份感动每次忆起总是情难自禁，那份感恩永远私藏在心底。工作期间，2019年12月，季老师接受了广西一所大学的讲学邀请，专门抽出一天时间来了南宁，其实主要目的是来看望学生，顺便讲学。但那天我刚好在深圳出差，当晚航班落地后，急急赶去，已经是晚上9点多了，老师第二天7点多的航班返回，有很多话想说，但是不忍心长聊，只是匆匆一见。

　　回想起这些年，忙于工作、忙于家庭、忙于生活，精神上一味索取、生活中一再忽略，做学生的实在有愧，但老师总是迁就我们，反复叮嘱我们不要挂念，趁着年轻以事业为重、以家庭为重，唯独不提自己。在长期的这种单向关怀中，我们似乎已经习惯成自然，忘了老师业已芳华成华发，忘了老师高山仰止的形象之下也是肉体凡胎、也有苦闷忧愁，有时静下心来反思，不知是老师保护得太好，还是我们永远长不大……

求学

  季老师学识渊博、治学严谨早已国内公认，但对于我这种小白来说，刚开始听老师的课很不适应，老师有时讲得广一点，我就听不懂，有时讲得深一些，我就跟不上。老师在讲台上旁征博引、气定神闲、循循善诱，而我时而呆若木鸡，选择"躺平"，做个桃花源中人；时而惊慌失措、手忙脚乱，勉强跟上也是举步维艰、步履蹒跚。几次课下来，老师也看出了我的窘状，建议我在求学路上注意两点：先博而后专、先广而后深；多读历史、多读哲学。

  历史让人明智，哲学引人善思，在持续地啃了一些"硬骨头"之后，逐渐能够跟上老师的思路，基础拓宽之后，再回到专业上，老师又给予了许多具体的教导，印象最深的一点，就是反复强调逻辑的严谨，确定一个主题之后进行引申，最后形成严密的逻辑闭环。就这样，边学习边思考、边体悟边实践，在老师的指导下，两年多一点的时间，累积下来写了十几篇文章，先后发表了9篇，也赚了一些稿费。印象最深的是有一篇文章，在季老师的指导下，反复修改、反复打磨了多次，然后投了核心期刊快半年没消息，突然有一天，老师找到我说，那篇论文发了，还有两千块钱稿费，"你叫人、我请客，庆祝一下"，看得出老师那种发自内心的欣慰。后来我也是毫不客气地一顿操作猛如虎，还让老师破费了不少，引得宿舍肖旻同学一阵惊叹，"有师如此、夫复何求。"

  读研那几年，老师还住在松涛村，书房不大，但藏书很多，摆得整整齐齐，门窗一关很安静。教师公寓的新房正在装修，季老师时时放心不下的就是书房，说自己在家的时候待得时间最长的就是书房，这一点至关重要。正是长年累月在安静的小书房里，季老师深邃思考、奋笔疾书，造就了许多的大部头、大文章。时至今日，老师仍然昼夜笔耕不辍、倾心著书立说，确实是唯有热爱可抵岁月漫长！在老师的影响下，我走上工作岗位后，只要有时间，都会坚持读书，牢记并践行老师说的开卷有益，勤读有字书，善读无字书。

做事

在接触中发现，季老师虽然一心钻研学术，但对时事政治了然于胸，不仅将美学和马克思主义文艺理论研究得炉火纯青，同时涉猎广泛、著作涵盖面很广，最难能可贵的是，虽习惯了几十年的用笔书写，仍能与时俱进地从零开始用电脑创作。老师在所从事的学术研究中，始终都是坚持兼收并蓄、博采众长，恪守一种开放式的、现代化的创新思维，做到守正创新、为我所用。反思自己，有时避重就轻、得过且过，缺乏老师那样一种坚持的定力、一种专注的态度、一种思维的主动。

老师不是从一开始就钻研学术的，当过小学老师、中学老师，后来进了大学，一步一步日积月累，厚积薄发，终成一家之言，以实际行动为学生们生动诠释了干一行专一行、干一行成一行。在学校时，老师时常告诫我，要潜心耕耘，坚持下去，自然会有收获；既要抬头看天、更要低头看路，扎扎实实做好自己的事；每个人在每个阶段都有具体任务，要抓住主要矛盾和矛盾的主要方面，当学生就要用全部精力好好学，以后工作了就埋头工作。研二时，在老师的极力推荐下，我获得了好几笔奖学金，老师笑着说："你这个月领的钱比我工资还高。"的确如此，但求耕耘，自有收获。

每临学生毕业找工作，季老师总有操不完的心，全力以赴地牵线搭桥，希望学生就业好的更好、稍欠一点的变好，偶尔遇到有个别暂时不好的，也千方百计帮助学生在最短的时间内调整岗位。扶上马还送一程，工作之后，老师继续关心学生成长的点点滴滴，竭尽所能地为学生们成长创造更好的平台和条件，一路为我们排忧解难、指点迷津。用望远镜看，每个人都很渺小，在历史的洪流中亦步亦趋，用放大镜看，每个人又很伟大，为家庭、为本职工作殚精竭虑。季老师和杨老师总是告诫我们做事要一丝不苟、精益求精，同时又劝慰我们照顾好家庭，处理好工学矛盾，在顺境时大胆干出成绩，在逆境时埋头锻炼能力，这些训导让我受益终身。

三年的学时很短，一生的师恩永恒。走出象牙塔之后，披荆斩棘、历经千帆，唯有夜深人静独处时，内心感悟个中滋味最为真切。特别是随着年岁日长、经历增多、接触渐广，愈发惦记校园的纯朴青春，愈发珍惜难得的师生情谊，愈发怀念求学季门时沉淀在时光里的那些美好与希冀。

（丁亮，男，湖南省桃江县人，湘潭大学文学与新闻学院2006级新闻学专业硕士研究生，现任中共南宁市委组织部副部长）

似水年华，最念师恩

杨 潇

来到湘大文新院，有幸成为季水河先生的弟子，已是20年前的记忆了。回望流逝时光，无数珍贵片段一幕幕浮跃眼前，凝练着先生传道、授业、解惑的风范和恩情，却又无以言表。定要寻找言辞，我想，莫若于借用先生的名字：年年季季、点点滴滴，似溪水、河水，亦似湖水、江水、海水，大道至简、大象无形般滋养着学生、温暖着岁月、点亮着人生。

溪之悦动

先生给我的第一感受，是无比轻松愉悦的。欢声笑语，填满了回忆。

2002年秋季，在文学与新闻学院的迎新晚会上，我和几个同学作为新生代表，编演了《现代版梁山伯与祝英台》。我们既不善唱也不能跳，偏好于改编故事情节：把梁祝化蝶改编为皆大欢喜、如蝶般自由共舞的喜剧情节，还让马文才开开心心迎娶了祝英台的丫鬟，现场一片捧腹大笑。时任文学与新闻学院院长的季水河先生全程观看，妙语连珠地点评节目，高度肯定我们用时代的、艺术的、审美的方式表达对爱情、对人生的憧憬，展现出了文学与新闻学院学生的独特风采。其实，我们一开始还担心受批评，结果不仅没被批评，还得到表扬鼓励，感觉非常兴奋，事后同学们一起凑钱去服务中心吃了一顿乌江鱼，还点了拔丝香蕉，那盆香蕉似乎是记忆中最甜的。

记不清是2004年还是2005年的迎新晚会，不知是晚会的本来安排，还是先生拗不过主持人的盛情，欣然登台给力献唱，那铿锵有力、激情澎湃的演唱激活了全场气氛，掀起了无比热烈的互动高潮。晚会后的很长一段时间，我经常遇到其他学院的同学问我，你们院长真的亲自上台唱歌吗？现在回想起来，先生还真不只是亲自登台献唱，而是长期和同学们一起热烈互动，登台唱歌在文学与新闻学院也算不上稀奇事了。这师生同乐的愉悦，大概也是文学与新闻学院学子们才有的专有享受吧。

河之润泽

先生上课非常惜时，有一种分秒必争的感觉，基本上不会在课堂上和大家聊琐碎的事情。但也会有例外。研一下学期，中国股市持续高涨。有一次，先生在上课前，突然郑重其事问大家："你们有没有炒股？"有同学如实回答，有一点点。当时我们以为这是要受批评了。没想到先生缓缓说："那你们要多注意啊，股市变化是说不准的。"竟然，先生只是担心大家亏钱受损。还有一次，先生在课间拿出两个馒头吃，我们问老师怎么还没吃早餐。先生笑着说，有时候来不及就带个馒头，你们还是不要这样，早餐要认真吃。

参加工作前后，我经常向先生打电话请教。收到分配到长沙县工作的通知后，我及时向先生发了条信息。没想到先生立即给我回了个电话，告诉我，有师姐在长沙县，很优秀，要向她学习、好好工作。过了两天，我去长沙县报到上班，一位前辈主动来找我说起，季老师也是他的老师。原来，先生在我报到前就帮我去"寻亲问友"了。几个月之后，大概是冬季，下着雨、很冷的一天。傍晚，突然接到先生电话，说来长沙县了，请我一起聚一聚。我特别兴奋，赶紧往饭店赶。到了才知道，先生一直念叨着说要来看看我，好不容易和师母杨老师一起来长沙开会，忙完后就挤出时间赶来长沙县，约上师兄师姐一起聚一聚。

后来，我和在广西南宁工作的同门丁亮同学聊起这件事。他告诉我说，因为妻子在衡阳工作、两人分隔两地，他自己工作太忙，没办法照顾家庭。先生特别关心这些情况，经常主动问候，特别是在得知他升级当了爸爸后，也不提前说一声，专门和师母杨老师一起到衡阳去看望了他的家人。

当先生的学生，就是有这样真切的感觉：学生走到哪，老师的关心就到哪，如影随形、细致入微。

湖之静谧

大概是2006年上半年，我作为保送生参加硕士研究生的复试。复试之前，我冒昧拜访了先生。先生非常随和，简单问我家庭情况，交代要多读书。我却感觉很踏实，有一种半只脚已踏进师门的安心。先生对待我们学生，总是这样一种宁静随和的姿态。宁静随和的背后，全是信任、鼓励和支持。

先生给我们主讲中西美学比较研究、20世纪西方文论研究，这两门都是省级研究生精品课程。先生的学术会议和活动比较多，如果有冲突，总是带着歉意提前几天通知我们改时间，生怕耽误教学进度。先生又特别怕影响其他学生自习，所以在印象中，我们班经常会在晚上前往文学与新闻学院的会议室上课。有时候，个别同学因为特殊情况要请假，先生从不刨根究底问原因，也从不要求写请假条，只是交代，借笔记补好课。上先生的课，还有一个特点，课堂上，除了先生抑扬顿挫的讲课声，就是学生们迅速记笔记时，发出的沙沙写字声。有时候，先生也会突然停下来，等等我们，怕我们的笔记跟不上。

工作以来，每每参加重要会议，听语速特别快的领导讲话，我总是会无比怀念先生等我们记笔记的静谧时光。我曾给先生发过一条短信："我不是您最优秀的学生，但您是我最崇敬的老师"。先生很快回复我："每个学生都是最优秀的。"

江之绵长

先生曾经说：“我诚为'布道者'。”对此，最深有其感的，大概就是我们季门弟子了。先生在高校工作40年多年，一直将教书、育人、治学作为一种生活态度、理想追求，在传道、授业、解惑上"衣带渐宽终不悔""润物细无声"般滋养着每一个学生。

一进师门，先生就叮嘱我们："你们要多写文章，把文章写好了可以给我看，我提意见，但是发表出去不要加我的名字。"几年下来，在老师的精心指导下，同学们个个都有独立的研究成果发表，在学校形成了一道非常显著的"季门风景""季门气象"。这风景、这气象的背后，饱含的，全是先生的心血。

有一次，先生给我们讲评论文，提出了"三三段"的写作理论：一篇文章，最好是有三个以上观点，每个观点内部至少要包含三个层次。同时，先生反复强调，文章写得好不好、水平高不高是一回事，但是写错字或标点，或者引用不加注释，就是非常严重的基本问题。先生这些关于写作的基本思路，一直深深烙在我的心中，成为我长期从事文字工作的金玉良言和不二法则。

"你应付别人，别人也就应付你"，先生这句话，至今都在我的案头，提点着我，为人处世需处处尽善尽心尽力。

海之包容

因为急于准备就业，我在研三第一学期迟迟没有拿出毕业论文初稿，先生却从不曾严厉催促。第二学期开学之际，学院管教学的老师通知我，说我的毕业论文被抽检，清明节后必须交稿。不过，即使到了这个时候，先生还是没有催促我。我有些忐忑，先生这是信任我，还是打算放弃我、任我浮沉？大概在3月中旬，我战战兢兢地带着初稿送给先生，一并报告了抽检要求。先生没有一句责备批评，就一直点头说好。才过了两天，先生就把文章修改出来反馈给我，大到逻辑结构、理论深度，小到错别字、标点符号，细到注释、引言，一处都没落下。过了很久，先生在和同门一起交流论文的时候，轻轻地说了一句："你们就是交稿太迟了，我只能日日夜夜赶紧看；不过也可以理解，找工作不容易，你们压力大。"

随着工作岗位的变化，时间越来越不自由。上一次回学校，竟然已经是快十年前的事了。常回母校看看，这个简单的期冀，竟然成了心头之痛。对此，先生却从不曾有半句微词。有一次，给先生打电话，得知很长一段时间里，先生因为长疖子，动了个手术，受了不少苦痛。挨过去很长一段时间之后，才告诉我们。我听了非常难过。老师却安慰我说，你们工作忙，把工作干好就是最大的事。

毕业 13 年来，总觉得自己颇为辜负先生的厚爱与期望。但每每念及师恩，又充满了踔厉奋发、勇毅前行的强大力量。

（杨潇，女，湖南省常德市人，湘潭大学文学与新闻学院 2002 级汉语言文学专业本科生，2006 级比较文学与世界文学专业硕士研究生。现任长沙市人大常委会研究室副主任）

季老师的人生"三课"

高　蒙

最近一次和季老师见面，是在今年三月。疫情的阻隔解除，师门相约一起请老师吃个春饭。可惜我因有会议，中途便匆匆离场，而这也似乎成了这几年我和老师交往的缩影——虽然人在湘潭，却少有时间去看望他，即便见面，也说不上几句话，实在惭愧得很。这也恰是人生的无奈，明知陪伴才是最长情的告白，但时间上往往身不由己。回想起和老师相识十五年的点点滴滴，真心感谢他给我上的"三课"。

对工作充满激情，这是老师给我上的第一课。因是本校保研，有幸成为季老师当年的第一批学生，所以本科论文也由他指导。怀着惴惴不安的心情交上去，收回后看着满纸的红笔修改意见，心里大为震惊。当时他担任着院长，上着多门课程，还带着博士研究生以及两个学科三个年级的硕士研究生，基本上没有多少时间。但是，对于这篇很多人都无所谓的本科毕业论文，却逐字逐句批改，特别是很多标点符号，都一一进行了改正。在震惊之余，是深深的羞愧和由衷的敬佩。从此以后，凡是报给老师的文字，我都字斟句酌，生怕给他添麻烦。态度，是做好工作的基础；激情，是成就事业的法门。和老师闲聊时，他说为了课题，有一年大年三十是在北京图书馆度过的。老师60多岁还在工作岗位上，还在上课、带研究生、做科研，每次去学校看他，很多时候是在留学生楼的书房见面。我想，这么多年来，老师笔耕不辍、著作等身，恰恰是这种源自对工作、对学问的如痴激情。而从事材料写作十多年的我，也正是受到这种习惯的影响，虽然工作重复，却少有文字错误，虽然岗位清苦，但却能多年坚持。

对生活充满热情，这是老师给我上的第二课。犹记得当年比较文学和新闻学的同门去找季老师，无不是抱着战战兢兢、"迈坎过关"的心情。因为他在学业上，向来是非常严肃认真的。如果论文上有糊弄的想法，那是要接受批评洗礼的。但是随着逐渐熟悉，才发现他在生活中是一个很风趣的人。季老师热爱工作，也热爱生活。当年的季门"五个一"工程，一时间被传为校园美谈。季老师的"五个一"是写一篇好文章、书一笔好字、说一口标准普通话、唱好一首歌、能喝一杯酒。这是"出师"的要求。这些看似与学问不沾边的事情，却大大培养了大家对生活的热情。尤其是参加工作以后，在应酬的场合能够应付一下，确实要感谢当年老师"无情"的调侃。不怕笑话，这么多年学会唱的一首歌，还是季老师的主打歌《北国之春》。如今临近不惑，工作上的压力日渐增大，生活上也有不可避免的辛苦恣睢，虽然明白"天下不如意恒十居七八"的道理，但最终还是老师教授的态度更加受用。毕竟唯有热爱，方可抵御岁月漫长。

对学生充满真情，这是老师给我上的第三课。季老师喜欢请学生吃饭，这是季门弟子的普遍感受。从研一到研三，逢年过节他总是和学生们在一起。如今到学校看他，他依然是坚持买单。但是学生在校期间，季老师却从来不管我们工作的问题。记得读研二的时候，已经有很多同学天南海北到处实习、考公务员甚至找工作了，但是他严禁我们离校，要求我们必须把课程学好、把论文写好。他经常讲一句话，学生就是学习，书读好了自然能找到好工作。所以当时就有一种很奇怪的现象，其他导师的学生常常"神龙见首不见尾"，季门的学生却"风雨不动安如山"。其实当时也很不理解，读完书最终还不是要去找工作吗？但这么多年过去，才明白在应该的时间就要做应该的事，才明白厚积薄发的道理。特别是结合我自己工作后的经历，确实要感谢当年论文逻辑思维的训练。但是，当学生毕业后，季老师突然又像变了个人，不遗余力地帮助解决难题。犹记得当年我因工作调动一事，一位师兄因力不能及没有帮好忙，此后两年一见面就被老师数落，也因此成为一桩轶事。老师的这种风格，也深深影响了我，少在人前说漂亮话，多在背后办实在事。人品和口碑，其实都是这样逐渐树立起来的。

从校门出来，转眼已过了十一年。体味老师对我的影响，不像是夏日的暴雨醍醐灌顶，更像是春天的杨柳风吹面不寒。小河潺潺，润物无声。老师在一次访谈中说："我诚为'布道者'。"我觉得恰如其分。静水流深，润泽万物，都是在潜移默化中完成的。

（高蒙，男，山东省蒙阴县人，湘潭大学文学与新闻学院2004级汉语言文学专业本科生，2008级比较文学与世界文学专业硕士研究生。现任中共湘潭市岳塘区委常委、副区长）

我敬爱的老师

刘孟秋

老师这两个字无比神圣，老师不仅是学生知识海洋中的摆渡人，也是学生通往未来人生之路的桥梁，很庆幸在求学路上能遇见诸多的良师，给予我关怀和鼓励，特别是我的硕士研究生导师——季水河先生，感恩他对我的悉心教诲、精心培育和人生指引。

季老师不仅在学术上有很高的造诣，生活中也是一位负责、开明的老师。读研究生期间，季老师还是文学与新闻学院的院长，除了要处理学院大大小小的事务外，还要钻研学术，但是他对待上课非常认真，他的课程里总是干货满满，学生能学到特别多知识。记得第一次见导师前，心里特别忐忑，心想集这么多高大上头衔于一身，又这么德高望重的学者，会不会像一个老学究，比较难相处？见面的时候季老师真诚地和我们做了自我介绍，并亲切地和我们聊天，还邀请同一年级的新生一起吃饭，大家聚在一起其乐融融，季老师的随和让我消除之前对他的刻板揣度。后来每学期期末师门聚会也成为一个传统，有时聚会结束得早，季老师还会邀请大家一起去唱歌，他嘹亮的歌声饱含深情，充满磁性，也让我们看到了季老师随和开明的另一面。

季老师在学习、生活方面对我们的关心也是无微不至的。

他会让同一届的学生一起去他家或办公室开读书会,开会前1—2周就某个主题推荐我们看几本名家的书籍,同时鼓励我们看完后再搜集并阅读其他相关资料。开读书会时大家围坐在一起,依次分享自己的读书心得和观点,并互相点评、互相讨论。他常常教育我们,从事学术研究依靠的是兴趣和毅力,做学问本身是枯燥乏味的,但是要从中找到自己的乐趣,并坚持去做去学。这些教诲使得我们在进行学术研究时积极自主地探索与钻研,读书会也让我们学会了表达观点并保持独立思考的批判精神。讨论过后季老师还询问我们近况,聊聊我们学习生活中的各种困难,需不需要帮助等等,让我们倍感关怀。让我难忘的是季老师对我毕业论文的修改,因为是跨专业的学生,加上准备不充分,季老师严肃地批评了我写的初稿,但多次就论文的框架、格式和内容指导我,并非常细致地帮我修改论文,大到框架结构,小到词语标点,因论文是关于非洲文化的主题,文章引用部分比较少,季老师拿出他珍藏的书籍帮我查找相关的内容并帮我标上注释,有时发现电子邮箱里是季老师凌晨发的修改稿,特别感动也特别自责,季老师就像慈父一般关心着他的每一个学生,同时他严谨的科研态度、甘为人梯的奉献精神也值得我一生仰望。

季老师在我心中一直是一位秉性宽厚而又充满智慧的教师,尽管已过花甲之年,但是他仍坚持在教育和科研的一线,勤勤恳恳,尽职尽责。他也跟我们谈他的人生经历,凭着不懈的努力,他从小学教到中学,再到大学任教,无论在哪里,他的德高望重在师生中都一直口口相传,他桃李芬芳满天下,硕果盈枝满庭芳。还记得在他六十岁的庆祝宴会上,听很多师兄师姐讲季老师在他们人生低谷间给予的帮助和鼓励,就像寒冬里的一抹阳光,充满暖暖的力量,就像是黑夜里一盏明灯,照耀前进的方向,当时听着就特别感动,同时也很骄傲和幸运能遇见这样的良师。毕业后留校,节假日去老师家看望老师或师门聚餐时和老师唠嗑唠嗑总会有收获。时光如驹,十年的时间,我发现老师的头发更白了,背也佝偻了,但是他对生活依旧充满热爱,在校园的田径场里时常看到季老师和师母在散步,他们相扶相持，执子之手与子偕老的爱情，让大家羡慕不已；他对学术依旧充满热爱，经常能看到季老师获科研项目的公示，刊物上也能看到季老师发表的学术文章，学术似乎融入他的生活，成为一种坚持和追求。

师恩如山，高山巍巍，使人崇敬；师恩如海，大海浩瀚，无法估量。在季老师即将迎来七十岁大寿之际，愿我敬爱的老师身体健康，吉祥如意！

（刘孟秋，女，湖南省邵阳市人，湘潭大学文学与新闻学院2012级比较文学与世界文学专业硕士研究生。现任湘潭大学研究生院学位管理科科长）

与季老师相处的日子
——纪念尊师季水河先生从教五十周年

奚沛翀

时光荏苒、岁月如梭，回想与我的硕士生导师季水河老师相处的点点滴滴，许多记忆依旧如新。虽然季老师仍然保持着旺盛的活力，但不知不觉间他也即将迈入古稀之年，在此，我写下一点回忆作为纪念，亦可备忘。

那是 2016 年的三月间，湖湘大地在此时总是阴雨绵绵，我因现实的机缘巧合与个人的志愿从江淮大地来到了湘潭大学，参加中国语言文学专业研究生的复试。那时作为新闻专业毕业的本科生，纯粹因为对文学的一点兴趣，即来到了湘大，进入了三拱门。因为自知自己能力薄弱、知识肤浅，所以时刻惴惴不安。当我第一次见到季老师，他步伐矫健、声音洪亮，给人一种权威感，我便鼓足勇气发表了一些对文学的看法，我们从鲁迅、胡适、俞平伯聊到刘心武，从杜甫、秦观谈到曹雪芹，从此即进入文艺学专业开启了新的学习生活。

在与季老师第一次交谈中，我即发现季老师的知识极为渊博，对于学生的研究选择他似乎都有所了解并支持，可以说任何与文学相关选题，到了季老师面前都可以给予有效指导，指出解决相关问题的大方向。虽然用力在美学方面，但是对于红学研究的历史发展脉络季老师也有很清楚的了解。从最初我表达对《红楼梦》的兴趣时，季老师即对相关的问题侃侃而谈，虽然研究《红楼梦》的著作已经汗牛充栋，但在其看来依然有很多东西可写并有做成博士论文的潜力，于是我怀着喜悦的心情，开始研究生的学习生活，也开始了我真正对《红楼梦》的探索。后来，当我走进季老师的书房才知道，季老师能对一个随意细微的问题驾轻就熟，源自其在书海的深入阅读。季老师最大的爱好可以说就是看书、买书、藏书、写书。他到了哪里的书店总是喜欢进去随便翻翻，从季老师书房的藏书可见，很多都是其随便翻翻的所得，在其整个松涛书房中，到处都是达到天花板的书柜，一排排的书架上摆布着社会科学、人文科学以及自然科学各个分支相关知识的书籍。正如台湾学者黄一农先生所提倡的，一个真正的学者需要具备"读架"水平。很多人看完书后留下的是知识点，而在黄先生，他是往往将一个领域一整套丛书在眼前摆满了一个书架，然后从其中几本索引全局，这样掌握的便是一张知识地图。而在我看来，季老师也深得"读架"壶奥，正是在这一架架书柜之上，季老师建立起对整个世界学术研究诸多领域的认知。

也许自己是在现实的纷扰磨砺中度过的吧，也或许是当年跟蒋孔阳等一众名家学习受教，使季老师眼界开阔，胸怀宽广。我阅读了各种各样的书籍，季老师都毫不干涉，这让我可以在杂学的涉猎中摸爬滚打，吸收新的别样知识，由此我对《红楼梦》中的绘画文化、建筑文化、家族管理文化等都有了较为细致的探索，并提出一些在一般人看来不常见的观点。当我想参加北京曹雪芹学会举办的曹雪芹美学艺术讲习班时，季老师也积极写推荐信，我也最终得以称愿，在北京大学燕园见到了叶朗、胡文彬、胡德平、张书才、张俊、段启明、王立平等学者、艺术家。在此过程中，我坚定了我的一些观点，也修正了一些观点，并提升了自己的水平，也在此过程中勾画出一篇硕士论文框架。

季老师所获取的知识庞杂，但是丝毫不乱，面对现实他始终有一种大局意识，这种意识统筹着全局，善于直达问题的关键之处，并且说话简练，有四两拨千斤之效。比如，季老师时刻提醒我要完善自我的知识体系，并让我要注重对文学理论的探索。他时常开读书会，要同学们一定要认真阅读《西方美学史》《西方哲学史》《中国哲学史》《中国文学理论批评史》等经典著作，这些书中的东西成为文学研究展开的基础。并且在参与学术研讨中，常常指出在关注细节的同时，大方向不能搞错，其往往寥寥数语，就把很多暧昧难解的东西讲明。当我撰写毕业论文时，季老师即准确界定了何为绘画美、绘画美学、绘画美学思想，从而避免了我论文根基性的错误。此外，在我毕业去出版社工作时，他对我的几点建议，如注意政治问题与业务细节问题，也让我受益良多。

作为双子座的季老师，骨子里又是活泼的，好动的。季老师提携青年人、鼓励青年人，愿意与青年人打成一片，去了解青年人的情况。有时候很惊讶，季老师能叫出很多师弟师妹的名字。他提倡"五个一"工程，即写一篇好文章、书一笔好字、说一口标准普通话、唱好一首歌、能喝一杯酒。曾在网上看到季老师所唱的《黄土高坡》，的确非同凡响。在搞学术的时候，也不能脱离群众，始终保持一种生理、心理、伦理的和谐，这样恰恰更有利于学术。季老师对于运动特别关注，鼓励青年人要有一个强健的体魄。也许是青年时代养成的锻炼习惯，季老师对于锻炼健身特别执着，可以说雷打不动，这不仅是一种身体的良性循环，也是一种意志的养成。

作为学贯中西、名声卓著的马克思主义文学理论专家，季老师生活上又是务实的、简朴的。他为人子、为人夫、为人父，在家庭方面始终毫不推卸责任。与杨老师携手四十余年，风雨相守，伉俪情深。对自己唯一的闺女也是严格要求。生活上的事情，季老师都是亲力亲为，洗衣做饭打扫卫生，家务活样样皆能，不以工作学术上的事情来推辞掉家庭的事务。我曾在其家中看到季老师戴着护袖，遂调侃老师是否学习周总理？季老师说周总理是为了节俭，戴护袖是为了不让袖口磨破；自己戴护袖是为了袖口清洁，少洗衣服节省时间。看来季老师在家中的确是够忙的。

虽然季老师仿佛已至暮年，但其在学术上依然没有看出丝毫的懈怠，他依然在给研究生们上课，每个星期还有十数节课，不亚于一些青年老师的工作量。他给研究生修改论文细致入微，一个标点、一个字都精益求精。他为公益的事业来回奔波，他已经和湘大文新学院融合在了一起，湘大就是其精神寄托之处。正如季老师常言，一个高校的层次与水平，可以从其教师做学问的年龄判断出来：真正一流的高校，有一批80岁、90岁的教师依然还在孜孜不倦做学问；如果评上了教授，50多岁就不做学问躺平了，这样的学校多数是不入流的。那么我以最微不足道的一些感激之情，祝愿季老师继续攀登新的学术高峰，为中国的人文社会科学事业作出更大的贡献。普希金说过："一切都是瞬息，一切都将会过去。而那过去的，都将成为亲切的怀恋。"师恩难忘，这些宝贵的记忆将为我所珍存。

（奚沛翀，男，安徽省马鞍山市人。湘潭大学文学与新闻学院2016级文艺学专业硕士研究生，2020级文艺学专业博士研究生）

良师如春雨，启智润泽生

汪 旭

我运气很好，从小学到博士，都遇到了很好的老师。对我影响最大的是湘潭大学的季水河老师。

好雨知时节，当春乃发生。随风潜入夜，润物细无声

2016年的春寒尚未褪去，我从老家江西赶往湖南参加湘潭大学的研究生招考复试，得益于初试打下了良好的基础，复试结束后我大抵知道未来三年或许是有书读了。可与同学们一交流才发现，我在联系导师方面已然大大落后，既没有对学院老师进行充分的了解，也占不到"先来后到"的双选优势。出于对老师高山仰止的敬畏，起初我未敢表达想选老师做导师的想法。几次问询碰壁后，我鼓起勇气拨通了季老师的电话，突兀地向老师汇报了自身及考试的基本情况，或许是我的幼稚莽撞，或许是老师的海纳包容，最终我幸运地拜入老师门下（而后才知，我与同年入学的李玲是季老师所带的最后一届传播学硕士生，感慨更甚）。湘潭大学文学与新闻学院每位老师都有独特的风格，共同构成了这一积极共生的学术共同体，而季老师更是学术与师道上的一座高山，极受师生尊重。能在如此仓促之间的结下这份师生缘，实为我莫大的荣幸。

老师身姿笔挺，自带气场，在学生面前不严自威，并春风化雨。入学的第一学期，老师并未给我们开具书单，而是简单地嘱咐："汪旭，我希望你开始阅读冯友兰的《中国哲学简史》与罗素《西方哲学史》这两部作品，学期末我们一块讨论。"对于缺乏理论基础的新生而言，这两部经典自然是难啃的硬骨头，但同时也是开阔视野，厚植根基的重要养料。到后来我选择以传播思想史作为研究方向，与老师关于这两部经典的讨论就好像取之不尽的智慧源泉。时至今日，满是老师批红与修改意见的论文草稿、读书笔记，已成为我随身携带固定行李中宝贵的精神财富。

今我来思，杨柳依依；桃李不言，下自成蹊

季老师不仅是学院院长、二级教授，还是院学术委员会主席、博士点负责人等，更不用提各类国家、省级学术兼职。尽管工作很忙，但老师总是将学生的学习状态、生活起居放在心上。当我们初入学还迷恋于校园生活的五彩斑斓时，季老师多次将我们聚集，关心学习状态，交流读书进度与日常生活。我们却极少拿着书本带着问题去找老师请教，好不惭愧！在对学生的培养中，老师既强调通识基础的夯实，也十分注重发现每一位学生的性格与兴趣，因势利导，因材施教。今日思来，季老师至少在三个方面深刻影响了我，成为我珍藏的精神财富与人生信条：

首先是对自己的自信。《人文科学方法论》是季老师对人文社科研究生开设的公共课程，大大的阶梯教室总是人满为患。作为入学后的第一堂课，季老师传递给每一位学生的不仅是掌握科学的研究方法，而且是树立起强大的信心。"在我看来，北大培养的研究生和我们湘大培养的研究生，并没有本质的区别。你们应有这个认识，要相信自己的能力。学校是外在的因素，学习则是自我的修行！"这大抵是季老师给予我的第一句教诲，以至于在毕业后，每当我遇到科研难关，生活迷茫，产生自我怀疑时，老师目光如炬，声若洪钟地讲出这番话的场景就会浮现在我的眼前，当时撒播的一颗种子，在学生心中种下了这个时代愈发宝贵的勇气与希望。

其次是对生活的热情。季老师是极有魅力的老师，不仅在于学术的妙思与文笔的飞扬，更在于他对生活，对人生的热情与热爱。老师并不希望学生成为只读死书的榆木脑袋，而是要向"德智体美劳"的目标全面发展。在这一点上老师的以身为范让我们这些小孩儿真是自愧不如：据说，康德的生活极其规律，每天三点半必然放下工作外出散步，四季如一，风雨无阻。在这个意义上，季老师堪称康德的湘大化身，每当我以课业繁重为由疏忽锻炼时，却总能看见季老师与师母在田径场上步伐矫健，携手同游。当我问起老师为何工作如此繁忙还能保持锻炼习惯时，老师说："我们当年的口号是为祖国健康工作五十年，没有一个健康的体魄，怎么面对高压的工作？"相较之下，我们所谓的疲惫，不过是偷懒的借口罢了。

最后是对学术的真诚。老师常说，研究生当以研究作为一种生活方式、生存态度。而学术研究正是在严谨中扎根，在求索中成长。季老师常鼓励我们"要以认真负责的态度对待每一次写作、要以虚怀若谷的心态向每一位老师学习，翻看不同领域的经典，接触不同背景的人才，切莫给自己设限"。你若踏实刻苦，老师不吝心血，必将协助你完成学业的目标；你若偷工减料，老师心如明镜，看似不经意的敲打提醒，直到你醒悟而重返正确的轨道。

季老师还是真心为学生着想的好老师，乐于与学生的共情，当他看到学生取得的成绩，总是在第一时间分享至微信群中，与大家砥砺共勉。正是在老师的鼓励下，我立下了继续攻博的意愿。研二下学期学校课程结束后，我独自前往外省做了一名考博的"校漂族"，在外学习的半年尽管举目无亲，但对学术简单真挚的追求使我不感孤单。至于临近考试，准备材料时，季老师不辞辛劳，反复为我了解信息，书写推荐信，每每想起，心潮仍翻涌如昨。

鄱湖春天树，湘江日暮云。何时一樽酒，重与细论文

今天的校园似乎愈发受到工具理性的冲击，学生成了"员工"，老师成了"老

板"，师生反目的新闻也屡见不鲜。季老师尊师重道、仁爱宽厚，得到学生普遍的爱戴。老师明白在校期间学生生活困难，从不希望学生给他送礼物，逢年过节总是他主动邀请学生聚会相庆，嘘寒问暖，让我这个外来的学子，真正感受到有师如父般的温暖。在课题研究上，老师课题众多，却从不强迫学生参与，免费劳动，而每每与学生合作的研究成果，他总是主动关心，认真提议，优先置学生于一作，为日后的职业发展提供帮助，这也是老师的课题从来不缺乏参与者的原因之一。

2020年的蝉鸣盛夏，我携同为湘大文学与新闻学院毕业的妻子驱车返回熟悉的教师公寓拜访季老师，老师热情邀请我们与在校学生一块聚餐谈天，兴尽之余还将我们领去松涛书屋，与我们分享读书之道，老师爱以文会友，并以书为傲，他对满屋的存书如数家珍："人文社科方面我这儿的书，应该是在全省前列了。但我不是藏书家，每买一本书，我都一定会去阅读，去翻看，这样才能发挥书的价值。"在校时老师丝毫没有大师的架子，但我们做学生的难免敬重多过亲近，而毕业后再见到老师，或许是因为时间绵延了情感，抑或是距离厚重了思念，师生情谊总变得格外亲近，我们就像一个个外出探索的孩子，回到老师身边，就像小草归树荫，得以将遭遇的风雨向老师诉说，心中的疑惑向老师求解，将各自的烦恼在此处沉淀。午后的阳光透过北二环的影，一切仿佛又回到了羊牯塘那青春无虑又意气风发的时光。

学术圈子体悟越久，对教学使命了解愈深，越是真正感受到在茫茫学海中成为师生是难得的缘分。在季老师指导的硕士论文的结尾，我写道："感谢所有的相遇和走过的旅途。希望这篇论文不是我学术思考的终点，希望上一句话不只是希望。"如今的我已返回家乡继续深造，未来也将踏上杏坛，传递教育的人生，季老师以自身为人为学的高尚风范为我树立了最直接的榜样。都说学术研究是苦痛的孤独赛道，我很怀念在希望与绝望的交替中磨砺成长的纯粹岁月，更感恩季老师指引我走上了正确的人生道路。从湘江之畔到鄱湖之滨，感谢您的知遇与培养,您用毕生精力播撒浇灌的季门种子,必将在五湖四海,继续传承、闪光。

(汪旭,男,江西省贵溪市人,湘潭大学文学与新闻学院2016级传播学专业硕士研究生,文学博士。现任南昌航空大学文法学院讲师)

做老师的学生，是一件幸福的事情

陈 娜

我叫陈娜，是季老师2008级博士研究生，现在国防科技大学任副教授。时间说快不快，说慢不慢，一晃，已经从湘潭大学博士毕业10年了。

第一次见季老师，是2008年5月。考博分数出来了，我总分第一，但专业第二，录取名额有限。铁夫老师建议我去拜会一下季老师，说人与人之间多交往，才有交情。于是，在有些忐忑不安中，我见到了当时为文新学院院长、博士生导师的季老师。面对一名尚未录取的考生，季老师对我非常礼貌客气，也传递着极大的善意："我不能确定最后能不能录取，但是非常感谢你选择我们。"短短半个小时的见面，我对季老师的印象好极了：学问这么大，还对学生和蔼可亲、平易近人，看上去很通情达理，很能体贴对方的感受，如果做他的学生，应该是一件很幸福的事情。

然而，进校没有多久，我的这种感受就受到了剧烈冲击。一直在湘大浸泡成长的学姐或者学妹嘴里，存在着另一个"季老师"：治学态度极其认真严谨、不苟言笑、不怒自威、不好通融等。我还发现，大家似乎很怕季老师，只要季老师在场，大部分弟子都不敢说话！而且，更为甚者，有位师弟说：做得不好，季老师还会骂人！听到这些，我的心里有些诧异：怎么可能？那么儒雅有气质的谦谦君子，在学术上要求严，是好事，但怎么会骂人？这些评价与自己当初感受出入太多，所以，没尽信。

江湖上的传言很快就被证实了。在博一下学期的一次博士生会议上，季老师"开骂"了！而且，毫不留情，针对的还是"天之骄女"的女学生："今天大家都坐在这里，说明我们都选择来读书，那么，请大家记得自己的身份是一名在读的博士研究生，而不是今天来请假因为要接孩子，明天缺席因为家里来了亲戚要待客的家庭主妇！如果你要把大部分精力与时间放在照顾老公与孩子上，那么，请回去，就不要来读这个书了！作为学生，就是来学习的，身份定位好，才能开启学习之旅！"如同当头棒喝，整个会议室鸦雀无声。要知道，当时很多女博士生，包括我，都是在职来读书的。工作9年后再进入校园读书，我很珍惜这次机会。我把2岁多的女儿送进幼儿园上全托后，在原单位暂时办理了继续再教育手续，所以基本上做到了周一至周五能待在学校。但很多同学确实存在着边读书边工作还要照顾家庭的情况，分身乏术，无法兼顾，有时候会旷课或者缺席，影响了学风。大家都没有吭声，我内心由衷钦佩：太帅了！敢得罪人！难怪我的那些学姐妹们会心生敬畏！自从季老师那次毫不留情的"赶人回家"会议之后，毫无疑问，大家的学习凝聚力显著提高了。过了不久，我们还不定时地搞了几次读书沙龙。要知道，在之前，这是不太可能的，因为大家都"忙"得见不到人影。很久以后，想起这件事，还是记忆深刻：有时候被老师"骂"一"骂"，也是一件不错的事哦！

如果说在行为管理上，老师毫不顾及情面的批评让我们变得更规范更自律，那么在学业上，老师的高标准严要求则让我受益良多。上季老师的课，是不要想着提前去食堂的，干货满满的课堂会让人忘记了时间。而且，授课中的季老师就像是行走的知识体，浑然一体，声情并茂，绘声绘色。讲的都是老师喜欢的、非常熟悉的内容，自然听者都会被感染到，老师那种对学术的热爱与激情通过声音与肢体语言传递出来，直达人心。除了课堂上的微醺，在学术上的巨大幸福感来自于拿到修改后的毕业论文稿。因为我提交的时间比较赶，在开题确定后，老师建议我写出一部分就拿给他看一部分，于是我分了两部分提交给老师。当我拿到返回的稿件，我被上面红色的修改标识与字体感动到了。一般来说，作为大学老师，我经常的修改意见真的就只是意见，比如指出不足处，给出修改方向。而老师给我的修改稿，是已经改好的意见，具体到标点符号，以及哪个地方要插入哪些内容，都写了出来。在我的18万字的毕业论文里，老师不仅授我以鱼，更是授我以渔。在阅读校对稿中，我细细品着老师的思维模式，找到了自己努力的方向。在我们那一届毕业答辩后，季老师生病了，整整住了一个月的院。我的心里愧疚极了，都是我们的拖延，老师积劳成疾，才会病倒的。现在想起来，都觉得心疼。

如果说，老师在行为规范上教会了我们什么叫角色定位与恪守责任，在学术研究上教会了我们什么叫严谨缜密与诲人不倦，那么，季老师在生活中的自律克己、对生命的热爱激情，以及与杨老师之间的美好爱情，都给我等学子做出了人生榜样。

每年中秋的那天晚上，为了让各位在校读书的学子们有家的感觉，季老师和美丽温柔的师母杨老师会自掏腰包请大家吃饭，每个人都有一个包装精美的月饼。吃饭时，老师会告诉我们，不要做一个只会读书的书呆子，要做一个热爱生命、热爱生活的人。季老师也是这么做的。生活中，季老师会下厨，做得好几个拿手菜。而且，季老师能歌善舞，当他一开口"黄土高坡"时，感觉整个宇宙都是他的了。在激情洋溢、浑厚饱满的男高音里，我似乎听到了一颗年轻的心，在向这个世界呐喊：我来了！我可以创造无限可能！而当老师提起师母时，那种发自内心的欣赏与尊重，常常让大家能马上安静下来，生怕打破这份独特的美妙，老师与师母多年来的恩爱和谐也成为我们向往的境地。

回顾这些年来，真是感慨颇多。很多不可能的事情，老师都做到了，老师在学术领域创下了一个又一个的奇迹，令人难以望其项背。而且，老师耐得住寂寞，守得住孤独，在学术的海洋里恣意遨游，享受其中，乐此不疲。这种乐在其中的学术精神正是老师成为大家的重要因素之一，也正是我们需要学习的地方。

还有很多想说的，比如生病后老师与师母的深夜探望，比如老师提醒离异后决定一个人抚养孩子的我：要团结一切团结的力量，比如每次去看望老师，他都会叮嘱再三不要停下做科研的脚步，比如师母在每个"六一"给女儿发的红包……情深语迟，一幕一幕，泪已潸然，竟不能已。

做老师的学生，是一件幸福的事。人生很长，我很幸运，遇见老师，遇见师母。我相信，这不仅仅是我一个人的感觉，而应该是所有季门弟子的感受。在此，我谨代表自己与所有的学弟学妹们，向老师与师母诉个衷肠：我希望有一天，老师与师母会觉得，有我们这样的学生，也是一件幸福的事。

（陈娜，女，湖南省溆浦县人，湘潭大学文学与新闻学院2008级比较文学与世界文学专业博士研究生，文学博士。现任国防科技大学军政基础教育学院副教授，技术大校军衔）

博学严谨的良师益友

覃 岚

窗外正是盛夏，蝉鸣荫浓，往日的时光又重回心中：能遇到季老师，能成为师徒，是一种缘分。

2004年，我留校在数学与计算科学学院学工办，两年之后才有了报考研究生的资格，一边是繁忙的工作，一边是紧张的备考，能考上研究生不是件容易的事情，因此我格外地珍惜这个机会，也希望学有所成。

记得那天刚拿到录取通知书，数学院的刘建洲书记就对我说："我给季老师打电话吧，季老师是'大家'，我推荐你去读季老师的研究生！"电话的那头是季老师爽朗的笑声，爽快的回应。就这样我幸运地成为季门的一员，于是文新、新闻、美学、阐释……都走进了我的视野，这一切水到渠成，那么的合适。

一

硕士时，季老师给我们上"中外新闻传播思想比较研究"。上课时间，季老师会要求学生们关上手机，他也会依此执行，这样学生在课堂上就能全心全意地听课、思考。每上一门新课，季老师都会按照课程体系精心备课，一门课上完就成了一本专著，所以老师的课堂并没有现成的课本对照。课程体系是紧凑、系统的，简明扼要没有一句多话。季老师讲课的语速稍快，语气、眼神都包含着对学习内容的强调，你只要稍一走神，漏掉一两句，就接不上了，因此课堂中的学生时而凝眉深思，时而神采飞扬，时而频频点头，时而低首微笑，一个学期下来，我们的笔记内容清清楚楚、明明白白，厚厚的一本，看着就安心。

这几年疫情，大学的课堂辗转在线上与线下之间，充满着现实的魔幻主义色彩，季老师这样的课堂会让人更加地珍惜与怀念——面对面，有动作、表情和眼神的交流，课堂真实而富有感染力，师生对课堂互相期待，上课就如同一种心灵的洗涤。

季老师说："老师的思维没有创新性，如何让学生追求卓越？"现在看来，后来成为一名老师的我，在课堂上不是照本宣科，能够给学生一些启发，这可能是继承了季老师的衣钵，老师用心耕耘，学生自然也能深刻地感知。

季老师从事教学工作50年，在湘潭大学教学研究30年，先后开设了"新闻美学""人文科学方法论""二十世纪西方文论""中西美学比较研究""二十世纪东西方马克思主义文论比较研究""比较文学原理""人文科学方法论""中外新闻传播思想比较研究"等课程，培养了120多名硕士和20多位博士，2004年获"全国优秀教师"称号，2006年获"宝钢优秀教师奖"以及首届"湖南省普通高等学校教学名师奖"，2009年获"国家级教学名师奖"。很多文新院走出的学子，常常回忆的就是季老师的课堂，最常见的评价就是老师的课堂"干货满满"。"众里寻他千百度。蓦然回首，那人却在，灯火阑珊处。"我们追寻的光，不就在那里吗？

二

读硕期间，我回到了文学与新闻学院担任团委书记，办公室离季老师的办公室很近。老师是院长，院里事无巨细都要他操心，每天忙得飞起，再加上我性格本身有点羞涩，所以很少找老师汇报学习情况。不过我与师母很亲，师母对我格外的好，很多时候，我的欢乐与烦恼，都去找师母分享与倾诉，当然老师最后也会知道，师母会把我的情况告诉老师。《礼记·曲礼》中就有一句"从于先生，不越路而与人言。遭先生于道，趋而进，正立拱手"。这里的先生指的就是老师，对老师要恭敬。在季老师面前，弟子不管成就如何，大家都表现得规规矩矩、有礼有节，并非老师严苛不易亲近，而是老师的博学、严谨在学生面前不言自威，令弟子们敬仰爱戴。

敬畏，还因为我自己学问不够，面对老师，害怕露了"家底"。

刚读硕士的时候，懵懵懂懂，不知道自己的兴趣和研究方向所在，看书也是眉毛胡子一把抓。季老师告诉我文史哲不分家，鼓励我多涉及哲学、社会学领域的知识，就这样我接触了康德、黑格尔、狄尔泰、海德格尔、伽达默尔、福柯等，还看了一些杂七杂八的社会学的著作。同一个办公室的同事经常笑我，说我的办公文件旁边摆着海德格尔，居然也很和谐。经过一段时间学习，特别是精读过老师的《新闻美学》之后，我觉得新闻中的美与文学中的美，有联系更有区别，"阐释"可以成为一个很好的连接。通过反复思考，我决定硕士论文就写新闻的接受与阐释，忐忑不安地与导师商量，老师说："可以！"

季老师是具有敏锐的学术眼光的人，他的肯定让我信心百倍，一声"可以"，拉通了我日后研究的方向与道路。之后的日子里我基本上都在思考新闻阐释的问题，2008年，我的硕士论文《解释学视野中的新闻接受》被评为了省级优秀硕士论文，在此基础上，我还申报了国家青年课题"新闻解释与新闻舆论引导功能建构研究"，成功立项。

硕士求学，让我找到了学术的方向与快乐，在不断地探索中，能明晓内心的需要与诉求，还能有所收获，这是一种纯粹的快乐！

三

硕士毕业一年之后，我考上了季老师的博士生。

博士的课程学习就安排在季老师的大客厅：一方长桌，几位学生，还有点心与水果，你若愿意甚至还能来上一杯红酒。别以为课堂的后勤保障如此"出色"，课堂就能轻松应对？上课时间同样容不得分神，稍不留神就可能错失"大料"，所以水果点心是无暇顾及的，只剩下学生时而埋头思考，时而奋笔疾书。

博士期间，老师要求我们重读西方哲学史、中国哲学史。课程中又为我们梳理了柏拉图的文艺理论、亚里士多德的诗学、康德的判断力批判、黑格尔的理念论美学。经典是人文学科的立足之本，人文科学的创新不像自然科学是发明了什么，而在于对传统、对经典有新的解释。老师的这一要求为我们打通了学术的任督二脉，学术视野由此开阔。

课堂中也有不少趣事。还记得彭江虹在课堂上问季老师如何读书？季老师回答："一支铅笔、一支红笔、一把尺子、一个本子。"读书，季老师是有洁癖的。关键点用红铅笔靠着直尺，把它画得笔直，然后用黑色的铅笔在旁边批注，旁边摆一个本子记录读这本书的体会——对这本书赞成，为什么赞成这个观点，不赞成，从哪几个方面质疑它？听完之后，我们几个大呼佩服，马上备齐了"读书四件套"。在此之后书有没有读好，这个不好评价，但是斯情斯景，依然清晰——温馨而动人。

但是，我博士论文的写作并没有设想中的那般顺风顺水。

我本硕学的是新闻，博士才转行学了比较文学与世界文学专业，硕士论文不能成为博士论文选题的基础。加上读博期间没有脱产，我还承担了工作任务，2012年怀孕生子，国家课题（新闻类）同步进行，各项事件叠加让我"压力山大"，我甚至想放弃自己的学业。

幸好季老师没有放弃我，还安慰我，帮我减压。建议我做《新青年》，并推荐我到武汉大学单波老师门下做访问学者，还帮助我查阅各类文献资料。记得有一次季老师在外出差，在书店看到了一套相关文献，马上给我打来电话，建议我阅读。论文初稿之后，他又逐字逐句为我修改，大到结构框架，小到用词用句、标点符号，严格要求，严格把关。其中一次晚上11点钟我将论文修改稿送给老师，老师竟然熬夜帮我修改，第二天清晨便通知我去拿论文。至今我还保留着老师帮我修改过的博士论文的文本，上面红红点点的批注，每一项都印证着老师对我的要求，他直接用行动告诉了我什么是科学的思维，什么是严谨的科学态度。我在博士论文的致谢中写道：

投师于季水河教授门下，硕士到博士，从学十年，先生待我，关怀备至。先生之风，山高水长，严谨治学，不矜不伐，教我为人处世，豁达大度；师母杨力教授，温婉贤淑，雍容品行，教我待人接物，坦然乐观。问起感激，予欲无言，言语之轻，如何表达？师恩将用一生回报，唯有此。学生自知生性愚钝，学养不足，但承蒙先生不弃，方有幸忝列季门。在博士论文写作期间先生更是从选题、撰写到定稿，悉心指导，严格要求；从体例结构到文字标点，批改订正，不厌其烦，呕心沥血。初稿到成文，精当的点拨使我茅塞顿开、豁然开朗。

时间是个神奇的东西，硕士到博士，悠悠十年，老师教我做人做事做学问，我们从师生终究熬成了亲人。

四

家人亲情，除了学业，还有家长里短的关心。

因为我也是高校老师的缘故，季老师时常会给我说道说道为人为师的道理。季老师上小学时，他的老师要求很严格，从读书的坐姿到拿笔的姿势都有精确的标准，直到今天他看书的姿势还是保持当年的习惯；冬天遇到雨雪天气，他会赤脚走到学校，到了学校老师便会烧热水给他烫脚，然后再穿上所带的布鞋，这温暖的一幕让他记忆至今。季老师说："这种严与爱，对他的影响很大，包括生活习惯和学习习惯。"

存在是自明的概念，在一切认识中、一切命题中，在对存在者的一切关联行止中，都是存在的，因此它无需深究，谁似乎都懂得——"老师是亲切的""老师是严格的",这就是理所当然的存在,但仔细琢磨,在这种理所当然的存在领会中,存在的真正意义隐藏其中,这也是存在的价值所在。存在的价值是一代人给予一代人的认知。如今季老师完整地继承了他的老师留下的"师德",成了"老师一样的老师",把严与爱传递给了更多的学子。

季老师对弟子的学问要求是一丝不苟的。在学习上如果你偷工减料,他心如明镜,直到你明白你一定要完成任务。同门之中,很多人是公务员、高校教师、企业高管,他们在自己的领域都是业务骨干,干得风生水起,这和老师在学习期间的严格要求有很大的关系。读书期间老师常常强调:"多种方法,你要选择最佳方案,做到最好""没有最好只有更好"。也就是这样的要求,让一批又一批的季门学子在工作学习中对自己有要求,有高要求,在工作的路上后劲十足。

爱的传递则体现在生活中的点滴。

那日,导师生日,饭前我陪着他在长沙洋湖水街散步,他对我说:"你和小邹还是要注意身体""不要太劳累,要学会休息",言语间无限关切,着实温暖。其实这种细节,就是我们之间很平常的对话,他记得邹同学不喜欢吃鱼,他也知道青青有点瘦,要多补充营养……从硕士到博士,一直以来老师待我如家人,我也没把自己当外人,只要遇到什么疑问,必定第一时间向导师求教。

老师对其他同门亦是如此。老师提到丁亮,现在广西工作,说前天发来了一篇稿子,让他把把关,老师看完后答复:"非常好,不用改了!"言语中提高了几分音量,看得出老师对这个弟子非常满意。

我们有个季门师生群,群里面共计143人,除了师母,都是老师的学生。老师会时不时冒个泡,或表扬或肯定,时不时发布点儿弟子们的动向。大师兄恒白作为"数字广东"的负责人,一直奋战在广东抗疫第一线,老师知道后,在群里@恒白师兄,为他鼓劲点赞;中望师兄是老师评定的"季门最会做学问的弟子",年纪轻轻已经是"双一流"大学的教务处处长,师兄有啥成绩,老师就会附上链接,提出表扬;一鸣是那种"明明很好看,却要拼才华"的高校女教授,前不久出版了40万字的专著，老师在群里贴出书的图片，还给她送上了一朵奖励的小红花；娜姐是国防院校的军官老师，记得娜姐答辩那天，一身戎装，整个答辩现场闪闪发光，前几年娜姐荣升，老师在群里发了这条喜讯，开玩笑地说："季门有了个女将军……"每逢节日弟子们都会向老师问好，送上节日的祝福，老师也会回复，还会附赠一个大大的红包。

熟悉了，就知道季老师不是个死板、严苛的人，特别容易相处。

五

老师业余有三大爱好：唱歌、散步、做家务。

唱歌，老师算是专业级别。曾经和郝胜兰在文学与新闻学院新生晚会上合唱了一曲《为了谁》，名动湘大。还有《黄土高坡》《大花轿》等高难度作品也是老师的保留曲目。我们几个长沙湘潭的同门，有时候会邀约老师、师母一起吃个饭，之后就是唱个KTV。

但说句心里话，老师的歌唱得很好，师母的歌唱得更好。师母的声音清脆、悠扬，一曲《康定情歌》更衬托出师母的优雅与娇羞。我们都说季老师是因为师母的歌声爱上了师母，也是因为师母的歌声才爱上了唱歌，季老师爽朗大笑，连忙说"是的"，宠溺之情跃然脸上。我想老师之所以爱唱歌，是因为心中装载着一切的美好，通过歌声表达罢了。

散步，老师在45岁以前是坚持长跑，45岁以后坚持散步。现在他每天坚持走10000到15000步，还加入了一个散步群，运气好的时候还能闯进前三。为什么坚持散步？老师说："名师到大师拼的就是身体，就是大家都是名师，有的名师只活了70岁，有的名师活到98岁。那么他后20多年身体好，哪怕做得不多，逐渐做一点积累，就成了大师。"做学术是个智力活，也是一个体力活，所以散步能够强身还能散心，这是个好习惯。

做家务。一直以来，季老师将做家务视为长时间伏案工作后的一种调剂，工作两小时，起身活动一下，通过劳动调节，身心健康。

其实，也不全是这样。老师当院长的时候，工作很忙，经常出差，寒暑假很多时间都在外面。有一次腊月二十八，整个北方下大雪，好不容易从济南上了飞机，飞到长沙，长沙也是暴雪，最后降落在武汉的天河机场，再辗转回到湘潭，已经是腊月三十了。如此对比，能够在家安心做点学术，累了拖拖地，还真是一种幸福。

老师常说，师母工作非常的辛苦（师母退休前是社科处处长），家务是应该两个人分担，这是现代分工的表现，是调节和和睦夫妻感情的一个方式。只要愿意，家务都能被老师干成"诗和远方"，这不是一般人能够达到的境界。

"师住静泊高屋处，斜廊曲阁倚云开。"你随时去老师的书屋，都是一尘不染，整整齐齐，没有飞舞的俗尘，没有嘈杂的世语，除了书还是书，窗外的栀子花香如风如水，我想，这应该就是幸福吧。

（2022年6月于长沙）

（覃岚，女，湖南省常德市人。湘潭大学文学与新闻学院2006级新闻学专业硕士研究生，2010级比较文学与世界文学专业博士研究生，文学博士。现为湘潭大学文学与新闻学院副教授，硕士研究生导师）

学问之师，人生之师
——记恩师季水河先生

谷立平

犹记得第一次见老师时的窘况：那是在 2000 年 9 月，我刚刚踏入三道拱门、成为汉语言文学专业的一名本科新生。老师时任文学与新闻学院院长，虽然当时已经听闻过老师的大名，知道是我们学院的院长，但并不知道老师的模样。九月的那天，在文科楼三楼到四楼之间的楼梯间，碰到了老师，却把老师误认为了当时的另一位院领导，并以那位院领导的称呼喊了老师。老师当时只笑了笑，并没有说什么。后来旁边的人告诉我那是院长、是季水河老师。当时我那个窘啊，现在回想起来都觉得尴尬。后来就把老师的模样深深地记在了心里。

本科毕业时面临就业选择，有老师鼓励我留校，当然自己也想留校特别是留在院里工作。当时留校有个用人单位的考核环节，对我进行考核的就是时任学院院长的季老师。我还记得当时老师问了我一个关于如何促进毕业生就业的问题，因为自己在学工办做过助理，对这方面的业务较为熟悉，自认为当时回答得还可以，但现在看来当时的回答还比较青涩。幸好，老师也没有为难我，让我顺利地通过了那个环节得以留校，成为学校最后一次本科生留校的幸运者之一，也开启了我扎根湘大的序幕。

但我最幸运的是，工作后因为深感学识和学历上的不足，想要继续读硕、读博，得益于老师的厚爱，让我拜入了老师门下，进入了季门弟子的行列。

一位教师，尽心尽力尽性尽情投入于教书治学育人，言传身教，学生们都会看在眼里、感动在心里。在我看来，老师就是这样的人。在我心中，老师知识渊博，治学认真而严谨，并从学习、生活、工作上给予了我无微不至的关怀，更在做一个正直的人、一个严谨的学者上给我树立了一个光辉的榜样。老师身上所体现出的严谨治学的扎实作风，倾心育人的大师风范，令我钦佩之至。

学问之师

在我印象中，老师总是严肃认真地对待每名学生，甘当人梯，引领学生成长成才。老师以他对教育的特别热爱、对学生的特殊关爱，将大量的心血倾注在培养学生上。老师总是说："老师是应该为学生服务的，不论在学业上还是在思想上，学生永远是第一位的。"老师热爱学术，博览群书，治学严谨，成果丰硕。老师桃李满天下，又潜心治学，广涉诸多领域，硕果累累，真正做到了"学高为师，身正为范"。

本科阶段，老师为我授过课；从硕士到博士，老师都是我的导师。三尺讲台上，老师旁征博引，贯通古今中外，一点一滴传递人文关怀；简朴书桌前，老师潜心笃志，体大研精致思，一心一意深耕学术世界。一堂堂挥洒自如的课堂教学，正是老师春风化雨的生动实践；一篇篇分量厚重的论文，就是老师研精致思的生动示范；一部部倾注心血的专著，更是老师潜心学术的生动展现。

在读书求学的过程中，我偶尔难免有畏难情绪，好在有老师不间断地提醒，不间断地鼓励。老师不仅鼓励催促我，还经常帮助我。特别是在硕士、博士论文的写作中，令我印象尤为深刻。从论文题目的选定到具体写作的指导，从观点到内容，从篇章结构到语言表述，老师一遍又一遍地指出每稿中的具体问题，严格把关，在我的论文上倾注了大量心血。有时一个标点，一个词用不准确，都给我严格指出。细思起来，在求学道路上我能够取得点滴成绩，这一切都离不开老师的无私奉献和对我的鼓励鞭策。

桃李不言，下自成蹊。老师执着于教学治学，他严格要求自己，认真地教书，严谨地做学问，对教书和做学问都抱着敬畏和忠诚之心，献身教学和科研，将教书、治学作为一种生活态度、理想追求，无论态度，还是学识品行，皆堪称典范。很多人都说老师培养了很多弟子，而且弟子都很优秀，但老师总是很谦虚地说，都是学生们自己很努力、很拼，所以显得他这个老师很好。但是我们都知道，没有老师的谆谆教导和严格要求，也就没有我们这些学生的茁壮成长。

人生之师

师者，传道授业解惑也。真正的老师，不但能在学术上教授学生知识，还能在人生中各个阶段给人以引导。杜甫谓春雨："好雨知时节，当春乃发生。随风潜入夜，润物细无声。"老师的一言一行，如绵绵春雨，不论冬夏春秋，白天黑夜，总是令我备受启发、感动，像一束光，让人感到亲切，并为之吸引，无声润我，滋我成长。老师厚重的大家风范、高尚的人格魅力，对我的人生道路产生了巨大的影响。

对于我的成长，老师始终给予了十二分的关心和指导。2006年，因为当时学工办人员的异动和副书记还没有到位，整个学院的学工系统只剩下了我一个辅导员。老师当时是学院院长，他一直记挂着我的工作、关注着我。我记得那年的迎新，老师提前到了迎新场地检查，怕我遗漏了工作好帮我指出来。因为学校是要求的下午布置好场地，老师是上午去检查的，一看学院的迎新场地没有布置到位，马上打电话给我。后来，老师私底下找我谈，说做工作一定要提前谋划和预留时间，不要卡死时间节点，这样能给自己留出充足的时间来应对。我牢记在心，在此后的工作中，我总是习惯性地打好提前量，方便自己更好地开展工作。

后来，在包括老师在内的一些领导的推荐下，我到了学校机关部门工作，老师也总是关注我的工作,经常提醒我要脚踏实地、勤恳努力。他特别告诫我说,要让自己成长为别人不可替代的人,要让别人在某个领域能一下子就想起你;如果你的工作换成其他人也能做,那你就没有独特的价值。我也一直以此为目标在努力,希望成为那个独一无二、不可替代的人。

可以说,老师不光引导我治学,还在引导我做人、做事。他是坚持教书和育人相统一、言传和身教相统一、潜心问道和关注社会相统一、学术自由和学术规范相统一的典范,是塑造灵魂、塑造生命、塑造新人的"大先生",是我筑梦、追梦、圆梦的"引路人"。

我始终觉得,我不是老师最出色的学生,但老师却永远是我最尊敬的老师!师恩浩荡,谢谢您,季水河老师!

(谷立平,男,湖南省桑植县人。湘潭大学文学与新闻学院2007级新闻学专业硕士研究生、2013级比较文学与世界文学专业博士研究生,文学博士。现任湘潭大学党政办主任)

师从季水河老师：重启人生起跑线

曹 丰

"二月春风似剪刀"，初识季老师，是偶然借到的一本书《现代装饰装潢美学》（武汉大学出版社 1995 年版）。初见书名，我惊讶于全国优秀教师、国家教学名师居然涉猎这么实用的方向。仔细读完 20 余万字的著作，才知道自己的浅薄，才第一次了解季老师的探索的足迹和思考的印记，才知道严肃的学者对追求实用和审美相统一的执着。从这以后，我崇拜之心渐浓，悄悄立志，一定要追随季老师学习。

"吾心安处是吾师"。还记得我第一年参加完博士入学考试后离开考场的踌躇满志，盼望着能顺利获得录取通知书的急切心情。第一次我失败了。为考上季老师的博士生，我去找季老师表达心愿。记得当时老师问我为什么选择他当博士生导师？我支支吾吾不知所云，只是不断重复着想成为老师的弟子。第二年，我再次落榜了。第三年，我又厚着脸皮去寻求老师的同意，老师问了我同样的问题。我说季老师是学校有名的严谨治学的博士生导师，我相信只有拜在老师的门下才会学业有成，并且大言不惭地许下承诺，要坚持考八年，直到老师认为我已经准备好有资格成为他的弟子。2012 年，也是我连续努力的第五年，也许老师已不胜其烦，怎么会有这么讨厌的家伙死缠烂打了几年还不退缩，我如愿以偿地成为老师门下的弟子。这一年十月的桂花特别香。

"桃李不言，下自成蹊"，季老师治学是严谨的。不管是给硕士研究生上课，还是给博士研究生上课，季老师都会认真备课，每一次授课都会像第一次走上讲台一样，内容丰富，引用翔实，思路清晰。洪亮的讲课声在教室走廊的尽头都能清楚地听到。季老师每年都会将当年自己最新的研究成果带入课堂，和弟子们分享做学问的心路历程。弟子们都知道老师每天至少要阅读几万字的书和文献资料，每年还要仔细修改大量的硕士论文和博士论文。那盏一直亮到深夜的台灯就是我们努力做学问的灯塔。

季老师工作是严肃的。老师在带硕士和博士的同时还承担着给本科生上课的任务。那时的老师还担任着文学与新闻学院的院长、学校职称评定委员会文科组组长等一系列职务。老师培养学生已经消耗了相当多的时间和精力，还要为学院的发展、学科的建设、学校教职员工的职称评定劳心劳力，不辞辛劳地工作。在治学和行政等工作中自如地掌握平衡的超强能力，是我辈不能望其项背的，也是我辈努力追随和追赶的动力。

季老师生活是活泼的。"五个一工程"，是季老师向学生们提出的：写一篇好文章、书一笔好字、说一口标准普通话、唱好一首歌、能喝一杯酒。老师就用这么朴实的生活观指点着学生们的学涯、职涯和生涯。老师的娱乐时间不多，最喜欢在毕业季和学生们畅饮一杯、高歌一曲，在学生们离开学校时以浪漫的诗酒歌消散暂时离别的愁绪，深深地祝福学生们展翅高飞。

"鹘似身轻蝶似狂"，季老师是充满活力的学者。老师喜欢运动，尤其喜欢篮球。季老师经常组织学生参加学院杯篮球赛，先是组织学院内比赛，再是组织参加校内的邀请赛，慢慢地发展成了整个湖南省各学校间人文学科的篮球赛。除了以文会友，还有了以球会友的热闹局面。每当比赛，老师总是不遗余力，亲力亲为参与其间，不过大多时间是以赛事领导和啦啦队队长身份出现。每天傍晚只要天气允许，季老师都会在校园里以快步走的方式锻炼身体，一万步是基本目标，而后读书、笔耕直至深夜，坚持多年成为一种习惯。大多数学生都没有这种决心和毅力，这种决心和毅力就是老师成功治学的优良品格。不愿为季老师多添麻烦，但却也总避免不了老师为我操心、关心、用心。感激之语难以言表，唯有今后更加勤恳努力，方能稍稍回报师恩。

"结发为夫妻，恩爱两不疑"，季老师的成功离不开师母的鼎力支持。师母在繁忙的工作后承担了大部分家务和赡养照顾老人的事务，让季老师能有更多的时间心无旁骛地治学和培养学生。师母杨老师还十分关心季老师弟子们的学业、工作和家庭。师母杨力教授，她对待我们所有的弟子都是那么用心，像一位慈母呵护着我们大家，让弟子们感受到了家的温暖和爱的凝聚力。

师从季水河老师，是我人生起跑线的重启，在一个完美的大家庭里互帮互助，是人生大事，人生幸事！

（曹丰，男，湖南省湘潭市人。湘潭大学文学与新闻学院2013级比较文学与世界文学专业博士研究生，文学博士。现任湘潭大学招生与就业处就业指导科科长）

我们身边的"大先生"——季水河教授

汤友云

教师是人类灵魂的工程师和人类文明的传承者,承载着传播知识和思想,塑造灵魂和生命的时代重任。"所谓大学之大,非有大楼之谓也,乃有大师之谓也。"如果说,一所学校拥有好老师是学校的光荣,一个人能遇到好老师是人生的幸运,那么,生活在"好老师"季水河教授身边的我们无疑是幸运和幸福的。季先生求真务实的治学理念,孜孜不倦的工作态度,诲人不倦的育人品格,甘为人梯的处世之道,都是我们学习的模范和榜样。

蜚声学界的名师

众所周知,季水河教授不仅是声振湘潭大学的学术大咖,也是湖南省杰出的人文学者,更是全国知名的马克思主义文艺理论研究专家。季先生的研究领域广,学术水平高,社会影响力大。他学术旨趣广泛,涉及文学、美学、文艺学、文化研究等领域;获省部级以上教学科研成果奖12项,主持省部级以上科研项目10余项,其中包括国家社会科学基金项目4项(重点项目2项);兼任全国马列文艺论著研究会副会长、全国毛泽东文艺思想研究会副会长、中国中外文艺理论学会常务理事、湖南省比较文学与世界文学学会会长、教育部中文学科教学指导委员会委员、国家社会科学基金学科评审专家等社会职务。

先生师德高尚、业务精湛，曾荣获"全国优秀教师""国家级教学名师奖""湖南省优秀社会科学专家"等众多荣誉。

潜心治学的经师

季先生潜心治学、著述等身，在全国数十家刊物上发表论文100多篇，出版专著14部，主编教材20多部，共计著述300余万字。在学生眼中，先生工作勤勉，认真负责，惜时如金。出差途中，不是在撰写文稿，就是在批改学生论文。另一方面，先生爱书如命，每到一座城市，必然要逛当地的书店，看书、著书和藏书成为他独特的兴趣爱好。

在我们看来，先生学识渊博、思维缜密、逻辑严谨，是一位名副其实的儒雅之士。更难能可贵的是他几十年如一日，热爱教育事业，坚守本职工作，潜心钻研学术。对此，广大师生早已耳濡目染，并从中受益匪浅。一直以来，季老师心系文学与新闻学院，在人才培养、队伍建设和学科发展等方面，为学院作出了不可磨灭的贡献。无论是在学业上、工作上，还是在生活上，都给予了学院青年教师亲切关怀和无私帮助。尤其是在课题申报和论文撰写等方面，先生更是悉心指教、倾囊相授。

严慈相济的人师

经师易得，人师难求。季先生教学水平高超，科研成果丰硕，育人成效显著。更为重要的是，他道德高尚，品行端正，工作上一丝不苟、精益求精，生活上廉洁自律、严格要求。良好的生活习性和规律的作息安排，使他始终保持旺盛精力。虽已年近古稀之年，先生在平常授课中，声音洪亮、气宇轩昂，在学术讲座上，也总能口若悬河、妙语连篇。

在教育教学过程中，先生注重严慈相济、言传身教，门下弟子不乏政界、商界、学界的优秀代表。对于我们而言，先生既是严师，也是慈父。综观外国语学院的师资队伍中，半数以上的教师受过先生的栽培和指点。在学生的论文写作中，大到框架结构，小至标点符号，无不倾注着先生的心血。日常生活中，先生低调谦逊、平易近人。他甘为人梯的处世之道和精致优雅的生活方式对年轻学子们的价值观和人生观产生了潜移默化的影响。

"师者，所以传道受业解惑也。"从教五十年来，季先生始终坚持教书和育人相统一，言传和身教相统一，潜心问道和关注社会相统一。他既有坚定的理想信念和高尚的道德情操，又有扎实学识和仁爱之心，无愧为"经师"和"人师"的统一者。身边能有这样的"好老师""大先生"，我们倍感幸运和幸福。

2022 年 8 月 1 日

（汤友云，男，湖南省益阳市人，湘潭大学文学与新闻学院 2016 级比较文学与世界文学博士研究生，文学博士。现任湘潭大学外国语学院讲师）

身教言传，行知合一
——季水河先生的马克思主义育人实践

江　源

在季老师的同门弟子中，我的专业基础实属薄弱，但何其有幸，季老师念在我教过几年"马克思主义基本原理"的份上，愿意将我收入门中，指导我做马克思主义文艺理论方面的研究。追随季老师求学的这几年，老师对我最深刻的影响在于使我认识到，马克思主义不仅仅是知识、理论，更是一种行为准则和行动纲领。

像我这样的青年"马"老师，常常被诟病"言马不读马""知马不行马"。而季老师不仅教授马克思主义文学理论，而且将蕴含其中的世界观、方法论内化到自己工作与生活的方方面面，用实际行动为学生作出表率。季老师教授马克思主义，是身教在先，言传随之。

博学深邃、黾勉劬劳

季老师首先为我们垂范的是马克思所言之"自由自觉的劳动"，他在工作方面的博学深邃、黾勉劬劳给我们留下极为深刻的印象。

一是批改论文一丝不苟、率先垂范。季老师的弟子在入学前通常会提交若干读书报告以及就读期间的研究选题构思，我提交一段时间后唯恐不符合要求,遂致电请益。老师回答说:"你们发了稿子过来不要催我,我自嘲是湘大最好的文字校对工,连标点、错别字都会给你们一个一个改过来,更何况内容!"果不其然,哪怕是细枝末节上的问题导师都在审稿上一一指出。老师批阅堆积如山的文稿势必消耗大量时间和精力,但他没有因此而"一目十行""抓大放小",反而对本、硕、博的学生一视同仁,逐字逐句均予以细致审阅。这充分体现了老师对待工作率先垂范的态度,也于无形中教育学生们对待学术应严谨负责,从而不敢疏怠。

二是课堂教学耳提面命、如坐春风。读博前我曾多次听说"博士上课很随意的,有时就是聊聊天"。但是季老师上课彻底颠覆了我这种先入为主的错误认知,他每次都扎扎实实讲足90分钟,且声音响亮,气势如虹,以至于学生们根本没有分神的机会,全程如饥似渴吸收着老师传授的"干货"。他手中厚厚的讲义,全部都是亲笔手写,字迹工整,装订整齐。老师上课时的衣着也是极为庄重的,使同学们不禁感叹:"季老师不愧是研究美学的,连个人形象都能给人以审美享受",我们上他的课同样也会自觉沐浴更衣,整理仪容。老师在课堂上的辛勤耕耘教育我们,作为一名老师,首先要把讲台站稳!

三是平日教诲语重心长、虚怀若谷。某次我赴浙江大学培训时,被苏杭美景和姑苏文化吸引,遂在周边短暂游玩,其间频繁在微信朋友圈发照片。意趣正欢时收到了来自季老师的信息:"江源好!不知你写马克思主义那篇文章投CSSCI类的刊物没有?学位论文的进度怎样?博士是非常难读的。不熬很多夜,不放弃很多节假日休息时间是读不出来的。你可能比较聪明,但如果用功不勤6年内也难以毕业。季老师虽然资质愚钝,但懂得勤能补拙的道理,所以暑假没外出玩一天,每天工作10来个小时左右。没有超过常人的付出,不会取得超出常人的成就!"虽然老师字里行间主要是语重心长的教诲,但此言于我无异当头棒喝,面对老师的"灵魂拷问",我无语凝噎。老师的严格要求与虚怀若谷让我无地自容,同时也清醒地认识到,像老师这样的学术权威尚且这般勤奋,我们又还有什么理由贪图享乐。这段指教被我作为箴言截图保存，成为我与老师的微信聊天背景，时刻砥砺我奋进。

"自由自觉的劳动"是马克思主义所定义的"人的三大本质"之一，常有人质疑这一点，认为人性天生就是好逸恶劳的，然季老师在工作中的自律与勤劳使我们看到，自由自觉的劳动绝不是乌托邦式的理想，而是现实中的真实存在。

为而不有，超然物外

马克思恩格斯曾批判私有制撕碎了人与人之间"温情脉脉的面纱，把这种关系变成了纯粹的金钱关系"，随着经济发展和物质生活水平提高，很多人都在物欲冲击下迷失自我，苦心钻营着用不同的方式来占有这个世界，但季老师更关注的不是"有"（占有价值），而是"为"（创造价值）。

首先，老师在衣食住行方面没有过多的需求。老师虽然品位甚高，但对奢侈品牌的服饰从来不感兴趣，通常都以一条简洁大方的领带彰显轩昂气宇。偶或邀请老师外出用餐，通常都会被婉拒："我和你师母煮个面条就好了，你们有时间多读书。"到季老师家中拜访过的同学都知道，老师家中处处体现着极简主义美学的清爽与实用，没有纷繁复杂的装饰性陈列。老师的车买了好多年了，但迄今为止只开了4万多公里，平时上下班都以步行为主。对于物质享受，老师提纲挈领地指出："要时刻铭记，物为人所用，而不能是人为物所驭。"

其次，对于金钱，老师没有把它放置于价值金字塔的顶端，而是指导我们从多个维度来进行价值评价。我曾好奇地询问老师为何不考虑到更高收入的广东或者江浙一带任教，他回答道："做老师的不能只看经济利益，一天到晚想着赚钱，哪有心思搞学术？"他表示更为看重湘大的学术氛围，不会离开湘大，认为在湘大能帮助他取得更高的学术造诣。还有一次老师到深圳开会，我从东莞赶到深圳见老师，在车上聊起我对深圳这座城市主观上没有好感，以我的收入水平，在深圳"没有尊严"。老师随即说道："做学问的人，尊严不是靠钱来堆砌的。"听罢此言，我一方面羞愧自己的肤浅，另一方面更是钦佩老师的豁达。我想，老师的湘大情怀便是最好的爱校教育，老师云淡风轻的金钱观便是最好的价值观引导。正如老师所言，为人师表，不可当精致利己之人，不能忘师者初心使命。

老师曾指导我，当今马克思主义文艺理论研究须打破一元论和二元对立思维的局限，而应向多元对话思维发展，老师自身的价值取舍和价值观亦是如此，他引导我们打破"唯金钱论"的桎梏，用多元化、多维度的视角来准确把握价值之真谛。为而不恃，超然物外，老师自身的价值观让我们看到了"人的本质力量丰富性的多样化显现"，亦即看到了美。

成就大我，行为世范

纵观古今中外，从陈胜吴广到"太平天国"，从"伊甸园"到空想社会主义，无不追求着关于自由平等、天下大同的社会理想。马克思恩格斯也曾憧憬："代替着那存在着阶级和对立的资产阶级旧社会的，将是这样一个联合体，在那里，每个人的自由发展是一切人的自由发展的条件"，亦即共产主义社会，这是马克思主义的终极目标。马克思主义认为无产阶级革命是实现共产主义的必由之路，社会生产关系的改革是生产力发展的必然结果。然革命就意味着会有牺牲，改革就意味着需要奉献，虽然人人向往理想社会，但真正需要无私奉献甚至流血牺牲的时候，当今社会多数人则表现出锱铢必较的态度，拒绝损害个人利益来成就集体利益。我曾经也是如此，直到季老师以自身无私奉献的精神改变了我的观念。

课间同学们常与老师谈论时事，我曾向老师请教过国家征收房产税的问题。我认为房产税不合理，普通投资者多是顺应经济发展的形势选择投资房产，本金也是牙缝中省出来的，不完全是投机取巧和坐收渔利。老师对此没有高谈阔论，只是笑笑对我说："我和你师母两个老的在教师公寓那套房占了那么大面积，现在那么多年轻人买不起房，成不了家，我们给国家交点税是合情合理的。"此言一出，我和一众同学面面相觑，复杂与矛盾之情顿时在内心奔涌。随后有同学提到，湘潭的房价尚且合理，老师是否考虑在湘潭多购置几套，说同门的某某同学都买了好几套了，言下之意老师值得拥有更多的财富。不料老师说："如果一个老师比自己所有的学生都混得好，那么这个老师是很失败的。"此情此景，我们只得顾左右而言他，这个问题再探讨下去，除了进一步显示我们的浅薄，不会有更好的结论。正因为如此，季老师舍己利人的无私品格，使我切实体验到人是"一切社会关系的总和"，没有"我为人人"，谈何"人人为我"。

"这里就有玫瑰花，就在这里跳舞吧！"马克思在其名作《路易·波拿巴的雾月十八日》中曾引用这句古谚语来呼唤革命者的行动。而在三尺讲台，更在无处不是讲台的广阔天地，我们的季老师身教言传，行知合一，学为人师，行为世范，他是最美丽的"舞者"——这是我所理解的季水河先生的马克思主义育人之道，也是一名真正的马克思主义者在教育事业中的光辉实践。

（江源，男，湖南省长沙市人，湘潭大学文学与新闻学院2017级比较文学与世界文学专业博士研究生，文学博士。现任东莞理工学院讲师）

最资深的在读季门弟子与季老师的"封面照"

蒋卓伦

从 2005 年我初入季老师门下读硕士研究生开始，到几年前又脱产回炉再造到现在，前前后后已有十八个年头了。如果只论入门先后，我在同门中辈分也不算低了，甚至可以很倚老卖老地说自己是最资深的在读季门弟子没有之一。

十八年的谆谆教诲，点点滴滴，润物无声，也历历在目，其中有两个片段正好与季老师的"封面照"有关。第一张"封面照"是一张季老师给学生们指导论文的照片，多次出现在各种媒体关于季老师的报道中，印象中好像还曾经长期作为《湘大名师》栏目的形象照出现在学校的主页中。那是 2007 年初夏的一天，马上就快硕士毕业论文开题了，我和一众同届同门怀着惴惴不安的心去交开题报告，正好碰到学生记者对季老师有个采访，要拍几张照片。于是，在开满鲜花的泽园，我们围着季老师席地而坐。季老师拿起一本开题报告，原来是我的，于是我就自然地坐到了他的旁边。紧邻 C 位蹭了十多年的流量，并非凭实力，也非凭颜值，而是纯凭运气。当时摄影师让大家保持微笑自然放松，可是照片中的我难掩忐忑。本来只是个摆拍，而从开拍到拍完季老师都一直在给我指导开题报告，反而把拍照当成了一件顺便的事。自那以后，从开题报告到初稿二稿三稿都留下了季老师精确到标点的手写修改，而我的毕业论文也获得了那一届同专业中唯一的优秀，还算没有辜负季老师的辛劳和期望。

第二张"封面照"可能被更多人所熟悉，季老师的百度搜索个人条目里用的就是这张讲课的照片。而且，是我拍的。那是2011年，在我以前工作的学校。学校请季老师来做讲座，讲的题目是《艺术与美的不等式》，很大的一间教室座无虚席，台上是我的老师，台下是我的学生，这个场景对于我十分特别！季老师开场白就说："我来到这里感到非常亲切，不仅有不少老朋友，还有我自己培养的学生。"当我的老师向我的学生介绍到我时，全场响起了热烈的掌声。用现在流行的话来说，这不是直播带货，而是直播售后啊！接下来开讲，季老师挥洒自如、神采飞扬，口中是深入浅出的理论与现实，眼里是循循善诱的投射与期许。刚毕业工作那会儿，我还不时打电话向季老师请教备课和上课的要领。这一次，季老师亲自言传身教，向我完美生动地演示了一个好老师应该如何站稳讲台！这叫不叫售后升级服务呢？我用相机记录了这一精彩的瞬间。

这两张照片说是季老师的"封面照"，其实只是他几十年如一日教书育人的日常生活和工作的真实写照。照片不说话，却留住了一位老师和他的学生们所有美好的时光。

有人说，这人世间的爱，大部分都是希望把爱的人拉近自己，大概只有父母对子女的爱是相反的，父母所做的一切几乎都是让子女有能力离开自己去自力更生。如今，已为人父，再回到季老师身边读博士，季老师对我说得最多的就是"赶紧毕业"。慢慢地，我越来越强烈地感觉到，导师对学生的爱太像父母对子女的爱，总是盼着自己的学生多学点本事，快点远走高飞，飞得越远越好，越高越好。几十年过去了，从季老师身边飞走的学生光硕士博士就数以百计，飞出了三道拱门，飞越了三湘四水，飞向了五湖四海，飞到了为国家为人民贡献力量的地方。然而，无论我们飞了多久，飞了多远，飞了多高，怎么都飞不出季老师的心！当然，每个季门弟子的心中也都知道，因为背后有季老师一直在那梦开始的地方默默地关注和支持着我们，我们可以飞得更高！

说到这儿，我这个最资深的在读季门弟子继续加油，也赶紧飞吧！

（蒋卓伦，男，湖南省洪江市人，湘潭大学文学与新闻学院2005级新闻学专业硕士研究生，2018级比较文学与世界文学专业博士研究生，文学博士。现任长沙师范学院文学院讲师）

永远年轻，永远热泪盈眶

唐璟

作为一个70后，与很多同龄人相比，我的求学之路走得比较坎坷，一路走走停停。读硕士的时候已经30岁，决定读博的时候则年过40了。在遇见季老师并有幸成为他的学生之前，我的学科背景是音乐学，我的求学路上曾有过两位对我影响颇深的老师。一位是本科时候的钢琴老师，这位老师不仅钢琴弹得行云流水，还是一名醉心佛法又沉迷书法的黑黑胖胖憨憨的文艺男青年，他特别在意我这个学生有没有一颗善感细腻的心来表现音乐，练琴的时候有没有悟性，对我来说，他更像是朋友；还有一位是我硕士时期的导师，他以前专业是西洋乐器小提琴，但50岁左右去往新疆时，被刀郎木卡姆套曲深深触动，从而跳出西方中心音乐体系的视野，转向研究东方音乐与世界民族音乐比较。我的硕士导师乐观开朗，有空喜欢带着学生去逛书店，并且常常一掷千金地买书。看到一本好书，会兴致勃勃地给我这个学生打电话说这书好在哪里，哪些理论可以折射到音乐哲学观，哪些段落可以引用到我的论文里等，总之有任何想法都可以和他畅聊。他说，有知识的人不一定有文化，有文化的人当有一颗宽容接纳多元的心。在我的眼中，我的硕导像是对世界充满好奇的孩子，除了学术，他的心里没有其他杂念，近乎不食人间烟火，对热爱的东西全力以赴。

曾经，虽然对这两位导师的某个想法或人生态度不得其解或不甚理解，但我以为自己足够幸运，在自己间歇的求学过程中遇到了具有鲜明个性特征的亦师亦友或具有独特人格魅力的可遇难求的良师。直到我因为一个偶然的工作机会遇到了季老师，才突然感悟到之前的一切幸运和努力都是在为这个"美丽的邂逅"酝酿准备。

记得2017年季老师受邀到湖南科技大学作讲座，我作为主持人提前准备老师的简介，在老师那长长的学术成果中，我居然还翻到老师写的《形状与装饰装潢中的空间美化——现代装饰装潢美学系列研究》，当时既讶异又敬佩，在学术之余，这位老师涉猎广泛，只要有兴致，什么都有深度。当时还看到了季老师的一篇访谈，他说："教书、治学有两种态度，一曰器，一曰道。器者，形而下，将教书、治学当作谋生的手段、赚钱的工具，一旦目标实现，便觉得没啥意义；道者，形而上，将教书、治学作为一种生活态度、理想追求，一旦达到目的，便入高峰体验。"当时这篇文章给了我再选择读博士的信念。如果仅从经济利益来看，读博起步似乎太晚；如果一个人为了实现理想而立刻去行动，它怎么样都不会晚。硕士研究生毕业的那一年，因为爸爸和公公都罹患癌症，我放弃了已经签好的工作，放弃继续攻读博士的计划，从南京回到了湘潭父母身边。回来后的几年，奔波忙碌，埋首在各种鸡飞狗跳中，经常会感到一阵茫然，不知道自己到底做了些什么。但曾经整天论道的文化、文学、美学这些大写的词已然根植于心底，在某个偶然或突然的静寂时刻就涌现出来，无数次升起的念头就是，我所知还欠缺得很，但我对学术一往情深，渴望能再次感受学习论道的滋味！

我清楚地记得，就是在2017年11月28日那天的讲座上，当老师说，"非学无以广才，非志无以成学"，希望他的学生能做到"五个一"，努力去践行"做人、做事、做学问"，追寻大学目标，实现自己的人生价值时，我受到了莫大的激励和鼓舞，终于下定了决心要继续攻读博士！从那个时候至今，我也秉承老师所训常常追问自己，这"五个一"，我做到了吗？

硕士研究生时期跟随硕士导师翻译世界民族音乐系列，同时进行东西方民族音乐的比较研究，接触并了解到中西音乐文化比较、后现代比较音乐学、中国音乐审美的文化视野等方面，所以对比较文学中的文化语境变迁、离散文学、去西方中心论、跨国别和跨区域研究等有所涉猎不算陌生。不过以我音乐学专业的学术背景来攻读文学博士，短板和薄弱之处依然明显，但是老师用一颗包容之心接纳学生报考，不仅践行了真正的有教无类，更是让我领悟并见识了之前硕士导师口中赞誉的文化之人的超然风范。在确定博士论文研究方向的时候，老师完全没有对我的学科背景"另眼相看"，不管我提出什么样的选题，他都给予我最大的自由。老师只是提醒学生要有问题意识，注意对原有学科进行融合，在文学这个博大的领域中，不管我写古琴音乐姿态观，还是写《中国古代房内考》的身体艺术观，老师都予以极大的耐心和包容来保护学生的写作热情。2020年疫情期间，我将在家写的第一篇关于身体艺术观的小论文发给了老师，老师在回复我的邮件里说："这离一篇成熟的论文还很遥远。"结果就是，老师把论文打印出来，用红笔密密麻麻写满修改意见，然后再拍照发给我。我大概修改了4遍，老师也就给我改了4遍，逐字逐句地改。老师陪着我几番修改论文的过程无疑是一个引导我学术渐进成长的过程，我慢慢开始有了问题意识，渐渐克服自己的逻辑发散、语句芜杂的毛病。老师并不因为薄弱的文学底子而嫌弃学生，在学习过程中或是耐心启发引导学生自己反思，或是一语中的指出学生存在的问题，对症下药开出良方。

　　在课堂上，季老师有时谈及自己年轻时候的读书时光，一个人能几十年如一日地这样自律，会给学生一个很大的榜样鼓舞。每当自己压力重重感觉熬不下去的时候，一想到老师都如此成就了，还比我都要拼，我就为自己的懈怠汗颜，顿觉这点辛苦不算什么了。但是，由于自己没有很快把握到做学术的最基本的门路，加上老师自己的高屋建瓴，老师对学术的严谨、执着和自律，有段时间见到老师，我因深感惭愧而不免瑟瑟不安。每次去老师家，他都在忙着，不是改论文就是在看论文，或者是写作论文。我从来都只敢站在老师家的门口，几乎没有进去在沙发上坐过。因为总是下意识觉得，只有真的积累了一定的"东西"，才有资格有胆量坐在老师家的沙发上聊一聊，现在三两句话就把自己掏干了，我还是站在玄关比较恰当，不要浪费老师太多时间为好，也算是另一种尊师吧。我一直以来的目标就是，能有底气坐上老师家沙发的那一天早日到来！

季老师看上去很严厉，但是很多时候，却很"护犊子"。我作为学生，因为一直忙着，都没有能好好地照顾老师和师母杨老师，相反，倒是老师和师母一次次体谅我，为学生的前路默默地竭尽所能，并且绝口不提他们为学生做了什么。这种不诉诸口的关心，会让学生热泪盈眶，觉得，有这样的老师，是何等的幸运和幸福！

过去的几年，季老师在我心中，是严师，是慈父，是自律和笃学的那个难以企及的标杆，是深知世故而不世故，是学生黑暗中前行心中的那团不惧和底气。

一直以来我都很喜欢凯鲁亚克的"永远年轻，永远热泪盈眶"这句话。在我看来，这是人生的一种境界。在季老师身上，我看到了这种境界。老师有一颗年轻的心，饱含那种激情和冲劲，那种永远不被生活磨灭的棱角和斗志，那种永远向上向前的朝气和勇气。同时，这又是一颗发自肺腑的善感而炙热的心，开放包容，恩及周遭，惠及于我。时常于心，感动感念！

（唐璟，女，湘潭大学文学与新闻学院2019级比较文学与世界文学专业博士研究生，文学博士。现任湖南科技大学讲师）

第五编 报道精选

河水潺潺自有声,水河悠悠总关情
——访我院院长季水河教授

彭晓秀

这位被访者是个"三栖人":他肩负着我院掌舵人的重任,同时又在学者与老师的角色之间奔走。

每个角色他都尽量追求优秀与杰出,纵然也获得了众多的鲜花与掌声。

淡泊对待名利,诚心干好工作是他处世的风范。

无怨付出、辛勤耕耘,甘为文学与新闻学院孺子牛是他生活的全部内容。

——他就是我院院长季水河教授。面对他是在一个阳光明媚的下午,他始终面带微笑、言辞亲切而舒缓地讲述着自己的故事。

寻书解渴求学路

每个有所成就的人背后都有一段厚积薄发的故事,自然,季水河教授也不例外。

1954年,季水河教授出生在四川邻水县一个闭塞的小山村,骨子里流淌着川人豪爽、好客、直率与真诚的血液。他自小就对书情有独钟。在封闭而贫穷的环境下书无疑是一件奢侈品,偶得的一本无头无尾的线装书都会令他高兴好久。"想读书,没书读,千方百计找书读。"他用这样一句简单的话来概括自己艰辛的求学之路。

1972年,17岁的季水河就拿起了教鞭。在教书时仍继续借书、买书、换书读。对书的热爱使他的文化底蕴和文化素养日益深厚。广泛阅读的同时,他也开始写一些新闻作品。市级、省级报刊上也开始有了他的名字。为了满足自己更深的求知欲,他又攻读新闻书籍,参加新闻函授,并致信复旦大学希望能读一读他们的新闻学教材。这为他后来的新闻美学研究打下了基础。

季水河教授是爱书的,书已经成为他生命当中的一部分。不管位居何职,身在何方,对书的热爱他依然初衷不改。每次出差他行李包内提的是书,回来时是更多的书。每到一个城市,他首先寻找的便是书店;在他去过的城市里,最熟悉的地方也是书店。刚开始工作时,常常因透支买书而被人调侃饱了"精神"苦了"肚皮"。他笑答"我不富,但把我所有的书加起来,并不算穷"。

对书的热爱使他由一个懵懂的少年渐渐知识渊博,视野渐宽,心境渐丰。也为他日后的"薄发"奠定了基础。

视野多维觅真知

1977年他终于迈进了大学的门槛,有了更多的读书机会,更好的读书环境。

季水河教授博览群书,对人文科学、社会科学、自然科学、文学艺术等方面都有广泛的涉猎和研究,视野极其广阔。因此他在初涉学术领域时便能够一鸣惊人。1983年,他的第一篇论文《浅谈异化劳动与美的创造》便在美学界产生较大反响,至今仍被人们引用着。

季水河教授长期从事文学、美学研究。他学风严谨,求实创新,成果卓著。迄今,他已在《文学评论》等全国60多家刊物发表论文100多篇,出版个人著作6部,主编、合著16部,共200多万字。他主编的"比较文学与世界文学研究"丛书在国内学术界产生了重大反响,中国比较文学学会会长、北京大学乐黛云教授盛赞这套丛书"是中国比较文学界研究实力的体现,是中国比较文学界的一次丰收"，"为解决比较文学研究过程中存在的中外文学研究脱节的问题提供了很好的实例"。该丛书荣获湖南省第七届哲学社会科学优秀成果一等奖。他近几年主持、参与的国家、省社科基金项目共6项，获省部级科研成果一、二等奖两项。

学术研究要吃得苦，耐得住寂寞。每一项学术研究，他都会埋头书堆，查阅各种相关资料，直到吃透、嚼烂，才肯下笔。家里那几大盒子的读书卡片和几十本读书笔记，便是他勤奋治学的最好见证。正是凭着严谨的治学态度，勤奋踏实的治学精神，他每发表一篇论文，出版一本专著，攻破一个课题，都会产生不小的影响。"自己不算聪明，但吃得苦，多少具备一定的艰苦探求精神，长期以来很少休节假日，很少看电视，多数时间都用在了科研上，可以说，自己所取得的成果完全是苦出来的。"

季水河教授学品人品甚佳。"科学研究大致可分为两种境界，一曰器，二曰道。器为形而下，把学术当成一种手段，升职赚钱的工具；道为形而上，把学术当成一种事业，一种追求。"他在今年的教师节讲话中如此诠释自己的治学态度。了解他的人都知道，他是一位为理想兴趣而追求事业的人，也因此而在院里落下了拼命三郎的称号。"学者无城府，季院长更是不为名利，坦坦荡荡、清清爽爽的一个人。"我院副院长曾雨楼老师如此评价他。这种学术境界也更体现了他与众人不同的学品与人品。"人总是需要有点奉献精神的。"这是他常说的一句话，也是始终如一地在坚持着实践着的一句话。

高贵的学品与人品使他赢得了学术研究的极大成功，也赢得了广大师生及学界同仁的尊重与欣赏，也因此而连续三次获得"湘潭大学优秀科技工作者"的称号。面对这些成就，他依然淡淡一笑："学术无止境，探索无止境，自己一定在今后的学术生涯里，努力！努力！再努力！"

"经营"学院乐奉献

人生有很多的选择，不同的选择成就了不同的生活道路，也成就了今天的季水河。

从 1995 年开始，他服从学校安排先后担任中文系主任，人文学院副院长，文学与新闻学院院长等职务。为我院的学科、学位、学术建设做出了很大的贡献。在他担任我院当家人期间，我院本科专业新增加了新闻、广告、广电与对外汉语四个专业，硕士学位点也由一个发展成四个，并先后获得湖南省社科优秀成果奖一等奖四个。为了我院的发展，他在办院模式上也大胆改进与创新。近几年来，通过他的奔走，聘请了一大批外校知名专家和拥有丰富实践经验的业界人士担任研究生导师和本科教师，经常为学生开展各种讲座，开拓了学生的视野，也活跃了学术气氛，让学生在校期间能够更多地了解社会，接触最前沿的理论和经验。同时，对本院的专家学者来说也是思想交流的平台，互相促进的机会。我院毕业生因具有扎实雄厚的人文社科功底和较强的动手实践能力以及开阔的视野而大受市场欢迎。

同时协调好行政、学术与教学三者的关系对任何人来说都是一个难题，也是一个考验。在这些成就后面是季水河教授无数的汗水与辛劳。"当初领导交给我这副重担的时候，我就掂出了它的分量，也确实考虑过要干就必须学会放弃，必须得有点奉献精神。"为了学院的发展与壮大，他放弃的是无数个熄灯后休息的夜晚、无数个本该放松的周末、无数个与家人共享天伦之乐的节假日。"季院长这些年来为院里的学位点建设和发展是付出了很大心血的，可以说这些成就都是他'跑'出来的。"今年春节前夕，他便是在从北京到湘潭的旅途中度过的。陪伴他的是一大包书、尽早申请到我院博士点的梦和窗外闪烁的星光。

为了我院发展，他始终以一名共产党员的标准要求着自己，兢兢业业，无私奉献。"在位一天就得干出一天的成绩"，这是他特有的朴实而闪光风格，当他回过头来看看自己所走过的这段路时，应该是可以欣慰了，也是无愧于"优秀共产党员"这个称号的。

教书育人甘为梯

"从松涛山庄导师的寓所返回宿舍，老师的鼓励声总在耳际萦绕，脚下的步子越发轻盈，心头的愿望更加坚定。那份关怀，俨然比亲人更亲，一言一语，一笑一颦，总是令人回味，醉人品茗……"这是季水河教授的学生刘中望在文章中所写。"能做季老师的学生很幸福。"他的学生如是说。

季水河教授在高校任教 25 年，先后为本科生开设了"文学理论""美学"等 4 门课程。他主讲的"文学理论"被评为校级 A 类课程，并先后为研究生开设了"美学专题研究"等 5 门课程。10 多年来，他在教材建设和教学改革等方面也付出了大量的心血和辛勤劳动。他的《美学理论纲要》一书，被著名美学家蒋孔阳先生称之为"对我国美学界的繁荣尽了一份贡献的著作"。曾被 40 多所高校作为美学教材。

季水河教授治学严谨，对学生要求甚为严格。为学生修改论文，小到标点推敲、词语斟酌，中到标题设计、段落衔接，大到观点提炼、布局谋篇，可谓无微不至。一学生在文中将"园冶"写成"园治"，几万字的论文中一点之差的"冶"和"治"竟被他发现了；一个学生在论文中将引文出处"漓江出版社"误写为"漓江人民出版社"，也没能逃过他练就的一双火眼金睛。"学术不规范，想偷懒，可不是小事，不防微杜渐，以后屡犯那还了得。"正是在他这种严厉与严格之下，他的学生也在潜移默化中个个变得谨慎而细心。

"老师要为学生服务，不仅在学业上还要在思想上、生活中。不论我工作有多忙，学生永远是第一位的。"他常常买些茶叶、豆豉之类送给弟子，并经常自掏腰包请他们大补身子。中秋送月饼，元旦亲自下厨为他们张罗一大桌好饭，已成为每年的传统节目。他常说："美要带到生活中。"于是他一流厨艺下独家冠名的"美学肉丝""美学蛋汤"等菜肴让众弟子在大饱口福之余，又平添了几分温馨。学生们常说"季老师什么都好，就是太容易感冒，而每次感冒他几乎都在为我们改论文。"对此，他总抱着只要不是什么大病就该为学生多做点事的心态。

这种"化作春泥更护花"的精神，感动着他的弟子，也影响着他的同事。"全国优秀教师"的称号是大家对他的肯定，更是他自我奉献的一种见证。

"严谨但不刻板，豁达而乐观，执著而不偏执，当然还具备那么点奉献精神"是他对自己的评价。在家里他是个好丈夫也是个好父亲，只要有空他就会主动做家务，更烧得一手人人称赞的好菜。剩下的时间便泡在书房，能多看一页是一页，这是他在个人时间少得几乎没有的情况下对自己的要求。对本科生，他希望每个人都能在现在的基础上做到更好，更优秀，永远要追求优秀和杰出，还得具备一点奉献精神。

河水潺潺自有声，水河悠悠总关情。季水河教授就是如此简简单单，清清爽爽一个人。为学术他勤奋而又执著、为人师他尽责而又有情、为工作他尽职而又无怨。高洁如他、深厚如他、丰富如他而又朴实如他、简单如他、亲切如他。他高洁的学品、人品和师品，让我们看到的是一位真正的学者与智者。文新有他，是文新之幸，吾辈之福。

（原载《文心报》2004年10月26日第2版）

书生意气

——记全国优秀教师、文学与新闻学院院长季水河教授

龙　源　董萍萍

1993年的一个清晨，朝霞满天彩云间，轻舟摇曳万重山。一位名叫季水河的学者踏过蜀道，怀抱对学术的上下求索之心来到湖南。很快，川人的厚道、耐性和"敢为天下先"的湖湘文化相得益彰，湘大这片富有激情的热土给了这位智者最好的舞台，让他尽得学术之风流。今年9月，季水河凭借丰硕的教学科研成果、良好的师德修养被评为"全国优秀教师"并记一等功。

"没有书房"的博学书生

有人曾说，季水河教学、科研、管理样样在行，可家中却没有完全独立的"书房"。但是，当我们走进他的家，就感觉如同置身于一家小型图书馆——三间卧室的四周都立放着大书柜，文、史、哲和各类自科书籍分列其间，屋中间还增添了几架书柜，为了找书，还需在室中穿梭。明亮的灯光将整个屋子照得亮堂堂的。安心坐下，一股书香随即扑面而来，这样的氛围令人不禁心静思远。

季水河说他爱书，自己的全部家当就是这万余册书，也是大半辈子的苦心积累。做学问必须先饱览群书，古今中外贯通，

教学、科研时才能触类旁通、思维活跃。季水河每次出差归来，行李再多都少不了一大包书；书店里只要有经典作品，他就会毫不犹豫地出手。日常起居之外，他是属于书本的，一看就是上百页、一坐就是几小时，边读边记边思，凡重点篇章都用自制书签标记。"每有会意，便欣然忘食"，家人提醒时才发现夜已深。由此，我们恍然领悟到称季水河"没有书房"，其中有着更深层的理解：书房有时不过是人们为读书写作、装点生活刻意而设，而季水河可以处处做学问，他的家虽然没有足够的房间特设"书房"，但是，这并不妨碍书成为他生活的全部和生命的皈依。

正是由于对知识的渴望、对学术的追求，使他在长期的科研工作中，敢于攻克前沿性、边缘性强，交叉性、难度性大的课题，并以平易流畅之笔、深入浅出之思，深刻影响着新时期的文艺理论界和新闻实践者。历年来，这位知识渊博的学者，先后在全国60多家刊物发表论文100多篇，出版《美学理论纲要》《新闻美学》等个人学术著作6部，主编、合著、参著16部，累计著述200多万字。其中，《新闻美学》堪称经典，一出版即在国内引起了强烈的反响。他的科研成果也连年获奖，其中个人主持、参与的国家级、省级社科项目共6项，获省部级以上科研、教学奖5项。今年，其主编的"比较文学与世界文学研究"丛书又获得省社科优秀成果一等奖。

"以己昭昭，使人昭昭"的严谨书生

季水河非常关心学生的全面成长，注重提升学生的综合素质。季水河所操劳的班级，曾有36名同学中35人一次性通过英语四级考试的纪录；他曾要求学生练习毛笔字，一星期一检查；他曾每周深入到学生寝室，与同学们促膝谈心，学习、生活、感情无所不包；曾因同学在长沙实习生活困难，亲自赶去探望……

在学生眼中，季水河是一位"治学态度严谨，温和而严厉"的学者，学生的一篇论文草稿，他都要求引句详注、标点规范。按季水河的观点，"自己与同学们在人格上是平等的，对待学生应该温和"；而作为师长，他是过来人，深知成功不仅靠灵活的大脑，更应有勤奋努力和严谨的作风，所以对学生必须严格要求，"错误允许犯，但同一错误不许再犯"。一旦拥有严谨的工作学习态度，学生将一辈子受益。每年新生入学教育大会、考研动员大会和实习就业动员大会，他场场必到，坚持为同学们作大学里的第一场和最后一场报告。

正因为苦口婆心地传道授业解惑，他的学生分布于北京、上海等各大城市，桃李满天下；他当班主任的97级广告学本科班学生，也在国内重要的广告期刊上发表了几十篇文章。现在，季水河是2001级中文一班的班主任，三年的辛勤培育使得这个集体出类拔萃：36人中，已有1人提前毕业、1人提前读研，多人获得研究生保送资格；英语、计算机等级考试通过率位于全校前列；班上多名学生担任过校、院级主要学生干部，成为学生骨干；该班多次被评为"先进集体"……

精明而开明的厚道书生

如果说季水河只是书斋学者，那就错了。工作中，他既是院长又是班主任，还是学生社团的指导老师，思维随角色而变，处处尽显精明之思、开明之道。

作为院行政负责人，他一直在为学院发展绘制蓝图，经常性地组织、参与大型学术活动，通过与名家交流学人之长，补己之短，北上南下不断引进权威学者担任特聘教授，取众家之精，补文心之新，提升学术品味；作为学位点负责人，他支持广大教师"走出去"深造，提高学历水平、开阔眼界，聘请老教授作为青年教师的导师，"以老带新"为发展铆足后劲；针对地方综合性大学应用文科的办学定位，提出"立体实践"教学模式，该成果已在国内有关高校推广。

1997年以来，文学与新闻学院厚积薄发，硕士学位点由1个发展成4个，本科专业也增至5个，"湖南省社会科学优秀成果奖"先后获得一等奖4个。学位点有了"三张新名片"，他如此诠释成功：很多人只看到表面繁荣，却不知道全院师生员工长期积累、辛劳付出，学位点数量上来了，要更注重内涵与质量。

"做人诚实厚道！"这是许多人对季水河的评价。在采访过程中，不断有老师和学生打进电话，对季水河获得嘉奖及教师节表示祝贺。面对祝福，季水河说这样的成绩靠个人取不回来，会真诚地以一句"同贺！同贺！"来表达对师生们的感激之情。

（原载《湘潭大学报》2014年9月20日）

居高声自远
——记国家级教学名师季水河教授

高伟栋　吴　金

2009年9月10日一大早,季水河教授手机一直闪个不停,收件箱一再提示爆满,却仍抵不住短信天南海北地飞来。

这天,是教师节,那些过去的或是现在的、身边的或是遥远的学生、同事、朋友纷纷在这个日子里想到了他,想起了他那些润物无声、言传身教的片段,也想起了他那些义正词严、苦口婆心的瞬间。

到今年,祝福的话语里除了感谢,还添上了一份喜悦和祝贺,季水河教授,就在几天前,荣获"国家级教学名师奖",同时成为我校首位国家社会科学基金学科评审组专家。

师者季水河:育人不懈业愈精

十七岁,季水河第一次站上讲台,台下坐着一群稚嫩的孩子,当时他是一名小学教师。

二十五岁,大学毕业后的他,走进了高校的课堂,开始了与青葱学子交流的岁月。

今天,当年的青年讲师已然在大学讲坛伫立了三十个年头,桃李芬芳满天下,硕果累累盈枝头。

从第一天甘为人梯开始,季水河已经在三尺讲台坚守了三十八年。这三十八年，环境变迁，学生更替，曾经的小学老师也已成为博士生导师。然而，在季水河心中，那份潜心执教的信念却从未改变。三十多年来，他先后为本科生开设了"比较文学""文学理论""美学"等课程，为硕士、博士研究生开设了"比较文学专题研究""中外美学比较研究""人文社会科学方法论""美学专题研究""马克思主义文论研究"等课程。从1993年起，季水河便一直担任本科班级的班主任，并先后为本科生、硕士生、博士生开设了12门课程，在他心中"只要面对学生，就能感受到责任感、自豪感和使命感"。

这种对学生的责任与关爱，使季水河的工作更显繁重。他不但主动承担起超负荷的教学任务，还时刻警醒反思教学现状，更新教学理念，改进教学方法，并及时将国内外教改、科研成果融入教学内容之中，使所教课程"永不落伍"。这份多年的执着，终受肯定，季水河不但收获了"国家精品课程""国家面向新世纪高等教育教学改革工程项目""湖南省高等教育省级教学成果一等奖"等一系列荣誉，而且在学生们心中播撒了"新知"的种子，大家只要一谈起季老师的课程，就会不时冒出"时尚""激情""新颖""独特"等形容词，即便在热血叛逆的80后、90后心中，季老师的学术魅力也难以推拒。

然而，季水河的严厉形象也同样深入人心，"他就像父亲一样，很慈爱也很严厉"，每年寒假的"学位论文修改"就是让所有季门弟子最"忐忑"的事情。一到寒假，季水河就比平日里更加繁忙，那些堆积在书桌上的学位论文，就几乎占据了他的全部时间。每一篇，他都要反复审读，将大到文章思路，小到标点符号的问题一一注明。"文中'的、地、得'的错误就被他一一挑出来，从今往后，这种问题绝对不敢再犯了，"2008级比较文学专业硕士研究生高蒙捧着被季老师修改过的论文稿，既感动又羞愧，"季老师的'师者'风范，影响了我们每一个人！"

30多载高校教学生涯中，季水河培养了大量人才，他先后指导了比较文学、新闻学、马克思主义哲学等专业的60多名硕士和博士研究生，其中有多位硕士研究生毕业后考上了中国社会科学院、中国人民大学等名校的博士研究生；有多人衣钵相传走进了高校、执起了教鞭，并成了教授、副教授。我校刘中望老师大学期间就开始聆听季水河的教诲，硕士、博士又都师从季老师，季老师的言传身教让他受益很深，"季老师渊博的学识、严谨的精神、认真的工作作风、真诚的为人态度、达观的生活情趣，给了我们深刻的启迪和影响。"

学者季水河：为学日高道亦增

学贵有恒，业精于勤，在理论扎实、视野开阔的"学者"自勉中，季水河将勤奋和坚持视为重中之重。

在他家中，有一个名副其实的"万卷书屋"，屋中书类繁多，林林总总，古今中外、自科社科，各有涉及。在季水河的心里，"这个世界上没有无用的知识"，多年来，他每次出差都会前往当地书店买些好书，他常说："在我去过的城市里，最熟悉的是当地的书店。"年复一年的积累，使得他家中藏书日渐丰厚，知识种类也渐趋多元，"每天无论多晚下班，我都会坚持看书，多读书、读好书，不仅能增广见闻，还能触类旁通、活跃思维"。数十年如一日地坚持阅读，凡是了解季水河的人，都会说他"太拼命"，可季水河却笑道，"人总是要有点奉献精神的，何况学术之路是我的兴趣所向。"

至今，季水河仍清晰记得，1983年他发表第一篇论文的每一个细节，这篇《浅谈异化劳动与美的创造》一发表就在美学界产生了很大反响，至今仍被引用。这篇论文的发表被季水河冠以"38年从教生涯最深刻之事"，因为，从此，他的学术科研之门被缓缓开启。对知识如饥似渴的追求，使走上科研之路的季水河，在《文学评论》等全国60多家刊物发表论文100多篇，出版个人著作10部，主编、合著、参著20部，共200多万字。

1992年季水河的第一本著作《美学理论纲要》由武汉大学出版社出版，该书被美学泰斗蒋孔阳称作是一部"具有自己独特研究和独特看法"的专著。2002

年季水河主编的"比较文学与世界文学研究"丛书出版，这套汇集了我校"比较文学与世界文学"学术群体中骨干教授们呕心沥血的精品著作，一面世便在国内学术界产生了重大反响，中国比较文学学会会长、北京大学乐黛云教授盛赞这套丛书"是中国比较文学界研究实力的体现，是中国比较文学界的一次丰收"，"为解决比较文学研究过程中存在的中外文学研究脱节的问题提供了很好的实例"，该丛书也获得了湖南省第七届哲学社会科学优秀成果一等奖。

季水河的博学、勤奋和对学术苦心孤诣的追求，使得他在长期的科研中，敢于攻克最前沿、边缘性强、交叉性大的课题。2003年，他历时五年写就的《新闻美学》一出版便被称作是新闻交叉学科的代表之作。

季水河先后主持了国家社科基金项目2项，国家教学改革项目1项，国家精品课程1门，省级科研项目6项，获得了省部级科研教学成果奖一等奖3项，二等奖4项，三等奖1项。2005年11月，季水河论文《走向多重资源整合——论马克思主义文艺理论研究的创新与资源整合》获第五届中国文联文艺评论奖理论类二等奖，这是此届中国文联文艺评论奖项中湖南省唯一的获奖成果……勤勉和艰辛，终于在多年后，积淀成了耀眼的光环。在季水河心中，科研一直都是核心所在，他认为，高校教师不仅仅要会教学，更要会做科研，"只有把科研融入教学中，在教学中灵活运用科研的成果，才能最大化地实现教师的自我价值"。

如今，已是博士生导师的季水河，常常被人问起"功成名就"后的他是如何保持科研激情的。其实，这份答案简单而自然，这份激情源于对科研的热爱与追求。季水河认为教书、治学，有两种态度，一曰器，二曰道。"器者，形而下，将教书、治学当作谋生的手段、赚钱的工具，一旦达到目的，便觉没啥意义；道者，形而上，将教书、治学作为一种生活态度、理想追求，一旦达到目的，便入高峰体验。"季水河用自己的实际行动，诠释了"有道"学者的真正含义。

仁者季水河：精诚奉献命惟新

十多年来，季水河在个人教学科研上取得突出成就的同时，还带领着我校"比较文学与世界文学"学术群体不断成长进步。群体精深多产的学术成果，严谨博学的学术风采受到了学术界的一致好评，被学术界誉为比较文学的"湘军"。

该学术群体能取得如此瞩目的成绩，与群体成员之间团结和睦、互相砥砺、互相影响的学术风气分不开。在季水河的影响下，学术群体内部建立了良好的人才培养和学术交流机制。"充分尊重每一个人的意见、充分发挥每一个人的所长。"已让这个团体成绩斐然，风采耀眼。

季水河还特别关爱后辈、注重培养青年学者。在他的倡导下，学术群体构建了一支梯次合理、趋于年轻化的教学科研师资队伍。他以个人比较突出的科研能力、教学成效带动整个学科的教学、科研工作，又鼓励每位教师保持自己的教学特色和研究专长。季水河让青年教师担任教研室主任、课程组组长，推荐相关教师到国内相关专业的学会担任理事职务，为青年教师出版学术专著和主编、参编各类教材提供政策与智力支持，积极推荐其发表高层次的学术文章，促进了青年教师在学术上的不断成长。在他的影响下，团队上下形成团结合作、学术精深、让利敬人精神风貌。

"个人的力量是有限的，做学问与其它事情一样也要有团队意识和合作精神。文学与新闻学院的学科建设和学术研究能取得今天的成就，离不开前辈打下的扎实基础，更是大家共同努力的结果。"正是这种要团结、要合作、要拧成一股绳的意识，使得季水河与他的团队取得一项又一项成绩。2004 年，季水河所在的比较文学与世界文学研究机构入选湖南省首批社科重点研究基地；2006 年，季水河所在的比较文学学科被列入湖南省"十一五"重点学科；2008 年，由季水河担任带头人的中外文论与美学教学团队入选首批湖南省省级教学团队。

"不管做什么都要有献身精神，要有严谨的态度，都要当成一种兴趣，这样便没有什么做不成的事情了。"当问起身兼多职是否艰辛与劳累时，季水河如是说。

在学生眼里，季水河是一个宽厚、温和的人，他经常对学生嘘寒问暖、关怀备至。他说，"老师是应该要为学生服务的，不仅在学业上还要在思想上，学生永远是第一位的。"季水河对学生，除了课堂上的授业解惑，还有生活中亲人般的鼓励与关怀。他当班主任期间曾经邀请全班40多名同学分批到家中做客，品尝他亲自下厨做的"美学肉丝"等菜肴；无论多忙，有学生找他，他都会耐心接待，如要是在考研、考博、出国、工作等方面需要找他帮忙，他能做到的无论是谁都会——帮办。他经常与弟子们一起促膝谈心，学习、生活、感情无所不包，与弟子们一起聚餐、K歌，有时几届弟子欢聚一堂，其乐融融。"能做季老师的学生很幸福"，成了季水河所有弟子的共同心声。

"居高声自远，非是借秋风。"季水河渊博的学识、严谨的精神、认真的工作作风、达观的生活情趣、真诚的为人态度，关爱后辈的学人风范，深深地感染着他身边的每一个人。

（原载《湘潭大学报》2009年10月10日）

季水河教授的励志人生

"大学教学名师研究"课题组

2012年第一批国家精品视频公开课建设课程名单出炉,我校推选的《审美与人生》榜上有名。这是季水河教授近年来斩获的又一项"国字号"教学荣誉。此前,他已经荣获"全国优秀教师"(2004)、"宝钢优秀教师"(2006)和"第五届高等学校教学名师"(2009)等称号,并且主持了国家精品课程"比较文学"(2007)……毫无疑问,这位比较文学大家同时又是一位桃李满天下的教育专家和教学名师。

"我的起点并不高",面对今天所抵达的高度,季水河教授坦言,"我的第一份工作只是小学老师"。的确,在我们这一代人看来,季水河教授的经历似乎有些"传奇"色彩,因为这份"传奇",我们觉得他的成功如同一部荡气回肠的励志大片,发人深省、催人奋进。

1954年,季水河出生于四川省邻水县的一个农民家庭。12岁时参加小学升初中考试,由于天资聪颖,学习得法,他从100多位考生中脱颖而出,和其他7位同学一起考取了县里的重点中学。初中毕业时,他踌躇满志,不料"文革"不期而至,高中和大学都已经停招,他只好回到农村。

多变的时代和季水河开了一个玩笑。好在,不久后命运又给他打开了一扇窗:1972年,公社招收一批民办教师,他小学时期的教导主任一直很欣赏他，便大力举荐，就这样，他成了一名小学老师。由于教学业绩突出，引起了"上面"的重视，1975年，他又被上调到公社中学，担任中学老师。"回顾自己的教育生涯，我惊奇地发现，除幼儿园外，小学、中学、大学、硕士和博士我都教过，这样'圆满'的体验恐怕是可遇不可求的。"季水河教授自豪而幽默地说。

也就是在这一年，季水河看了一部叫《决裂》的电影。电影中有一个"反面"人物——一位专门研究马的大学老师。这位老师戴着一副眼镜，在课堂上讲马尾巴的功能，有一个学生站起来批评他，说"我们养的是猪和牛，你怎么能讲马呢？"虽然这位老师是作为被批判的对象出现的，但是他翩翩的风度和优雅的气质深深地印入了季水河的脑海。

1977年，尽管已在中学讲坛得心应手，小有名气，但梦想做大学老师的季水河还是告别了这种安逸的生活，考入大学中文系深造。虽然这所大学并非名牌也不是重点，但无疑给了季水河一片更广阔的天地。在学习成绩好之外，他还主编了各类校园报刊，更是坚持写作和投稿……由于有一个踏实的过程，很多美好的结果也就顺其自然地来了，比如四川省优秀大学毕业生。当然，最让他感到激动和幸福的结果无疑是：在高校任教。

"要想成为一位优秀的大学老师，应该有一定的天赋，但后天的努力更重要。"季水河教授如是说。在他当大学老师最初的几年，国家的经济条件不好，个人更是缺钱。他每月53元，他夫人每月47元。他很多同事去电大、成教上课，一个星期可以挣到他半年的工资，但他丝毫不为所动，在完成计划内的教学任务后，便"宅"在家里看书和写作。

更让同事们难以理解的是，季水河不仅不热衷挣钱，还热衷"花钱"——比如每年用上百块钱来买书，还在业余时间去读研究生班。从1982年到1993年间，季水河一边当老师，一边当学生，先后在中国人民大学和武汉大学进修文艺学研究生课程。在求学期间，他一如既往地认真和刻苦：要么在图书馆，要么走在去图书馆的路上。而他休息的方式就是逛书店。他经常从人民大学坐 332 路公交车到北京动物园，再转坐 103 路公交车到王府井书店，一逛便是一天。在人大的一年时间中，他没有买一件新衣服，倒是买了四大箱子书。

经过近十年的蛰伏，季水河终于迎来了自己学术生涯的第一个高峰：1983 年，他开始在老牌学术期刊《学术月刊》上发表论文；1987 年，他开始在最权威的《文学评论》上发表论文；1992 年，他出版了成名作《美学理论纲要》，美学泰斗蒋孔阳亲自作序，并誉之为"一部具有自己独特研究和独特看法的专著"。此外，他还在《四川大学学报》《探索》《文艺理论与批评》等期刊发表论文多篇。

"我最初发表的很多论文其实来自读研究生的课程作业或者上课前写的讲义"，季水河教授将他的经验和盘托出，并借此提出了谆谆教诲："研究生平时做课程论文，不要东拼西凑，更不要通篇抄袭，那样对自己没有好处；青年老师要带着研究的思维备课，不能照本宣科，要有新东西、新观点和新视野，这是做一个好的大学老师的基本条件。"

凭借着丰富且高水平的学术成果和教学成果，1993 年，季水河被湘潭大学作为优秀人才引进。弹指一挥间，到湘大快 20 年了，在近 20 年间，他依然是最勤奋、最辛劳、最投入的人之一。天道酬勤，他又发表了百余篇高质量的论文，出版了十多部高水平的专著，主持了包括重点项目在内的国家社会科学基金项目 3 项。他也因此先后被推选为湖南省比较文学与世界文学学会会长、教育部中文学科教学指导委员会委员、湖南省社科联副主席、国家社会科学基金项目学科评审组专家、湖南省优秀社会科学专家、两个国家一级学会的副会长、湘潭大学比较文学与世界文学博士点负责人。此外他还培养了一大批优秀的本科生、硕士生和博士生……当年那个"宅"在房中埋头苦学的青年教师，已经悄然间迈进比较文学大家和教学名师的行列……在这个各种"二代"横行，进取精神普遍缺乏的时代，季水河的成功之路更加迸发出"励志"的光辉。首先，人生能够走多远，起点并不重要。"很遗憾，我没有读过正规的研究生。"季水河常常自谦地说。

其次，目标坚定而执着是成功的必要条件。"这一辈子，除了学术和教学，基本没有想过其他事情。"季水河教授不无"遗憾"地透露。再次，努力，努力，再努力。"一个人不仅在青年时期要有浮士德精神，在事业有所成就后，同样不能懈怠，更不能安于钓鱼、打麻将的享乐之中。像我的大部分成果，包括三个国家社科基金都是在评上教授后获得的。"季水河教授"爆料"道。最后，人生时刻需要树立一些比较长远的目标。"人应该追求一些更理想化的东西，这样世俗的成功也会水到渠成。比如学者要能为学术而学术，这看起来有些脱离现实，但正像印度电影《三傻大闹宝莱坞》所揭示的那样：'追求卓越，成功就会不请自来'。"季水河教授很坚定地说。

每一位观看过《当幸福来敲门》的人应该懂得，这部电影最终要传达的主旨是：幸福从来不会突然来敲门。那些坚持自己的梦想，一步一个脚印，踏踏实实走自己人生之路的人，必然会听到幸福的敲门声。而季水河教授及他们这一代成功者的人生经历和生命态度，无疑再次印证了这样的主旨。

（原载宋德发主编：《大学教学名师研究》，湘潭大学出版社2015年版）

用马克思主义文艺理论书写美学人生
——季水河治学印象

胡琼华

季水河一直将学术研究视为自己人生最大的乐趣和享受，真心敬仰并不断追求。1983年，他发表《浅谈异化劳动与美的创造》一文，这篇文章对他有着非同一般的意义，在他心中，这是"38年从教生涯最深刻之事"。这篇文章标志着他研究马克思主义文学理论前沿性课题和学术生涯的开始，而从这一开始到现在，已经整整33个春秋而不辍了。

季水河强调学术研究要有正确的态度，要有甘于奉献的无私精神。他经常告诫自己和学生："不管做什么都要有献身精神，都要有严谨的态度，要把事情当成一种兴趣，这样便没有什么做不成的事情了。"他是这么说的，也是这么做的。他坚持自己严谨的学术态度而不悔，正如他在2009年出版的《回顾与前瞻——论新中国马克思主义文艺理论研究及其未来走向》的"后记"中所写到的那样："2001年，除正月初一、初二外几乎天天在图书馆度过"。其他人看来枯燥无味的学术生活，在他心中却是最大的快乐。当有人善意提醒他别"太拼命"的时候，季水河笑道："人总是要有点奉献精神的，何况学术之路是我的兴趣所向。"

他坚持"这个世界上没有无用的知识"，"每天无论多晚下班，我都会坚持看书。多读书、读好书，不仅能增广见闻，还能触类旁通、活跃思维"。在季水河家中，最珍贵、最让他"得意"的是他的"万卷书屋"，屋中书盈四壁，可媲美小型图书馆。多年来，但凡出差他都会前往当地书店购书。他说："在我去过的城市里，最熟悉的便是当地的书店！"

季水河将研究中国马克思主义文学理论建设与发展的百年历程和经验教训作为自己的学术使命。30多年来，他相继发表了《百年反思：20世纪马克思主义文学理论在中国的传播、发展与问题》《当代形态马克思主义文艺理论体系的建构实践与历史反思》等数十篇马克思主义文艺理论研究方面的学术论文。自2000年开始，他先后主持了有关马克思主义文艺理论方面的国家社科基金一般项目"世纪之交的回顾与前瞻——论新中国50年马克思主义文学理论研究及其未来走向""马克思主义文学理论与20世纪中国文学理论的变迁"和重点项目"马克思主义文学批评的中国形态研究"，前2项课题成果结项都获得了"优秀"等级。

季水河认为，马克思主义文艺理论是一个开放的、与时俱进的理论体系，吸收各种有价值的理论成果、形成新的理念形态是他的学术追求。2003年，凝聚了他20余年比较文学与美学研究成果的著作《多维视野中的文学与美学》出版。该书分析了20世纪末中国文学的流向，提出了"文学若无崇高，就缺少了浑厚凝重意蕴和悲壮敬惧的美感，其审美娱乐性也极为肤浅"的独特见解。

2009年出版的《回顾与前瞻——论新中国马克思主义文艺理论研究及其未来走向》一书既重构了人们关于马克思主义文艺理论研究的历史记忆与现实形象，又为今后马克思主义文艺理论研究提供了坚实的理论基础和灵活的方法论指导。在书中，他提出了"不能用艺术生产论去否定意识形态论或者用意识形态论去否定艺术生产论"的观点，构建了"在思维方式上走向多元对话思维""在资源利用上走向多重资源整合""在研究方法上走向多种方法综合"的马克思主义文艺理论研究的正确途径，从而"推动了马克思主义文艺理论在中国的普及"。

他主编的"比较文学与世界文学研究"丛书被中国比较文学学会会长、北京大学乐黛云教授盛赞"是中国比较文学界研究实力的体现，是中国比较文学界的一次丰收"，"为解决比较文学研究过程中存在的中外文学研究脱节的问题提供了很好的实例"。

师者，所以传道受业解惑也。在季水河心中，"只有把科研融入教学中，在教学中灵活运用科研成果，才能最大化实现教师的自我价值"。作为一个在马克思主义文论研究方面取得突出成绩的知名教授，季水河积极将他的学术成果应用于教学、服务于教学。他出版的第一本著作《美学理论纲要》不仅被美学泰斗蒋孔阳称作是一部"具有自己独特研究和独特看法""具有系统、完整而又严密的理论构架"的美学论著，更重要的是它作为一本有利于提高大学生审美情趣的高校教材，曾获得湖南省普通高校优秀教材奖。

季水河高度重视教学教改研究，不断从教学一线中汲取学术的力量与营养，更新教学理念，改进教学方法，把他的科研成果精心融入教学计划和教学内容之中。30多年来，他先后为本科生、研究生开设了"文学理论""美学""中外美学比较研究""美学专题研究""马克思主义文论研究"等课程，主持了国家教学改革项目"地方综合性大学文科应用学科人才培养中的'立体式实践教学'模式研究"、国家精品课程"比较文学"、国家精品视频公开课"审美与人生"等国家级项目。

有学者以"对于推进中国化马克思主义文论体系建构和当代中国文学理论批评学科发展，意义深远"来评价季水河在马克思主义文艺理论研究方面的突出贡献。我们相信，他一定会在接下来的研究中书写更加美丽灿烂的人生。

（原载《中国社会科学报》2016年10月30日）

新闻之美的建构者与体现者

——记新闻美学的开拓者季水河先生

何 纯

在湘潭大学新闻学硕士学位点的一次读书报告会上，好几位研究生谈到了阅读季水河先生《新闻美学》的心得。有导师在点评时说新闻学界某位著名学者对新闻是否有美是存疑或是质疑的。我当时作了一个补充发言，表明了对新闻有美的肯定态度。我说了两个理由：一是引用了马克思在《1844年经济学—哲学手稿》中的原话："人是按照美的规律生产的"。新闻既然是做出来的，也就是一种人类的生产方式，当然也遵循着美的规律；二是美一定建立在"真"的基础上，生活中存在着美，真实地反映生活的新闻也必然有美，又引了鲁迅的话，大意是譬如文学创作，无论怎样虚构，人物三头六臂，也是建立在现实生活中人有头有臂的"真实"基础上。而真实是新闻的生命，亦必然有美存焉。季先生当时坐在下面，含笑不语，估计是对我的这点皮毛之见不予点破而已。而我之所以作这个补充发言，是因为我也是读了《新闻美学》的。不仅读了，于严密的逻辑陈述中认识到新闻之美，而且我认为季先生对新闻学的建设是有大美的，他是新闻之美的建构者与体现者。

季水河先生担任湘潭大学文学与新闻学院院长。这个院是由两个一级学科构成的。季先生是全国著名的马克思主义文学理论、比较文学与世界文学研究专家,博士点负责人。在外人看来,新闻学似乎只是他的管理对象,新闻学或者只是他的副业。其实不然,季先生同样也是这个学科的专家,而且,作为湖南省新闻系列高级职称的评委,无论学界业界,大家对季先生都礼敬有加,这种尊重,不仅在乎他是专家,更在乎他在这个领域的辛勤耕耘态度和丰硕学术成果及由此表现出的人格魅力。我说季先生对新闻学科建设有大美,则来源于向季先生学习过程中的体会。他是新闻美学研究的开拓者。著名新闻学者童兵先生曾说"季水河教授是全国闻名的美学专家",以其美学的功底,兼以年轻时担任报纸通讯员撰写了大量新闻报道的经验,他能将新闻纳入美学实践活动的总体框架和美学视野加以考察。他的《新闻美学》一书,可以说是这个领域的开新之作。该著以本体论、审美论和构成论三大板块建构新闻美学,系统地论述了新闻的美学性质、美学内容、美学特征;新闻作者的审美心理构成,审美创造能力;新闻写作的美学原则;新闻阅读的审美心理以及新闻作品的形象美、语言美、意境美、结构美、层次美等重要的新闻美学理论问题。明确地提出了新闻史具有审美意义,新闻信息具有审美价值,新闻作品蕴含着新闻作者的审美意识,体现着人类的审美追求等诸多富于创见性的学术观点。不仅在新闻学交叉研究领域填补了空白,打开了一方新天地,而且具有很强的实践指导意义。他是新闻学科建设的推动者,作为全国新闻教育学会的理事,他经常参与全国高校新闻教育的研讨会。我们院曾在2000年主持过全国性的新闻学术会议。我也曾同他去过宁波、去过重庆等地,都是参加比较重要的会议,听过他几次发言,他的观点是很中肯的也是很有见地的,往往得到同行专家的附议。2010年初在湖南师大新闻与传播学院,对该院田中阳教授主持的湖南省社科基金重大委托项目"3G技术与手机文化产业开发对策研究"进行成果评审鉴定,他以国际的眼光并结合国情、省情,对当代最先进的技术及其所带来的文化产业的变局条分缕析,识见新颖、视野开阔,令人佩服。如果这还是务虚的话,那么在实处,他的贡献是有目共睹也就是看得见的。湘潭大学文学与新闻学院是在原中文系的基础上扩建而成的，新闻学原只是中文专业中的一个方向，2000年学院成立时才考虑将其作为专业建设。而就在短短的几年时间内，学科建设真称得上是跨越式发展。在他的主持下，已有了新闻学、广播电视新闻学两个本科专业，每届均招收两个班；有了新闻与传播学一级学科硕士学位授权点，新闻学、传播学在校研究生达150人左右；新闻学本科专业已成为湖南省的特色专业，《传播学》是湖南省的精品课程；由他主持的国家面向新世纪教改课题《地方综合性大学文科应用学科人才培养中的"立体式实践教学"模式研究》的最终成果，获得湖南省普通高等学校省级教学成果一等奖。这些学科建设方面成就的取得，他是亲力亲为的，每项成就的取得都离不开他的努力甚至是关键的作用，他是新闻教育的身体力行者。

他带新闻学硕士研究生，每届4—5人。他为新闻学硕士生主讲《中外新闻传播思想比较研究》，这也是他主持的湖南省社科基金课题，其讲稿也已纳入湖南人民出版社的出版计划，是由他主编的名为"新闻与传播学大视野丛书"系列教材中的一种。他带新闻学硕士研究生也是认真负责的，还可以用"非常"一词形容。他在旅途的飞机上、会议的宾馆里，都把别人以前是喝咖啡现在是打麻将的时间用在批阅学位论文上，这我见过。我还见过他批阅的论文初稿，天头地脚边页上全是他用红笔写下的批注或修改的文字，紧凑处真个密不透风。因之，他所指导的硕士学位论文在外校专家的盲评中屡屡获得"优秀"便不是偶然的。首届毕业生中他的弟子刘一鸣的论文还被评为湖南省优秀硕士论文，这也为学位点破了天荒、开了好头。在新闻学本科教育中，有一门我们新设的课程，叫作"新闻传播实务前沿"，大四上学期开设，采取讲座的形式，要求新闻学教师每人主讲一堂，我并没有安排季先生，因为他忙。他知道后，主动要求也讲一堂，讲的是"谈谈新闻标题的形式美与意蕴美"，大四的课不好上，更何况是选修，考研的找工作的有事没事反正不来的，逃课的比较多，他讲时，听者云集，他是新闻教育者的导师。这方面我感受至深。我以前是在新闻媒体做实务的，编过报纸、做过电视。后来到了高校，到高校不仅要教书，还要做学问，而对于做学问，用我说过的话说：

"真不知画眉深浅，既敬且畏。"是季先生根据我求学供职的经历，指导我在"新闻叙事学"上努一把力。我曾对他说过，"你我年相若也，道相似也"，但我一直在他面前执弟子礼，皆源于他对我的教诲。我曾在我的《新闻叙事学》的"后记"中表达过这种敬意，谨录于此：首先衷心感谢湘潭大学文学与新闻学院院长、博士生导师季水河教授，是他指引我确定了研究方向，并在整个研究过程中，予以指导、督促与鼓励。他的指教，于他而言，或许只是众多关爱之万一，本自书生襟怀；而于我，则至为铭感。成书之日，又拨冗审阅整部书稿并为之作序，于我又多了一份奖掖。叙事学中有一个观点：说者只有被说，然后才能说。意即叙述人的身份是随着叙述一同被叙述出来的，离开了叙述无所谓叙述人。我说季先生是大美之人，正是从他对新闻学的研究和对新闻学科的建设中认识到的：他建构新闻之美的同时，又建构了美的自身。

过去的种种，未必就是过眼云烟，许多许多可以长存记忆且长为范本——当你有感恩之心有敬慕之意时。而此时此刻，我真想说的是：高山仰止！

(《新闻研究导刊》2010 年第 5 期)

(何纯，湘潭大学文学与新闻学院新闻学系主任、教授，博士生导师)

季水河教授在马克思主义文学理论研究领域取得新进展

潘 蓉 陈 颖

近日，文学与新闻学院季水河教授新著《马克思主义文学理论与 20 世纪中国文学理论的变迁》由中国社会科学出版社出版，该书是季水河教授主持完成的同名国家社科基金项目成果，获优秀鉴定等级，全书 34.9 万字。

该书全面回顾了马克思主义文学理论与 20 世纪中国文学理论的关系，并将之总结为三个方面：从历史进程看，马克思主义文学理论影响了 20 世纪中国文学理论的体系建构，推动了它的空间拓展，促进了中国马克思主义文学理论的产生；从理论范畴看，马克思主义文艺意识形态论是 20 世纪中国文学理论中意识形态范畴的理论基础，马克思主义现实主义理论是 20 世纪中国文学理论中现实主义范畴的核心资源，马克思主义民族文化论是 20 世纪中国文学理论中民族形式范畴的学理依据，马克思主义文学批评标准是 20 世纪中国文学理论中文学批评范畴的根本遵循；从发展趋势看，马克思主义文学理论范畴在当代中国还需要开放扩展，马克思主义艺术生产论和文学批评精神具有重要的现实意义，并影响着当代中国文学的艺术活动。

该书是季水河教授总体规划的"20 世纪中外马克思主义文学理论及其关系研究"系列专著中的第 2 本，由全国马列文艺论著研究会会长、中国社会科学院外国文学研究所党委书记兼副所长党圣元研究员作序，阶段性成果以学术论文形式发表在国家权威刊物《文学评论》《中国人民大学学报》，CSSCI来源刊物《华中师范大学学报》《湖北大学学报》《山东社会科学》《学习与探索》等，共发表11篇长篇论文，被《新华文摘》《中国社会科学文摘》《人大复印报刊资料》《高校文科学术文摘》等重要文摘刊物全文转载7篇。

季水河教授从事马克思主义文学理论研究近40年，主持国家社科基金重点项目、一般项目各2项，在国家权威刊物《文学评论》发表《胡风现实主义理论中的"自我扩张"》《马克思主义艺术生产论在20世纪的多向展开》《毛泽东与列宁文艺思想比较研究》《从过程思维看马克思主义文论范畴的当代扩展》等学术论文6篇，在《文艺研究》《中国人民大学学报》《光明日报》《学术月刊》《外国文学研究》《华中师范大学学报》《四川大学学报》等CSSCI来源刊物发表学术论文50余篇，在全国学术界产生较大反响。全国中文核心期刊《文艺论坛》2020年第4期"评论百家"栏目用25页篇幅，对季水河教授的马克思主义文学理论研究进行专题展示和重点推介，刊载3篇论文（文章），即季水河教授论文《中国马克思主义文学批评阶级论的重新审视》、罗如春教授长篇访谈《继往开来辩证创新——访著名马克思主义文艺理论家季水河教授》、刘中望教授论文《返本开新与融通比较——论季水河的马克思主义文学理论研究》。

（原载《湖南日报·新湖南客户端》2020年10月10日）

季水河马克思主义文艺理论研究成果产生重大反响

曹 辉 蒋海文

10月9日,全国马列文艺论著研究会会长、中国社会科学院外国文学研究所党委书记党圣元研究员给湘潭大学文学与新闻学院教授季水河发来邮件,对季水河在马克思主义文论研究方面作出的突出贡献,尤其是近一年来取得的重大科研成果给予了高度评价。

季水河教授现任国家社会科学基金项目学科评审组专家,全国马列文艺论著研究会、全国毛泽东文艺思想研究会副会长,湖南省比较文学与世界文学学会会长。一年来,他在《中国人民大学学报》《华中师范大学学报》《学习与探索》等高级别学术刊物发表论文7篇13万字,平均每篇18700字,《中国人民大学复印报刊资料》全文转载3篇,《中国社会科学文摘》重点转载1篇,《高等学校文科学术文摘》观点摘要2篇。文章刊发后,在学界产生了重大影响,数量多、篇幅长、角度新、转载率高,在国内马克思主义文论研究者中实属少见。

季水河先后主持了3项有关马克思主义文艺理论研究的国家社科基金课题,并在《文学评论》等刊物发表数十篇马克思主义文艺理论研究的学术论文。他的代表作《回顾与前瞻——论新中国马克思主义文艺理论研究及其未来走向》,被同行专家评价为新世纪文学理论本体探讨、马克思主义文艺理论当代研究的标志性成果。该著作荣获湖南省首届文学艺术奖、湖南省第十一届社会科学优秀成果一等奖。他还先后获"全国优秀教师""第五届高等学校教学名师"等荣誉称号，享受国务院政府特殊津贴。

（原载《湖南日报》2015年10月10日）

季水河教授马克思主义文学理论研究成果产生重要反响

蒋海文

2010 年，季水河教授发表在《文学评论》的《从过程思维看马克思主义文论范畴的当代扩展》一文被《新华文摘》《中国人民大学复印报刊资料·文艺理论》全文转载，论文《论马克思、恩格斯文学批评的多维向度》刊载《中国人民大学学报》被《新华文摘》摘录，作为《山东社会科学》重磅文章推出的《毛泽东与胡风文艺理论比较研究》长文（3.2 万字）被《中国人民大学复印报刊资料·文艺理论》全文转载，在全国马克思主义文学理论研究界产生了重要反响。

近年来，围绕马克思主义文学理论，季水河教授出版专著 1 部，主持国家社科基金、省社科基金项目各 2 项，其中已有 2 项以优秀等级结题，发表论文 30 余篇，其中校定一类期刊 5 篇、二类期刊 2 篇，被《新华文摘》《高校文科学术文摘》转载各 2 篇，《中国人民大学复印报刊资料》全文转载 6 篇，获省部级科研成果一等奖 1 项、二等奖 2 项，被聘为国家社会科学基金项目学科评审组专家，担任全国马列文艺论著研究会、毛泽东文艺思想研究会副会长。以高水平科研成果为内容和基础，季水河教授开设了《马克思主义文学理论专题研究》《马克思主义文学理论与 20 世纪中国文学理论的变迁》等多门博士生、硕士生课程，主持国家精品课程1门、湖南省优秀教学团队1个，获省部级教学成果一等奖2项、二等奖2项、三等奖1项，获"全国优秀教师""第五届高等学校教学名师奖""宝钢优秀教师奖"等称号或奖励。季水河的研究成果在教学、人才培养中发挥了积极作用，其指导的硕士毕业生万莲姣、叶仁雄、刘一鸣、覃岚的毕业论文获湖南省优秀硕士学位论文，2010届博士毕业生刘中望在学习期间发表9篇CSSCI来源期刊论文，其博士论文选题《瞿秋白与俄国马克思主义文学理论关系研究》成功申报2009年国家社会科学基金项目。季水河的科研成果还广泛运用于毛泽东文艺馆布展、湘潭文化产业建设等，凸显了服务社会的功能。

（原载于湘潭大学官网2011年4月7日）

湘潭大学季水河教授团队获湖南省第二届"优秀研究生导师团队"荣誉称号

潘 蓉

近日，湖南省学位与研究生教育学会公布了湖南省第二届优秀研究生导师和优秀研究生导师团队获得者名单。湘潭大学文学与新闻学院"比较文学与世界文学团队"（团队负责人季水河）在此次推选中脱颖而出，被评为湖南省第二届"优秀研究生导师团队"。

湘潭大学文学与新闻学院"比较文学与世界文学"研究生导师团队是一支由季水河教授牵头，刘中望、宋德发、罗如春、童真、何云波五位教授为骨干组成的高素质、高水平教学科研团队。季水河教授获"全国优秀教师""国家级教学名师""省优秀社科专家"称号，享受国务院特殊津贴，季水河教授、宋德发教授分获"省教学名师""省芙蓉教学名师"，季水河教授、童真教授、刘中望教授获"宝钢优秀教师奖"，何云波教授、刘中望教授获"省优秀青年社科专家"称号，刘中望教授获"省首届优秀研究生导师"称号。

"比较文学与世界文学"研究生导师团队在科研成果和人才培养上均取得了突出成绩。团队推出了一批重要的研究生教育教学研究成果，团队成员先后主持国家社科基金项目13项（含重点项目2项），主持省部级重大、重点、一般项目30多项，作为主要成员参与国家马克思主义科学研究与教材建设工程重大项目 1 项，出版专著 40 余部，主编教材 20 多种，在《文学评论》《外国文学评论》《中国人民大学学报》等学术刊物发表论文 600 多篇，其中，CSSCI 源刊论文 220 多篇，被《新华文摘》《中国社会科学文摘》《中国人民大学复印报刊资料》等转载 120 余篇（次），团队成员获教育部人文社科优秀成果二、三等奖各 1 项，湖南教学科研成果一等奖 6 项、二等奖 7 项、三等奖 10 项，出版教改研究著作 5 部，在 CSSCI 源刊发表教学研究论文近 20 篇；团队人才培育效果显著，坚持科学精神与创新能力相结合的培养方针，该团队导师培养了一批政治过硬、业务精良的优秀人才，40 多位研究生获国家奖学金、学位论文获评省优秀学位论文，许多学子现已在各行各业中成长为守法遵纪崇伦的高素质人才。

自 20 世纪 70 年代末 80 年代初建立以来，"比较文学与世界文学"研究生导师团队一直将塑造高尚师德、建设良好学风、追求业务优秀作为奋斗目标，坚持理想教育与关心研究生成长相结合，牢记为社会主义培养合格建设者和接班人的根本任务，在一流学科平台建设、高水平师资培育、拔尖人才培养，优秀科研成果产出等方面取得了显著成绩。该导师团队还曾被评选为"省优秀教学团队""省优秀教研室"。

（原载《湖南日报·新湖南客户端》2021 年 9 月 9 日）

多声部人生的精彩乐章（编后记）

刘中望

众同门、师友们写恩师季老师的文字，从微信中蜂拥而来，已经持续了很长一段时间。这种数媒传书虽然零碎，但令人兴奋，做第一个读者的感觉真好，我真幸运。而今，花费几天时间，将沉甸甸的一本册子从头到尾读上一遍，亢奋的感觉依然如故，我的心情久久不能平静。季老师的治学、育才、为人、行事，那么多的故事细节，那么好的情感回忆，带给我们太多的震撼。我尝试着整理大家及自己对季老师的情思和评价，很快就有了以下一连串的关键词：

一、嗜书如命。季老师家里的藏书很多，用"汗牛充栋"形容未免夸张，但用"藏书盈箧"却远不能及，因他的书房是名副其实的"万卷书屋"。松涛山庄三室两厅的房子里全是书，中天公寓房中亦有不少藏书，据保守测算和目力所及，我估计有藏书2.6万册。就这一点来讲，季老师说"我不富，但把我所有的书加起来，并不算穷"，便不再是有关书"富有或贫穷"的一般辩证法，而是他那些书的确能卖不少钱，或者说至少买它们花了很多钱。不仅如此，季老师的藏书嗜好深植于爱书护书的日常行动中，他家的每一本书，无论新旧、厚薄，品相都很好，主人与书之间俨然有着某种特殊的深情，相濡以沫，惺惺相惜，情真意切，历久弥新……季老师家的藏书内容十分广泛，古今中外、自科社科，都有涉及，他的理念是"这个世界上没有无用的知识"。季老师的书屋，架设整齐，敞亮通风，一尘不染，一物不乱，名曰"静泊书屋"，是个读书、守心的好去处。季老师"每天无论多忙，都会坚持看书"，"多读书、读好书"是他每天的习惯，就如他携师母杨老师每天风雨无阻地散步一样。如要扫描操作规程，季老师读书的外在标识和物质形态是，"一支铅笔、一支红笔、一把尺子、一个本子"，他发明和坚持几十年的"读书四件套"是这般的别致、那样的精致。季老师常说，"在我去过的城市里，最熟悉的是当地的书店"，自豪之情溢于言表，我知道，在北京、上海、成都、重庆、武汉、南京、杭州、长沙等一众城市，都上演过他买书、淘书的生动故事。"买书—读书—教书—写书"是季老师最核心的生活轨迹和最本真的精神状态。

二、热爱学术。季老师对学术永远充满兴趣，坚守严谨的科研态度，保持崇高的献身精神。他非常"享受这样一种做学术的状态"，"一直乐在其中"是他最本源的学术姿态写照。季老师耐得住寂寞，守得住孤独，在学术海洋中奋力遨游，享受过程，收获硕果，乐此不疲，无怨无悔。对学术的纯粹热爱是他坚守笔耕岁月、厚植学术生命的秘籍，用他自己的话来说，便是"道者，形而上，将教书、治学作为一种生活态度、理想追求，一旦达到目的，便入高峰体验"。犹记某年的教师节，季老师的铿锵讲话——"科学研究大致可分为两种境界，一曰器，二曰道。器为形而下，把学术当成一种手段，升职赚钱的工具；道为形而上，把学术当成一种事业，一种追求"，总在耳际响起，催人砥砺奋进。季老师的学术追求是有品格的，有内在生命的，他特别自豪于"布道者"的身份定位和责任标签，阔步奔走在传道、授业、解惑之道上，忙碌充实，念兹在兹，勇毅前行，风雨无阻。党圣元先生说，"季水河先生是一个非常勤奋、非常有学术意志和理论追求的学者"，"新世纪以来当代中国马克思主义文艺思想、文学理论批评研究领域一位非常有学术影响力的学者"。谭好哲先生说，"水河教授之于马克思主义文艺理论，可谓深耕日久，成果丰硕，在中国当代文艺理论研究的学术版图中，有其醒目显要、不可或缺的位置"。全国学界诸位先生、前辈对季老师的好评，令我辈弟子颇感荣耀。

三、爱生如子。李恒白师兄说，"恩师以讲台为本，授业在湘大校园"，他扬起智慧之帆，挥力摇橹划船，培养一批又一批的湘大学子。季老师特别重视言传身教的统一，做到教授知识、传播思想和修炼情操的结合。季老师常讲，"最大的成就是什么？对于我来说，就是看到我的学生有出息"，将仁爱之心献给学生，既是他的自愿之举，更是他的自豪所在。他在大学开设的课程多达15门，可谓将一腔赤诚之情献给了人才培养工作。在他看来，作为一名大学教师，教书是光荣的使命，育人是神圣的职责，本自天然，责无旁贷。而在学子们心中，季老师就是一座照亮前行的灯塔、一道指引方向的光束、一位掌舵领航的船长，助益孩子们"年轻的眼眸里既承载梦想，更装着思想"，指引大家追寻诗与远方。师恩如山，高山巍峨，使人崇敬；师爱似海，大海广袤，静待花开。程志宏师兄回忆，中青年时期的季老师曾有晨跑健身的好习惯，许是晨跑更易激发灵感，每有好的点子和思路，便立马跑到他们宿舍，很快宿舍便成为辩论赛指导的演练场和逻辑域，生机勃勃、创意飞扬，为其勇夺学校冠军、荣膺"最佳辩手"出了大力。陈娜师妹这样说，授课中的季老师就像是行走的知识体，声情并茂，绘声绘色，浑然天成。江源师弟援用马克思《路易·波拿巴的雾月十八日》中摘引的古谚"这里就有玫瑰花，就在这里跳舞吧"，认定季老师就是马克思主义育人之道中最美丽的"舞者"。雷磊教授说，季老师集好导师、好领导、好"家长"于一身，永远感激、感恩、感动。高蒙师弟说，对工作充满激情，对生活充满热情，对学生充满真情，是季老师给他上的三堂课，一辈子都不会忘记，一生都在修习践行。周小红师姐深情地回忆，20多年前，经济压力亦重的季老师得知其家庭条件不太好后，慨然资助读研一年的学费，和老师一起吃中秋团圆饭的温馨美好，虽三次搬家，却一直珍藏季老师赠送的家具，只为留存珍贵的情感记忆。有一种记忆可以很久，有一种思念可以很长，师情永恒，父爱如山。季老师对学生们的培养、关心和扶持,展现和映射他精细的因材施教、纯粹的人格之洁、崇高的精神之美,恰如他的名字,分明四季,上善若水,宽厚如河,知识谱连接生平志,师生缘搭配亲情恩,催人奋进,感人至深,绵延接续。唐璟师妹说得好,季老师是严师,是慈父,是学生不惧黑夜前行的底气、勇气和福气。

四、广博贯通。季老师的学术研究涉及文学理论、文学批评、新闻传播、美学原理、艺术实践等众多领域,可谓丰富宽广,但他做到了"宽广而有边界,多样而不杂乱",其探讨对象始终限定在文学与美学之内,有机统一到"人类审美实践"这一基点上。从季老师的学术成果看,他"浓墨重彩地运用了比较研究方法",学术视野开阔,研究视域博大,但又能聚焦于中外马克思主义文论比较、中西诗学比较两大核心领域,内在贯通,意守丹田。季老师的学术著述常"定位在一个三维时空:立足现实、回溯历史、面向未来,从而将历史与现实、现实与未来贯通起来思考","很注重对历史资料的搜集、考辨、选择,会将研究对象的文本、传记、年谱、回忆录、学术编年对比参照,然后择新而用,择优而用,尽量使新观点与新材料达到统一","始终坚持内部范式研究与外部规律探讨的结合,马克思主义文学理论学科发展研究与中国社会变革探讨的结合,中国马克思主义文学理论话语模式研究与20世纪中国文化领导权争夺探讨的结合",这些十分难能可贵的学术品格,既保持了开阔宽广的学术视野,又遵从了聚焦深化的研究指向,被曾繁仁先生高度评价为,"一个是坚持与发展的结合,另一个是理论与实际的结合"。在季老师看来,"马克思主义文学理论是一种意识形态鲜明的学术思想,我们应该从学术的立场去看待它、研究它,而不是以意识形态的立场去肯定它、宣传它",因此,他寄语后辈学人"在深厚历史意识的前提下追赶学术潮流,在立足经典的基础上追求标新立异",凸显一以贯之的学术追求、道不远人的文化理想和气韵生动的审美精神。季老师的贯通融会还体现在,教学工作上做到课堂讲授、教学改革、教材建设三者的并进和统一,教师角色上实现教学与科研二者相结合、教学与科研同发展,践行"以教学促科研,以科研带教学，力争做到二者的良性互动，协调发展"。季老师的博大无私还体现在学科建设思路和管理行事风格上，"人总是需要有点奉献精神的"，"得意时淡然面对，失意时泰然处之"。文卫平教授深情地说，"我们自己的学生接受团队老师毫无保留的指导，吃着百家饭成长"，"中文外语和谐与共，协同发展，成就一段佳话"。曾雨楼老师说，"季院长是一个不为名利、坦坦荡荡、清清爽爽的人"，"季老师是湘潭大学出了名的'拼命三郎'"。

五、勤奋执着。李恒白师兄的诗歌这样写道，"恩师用从容、凭坚忍，书写人生最美的诗篇"。季老师教过小学、中学、本科、硕士和博士，无一缺席，这一点非常罕见。1972年1月1日，季老师成为一名光荣的小学教师，那年他还未满18岁，后受电影《决裂》中专门研究马的大学老师的形象影响，他特别羡慕大学教授们的"风度翩翩""有学问有风度"，发奋考上大学而成为一名大学老师，而今杏坛执教已逾50年，兢兢业业、勤勤恳恳、披荆斩棘、勇攀高峰，堪称拼搏奋斗、执着奋进的时代楷模。季老师常说，做学术"需要一定的天赋，但后天的努力更重要"，他信奉"做人做事要力争杰出"哲学，志在"当个好教授"，强调"一旦确定了目标，会删除一些与目标不相符的东西"，遵循"学贵有恒，业精于勤"理念，在50年的教学科研之路上，孜孜矻矻、筚路蓝缕、栉风沐雨、传承薪火。在胡强教授看来，春风化雨是他留给青年人的温暖背影，坚韧前行是他留给自己的生命情怀，感人至深，启人良多。季老师的自律坚持、专注态度、思维主动，既是他从一个成功走向另一个成功的强大武器，又是一笔优质的精神财富和育人资源，弥足珍贵，永放光芒。

六、可敬可爱。与季老师"年相若"的何纯教授曾说，与季老师相交的种种，未必是过眼云烟，许多可长存记忆、长为范本，他对季老师唯有"高山仰止"。谷立平师弟说，季老师是塑造灵魂、塑造生命、塑造新人的"大先生"，是筑梦、追梦、圆梦的"引路人"。曹辉师兄认为，季老师是"文新老祖""慈父严师"，是"秉节持重的长者、笔耕不辍的学者、诲人不倦的师者"，不仅如此，季老师有着大师的"可敬",并无大师的"可畏",不是一位高高在上、难以接近的学者,他为人大方磊落、待人温和宽厚,是真正的"可爱之人"。程志宏师兄回忆,辩论赛结束后的某个夜晚,季老师邀大伙到家里喝了一顿大酒,喜悦和幸福弥漫席间。孙丰国师兄断言,评判班级聚会成功与否,最核心的"指标"就是班主任季老师能否参加。易建国师兄还原季老师带几瓶白酒欢送毕业生的场景,特别享受师生聚会静听季老师的爽朗笑声、《北国之春》的高亢歌声。季老师的学术风范、人格魅力,诚如杨潇师妹所写,年年季季、点点滴滴,似溪水、河水,亦似湖水、江水、海水,大道至简、大象无形,滋养学生、温暖岁月、点亮人生。季老师对学生们心性和成才的影响,更多的不是夏日暴雨的醍醐灌顶,而是春天杨柳风的拂面不寒,河水潺潺,水河悠悠,静水河深,润物无声,感佩至真。

七、永怀感恩。对于取得的成绩,季老师常说,首先要感谢这个"以人为本,共筑梦想"的开放时代,他对时代始终抱有深深的敬意,"常怀一颗感恩的心";其次要感谢湘潭大学的领导、老师和学生们,是大家成就了他的今天——虽然季老师很谦虚地认为自己做得还远远不够。弹指一挥间,季老师在湘大工作生活已经30年,湘大的一草一木、一花一石、一楼一阁,都记载了他太多的回忆与美妙的情怀,在他那里,一种爱校兴校、建院强院的特殊情感自然流淌、感染众人。恰如曹辉师兄说的,季老师留给我们的,既是著作等身的学术成果、奖章满墙的大量荣誉、世人皆知的斐然声望、桃李芬芳的育人硕果,更是一种不离不弃的坚守、非常珍贵的陪伴。他留给学校(学院)的不仅是物质财富、平台资源,更是精神品格、哲学思想。季老师对湘大倾注满腔热忱、付出艰辛努力,他是湘大精神的忠实践行者、生动写照者,他内藏君子之心,外握生花妙笔,德敛于内而才发于外,堪称道德与文章完美结合的当代典范。

八、审美人生。季老师特别注意自己的教态仪容和服饰搭配,永远儒雅得体、精气神十足。季老师厨艺水平高,烹饪的酸菜鱼、回锅肉等令家人和众弟子大快朵颐,"美学肉丝""美学蛋汤""美学土豆丝"等赢得远扬美名。在季老师的三大爱好（唱歌、散步、做家务）中，唱歌排在首位，他的歌声嘹亮、中气十足，在学院迎新晚会上献歌的视频曾经大火。季老师之所以爱唱歌，是因心中承载太多的美好。季老师几十年坚持的散步，既是锻炼身体、磨砺意志、为祖国健康工作的客观要求，亦是与师母伉俪情深、相濡以沫、浪漫陪伴的美丽象征。季老师戴着套袖拖地、穿着围裙做饭的好习惯，既是调剂工作、追求生活品质的展现，又是热爱家庭、尊重女性的体现。季老师20多年前就曾立下季门学生"出师"的"五个一"工程——写一篇好文章、书一笔好字、说一口标准普通话、唱好一首歌、能喝一杯酒，一时被传为校园美谈，反映季老师一直重视提升学生的综合素质，暗合今天"五育并举"的人才培养理念，亦展现其审美人生、诗意栖居的生活底色和日常习惯。

………

2023年是季老师从教50周年暨来湘潭大学工作30年的荣光之年，亦是季老师70岁（虚岁）的生日之年。为记住这一连串的重大，为庆祝这一系列的美好，季老师的众多弟子商议结集出版一本书，名曰《静水河深：季水河先生治学育才之道》，内设《序曲》《水河自述》《著述评论》《学术访谈》《交往忆叙》《报道精选》等栏目，大部分的内容已见诸各种报纸、期刊、著作、网站，小部分的文章为新近所写。

作为编选者之一，我要感谢前辈学者、同辈学人对季老师多年的指导和关心，我要感谢各位同门、相关朋友对季老师一直的深情和厚意，我要感谢师母杨老师、师妹季念等亲人对季老师一生的陪伴和守护，我更要感谢季老师——恰如易建国师兄所写的——"一个来自四川的异乡游子，一位儒雅博学的先生，一位亦师亦友的长辈，同时他也是优秀的儿子，优雅的丈夫，称职的父亲"，感谢他为学术界、教育界、文化界乃至社会各界带来的美好，感谢您，我们最敬爱、最亲爱的季老师！

季老师，在今后更加美好的日子里，由衷地祝愿您主持的国家社科基金重点项目"马克思主义文艺理论研究"既出大量好成果，又能顺利结题，期待您主编的《新编比较文学教程》（第四版）早日问世、惠泽八方，期盼您计划未来三年撰写的 10 篇美术和摄影评论文思泉涌、名动三湘，期寄您 90 岁、100 岁时聚会还能让众弟子陪您把酒言欢，期想疫情早日结束您，带领众弟子开启全国游学之旅……祝您学术长青、桃李八方、身体健康、福寿绵绵！

是为编后记。

2022 年 10 月 23 日